「東洋道徳、西洋芸術」幕末日本への視座

佐久間象山の儒学思想に関する研究

韓 淑婷 著

関西大学出版部

【本書は関西大学研究成果出版補助金規程による刊行】

・象山自製七絃琴　真田宝物館所蔵

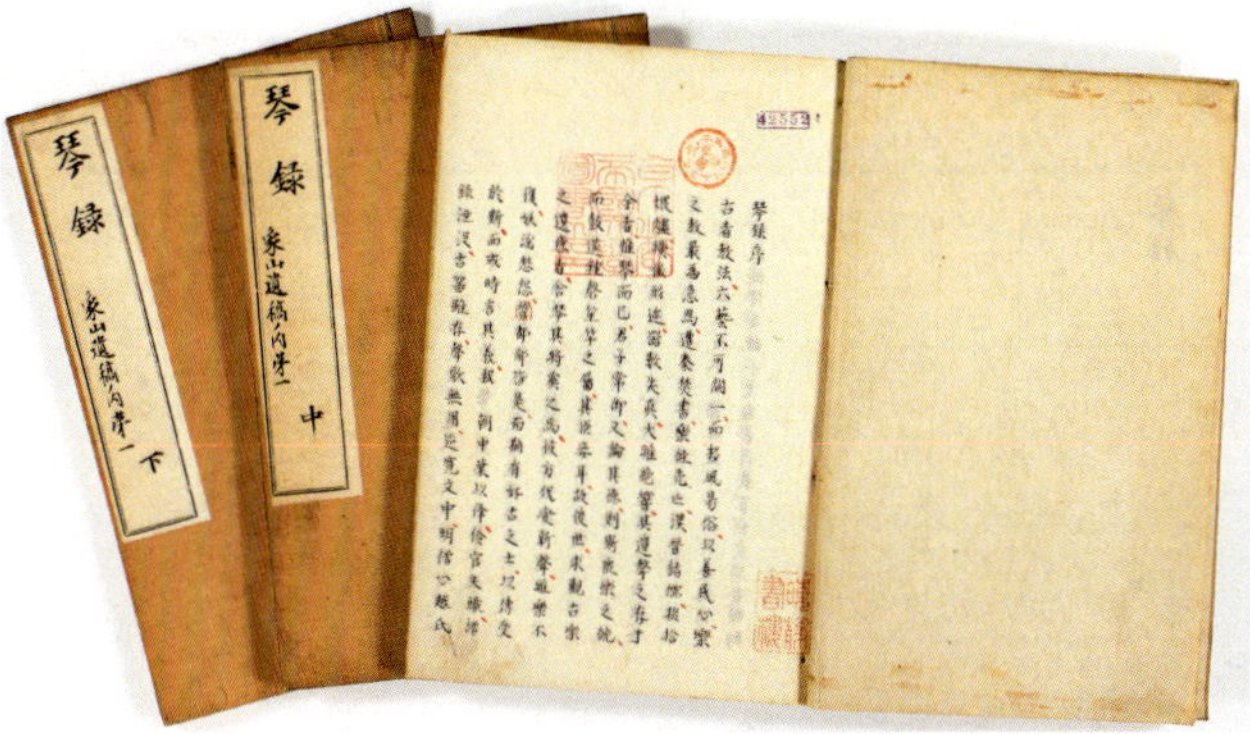

・京大本『琴録』　京都大学附属図書館所蔵

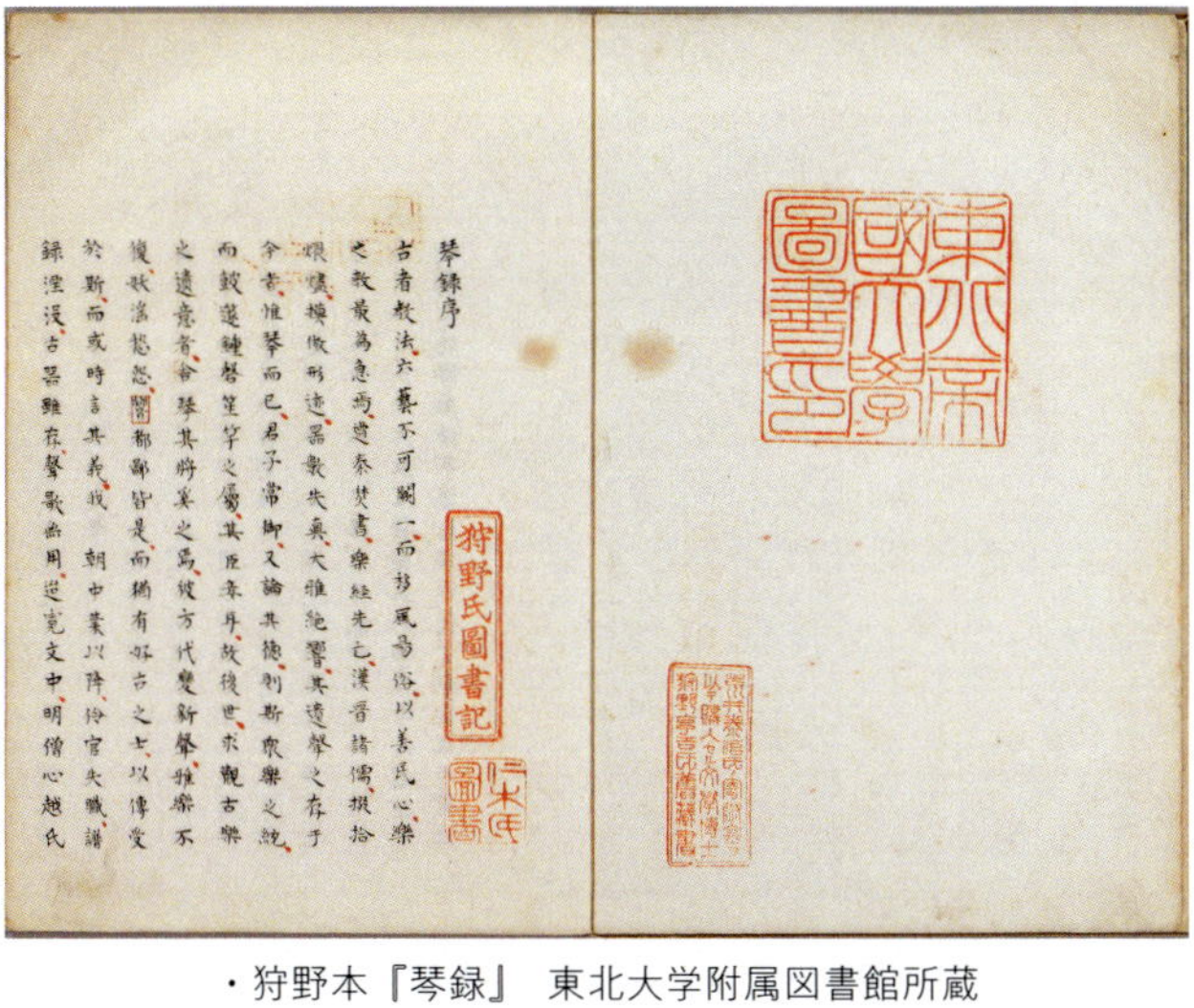

・狩野本『琴録』　東北大学附属図書館所蔵

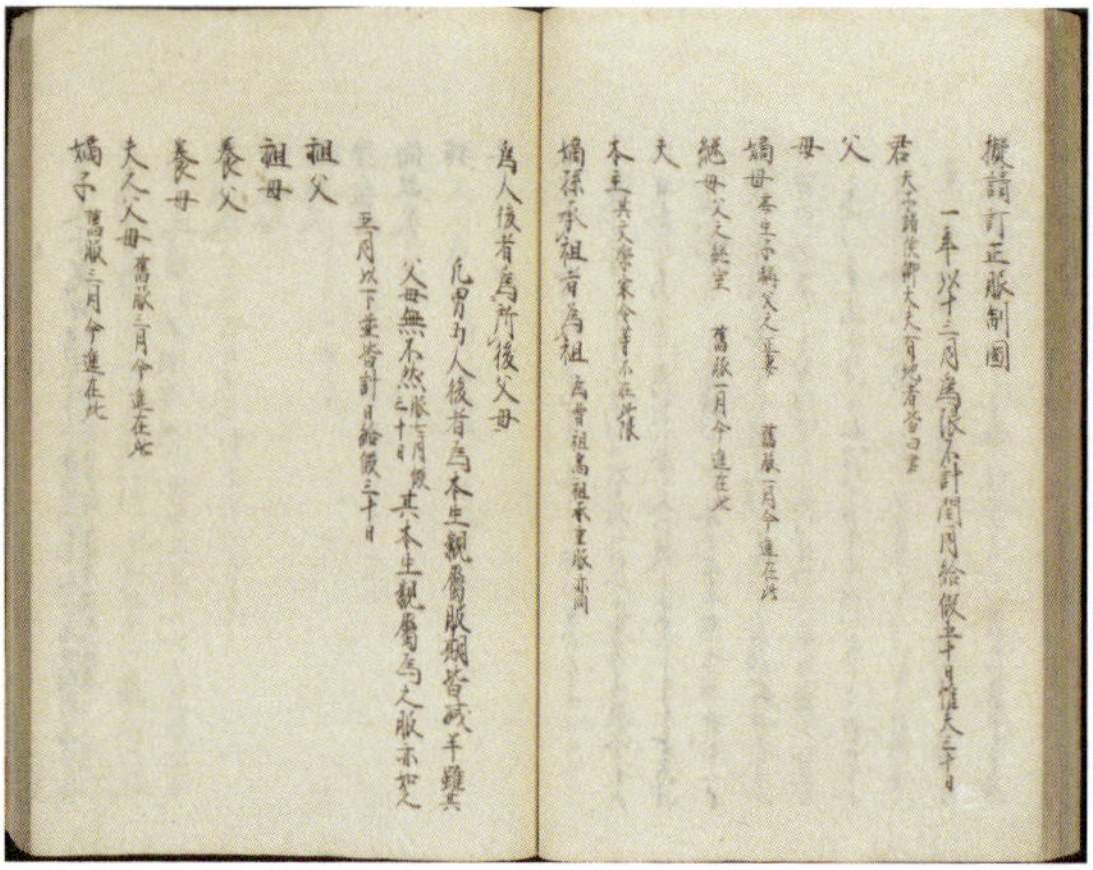

・『喪礼私説』「擬請訂正服制図」頁　筑波大学附属図書館所蔵

・象山自製写真機（レプリカ）
真田宝物館所蔵

・象山神社境内高義亭
筆者撮影

目次

凡例

一、引用史料は書誌学的な考察の場合や一部の固有名詞を除いて、旧字・異体字・変体仮名等をできるかぎり通行の字体にあらためた。

一、引用史料はすべて適宜句読点等を補った。その際、あらかじめ句読点等が付されている場合にはそれに従ったが、筆者の判断であらためた箇所もある。

一、引用史料の省略箇所は（前略）（中略）（後略）、割注は（割注：）、筆者による注釈は（筆者注：）、闕字は□と表記した。

一、佐久間象山に関する刊本史料については、『復刻象山全集（全五巻）』（信濃教育会編纂、信濃教育会出版部、一九七五年）と『日本思想大系55 渡辺崋山 高野長英 佐久間象山 横井小楠 橋本左内』（佐藤昌介・植手通有・山口宗之校注、岩波書店、一九七一年）を使用した。引用する際に、それぞれ『全集』と『大系55』と略称し、『全集』の場合は各章の初出箇所に限って著作名、作成年、『全集』巻数・分類、頁数の順で示し、二回目以後は著作名と頁数のみを記し、『大系55』の場合は各章の初出箇所に限って著作名、作成年、『大系55』、頁数の順で示し、二回目以後は著作名と頁数を記した。

一、その他『日本思想大系』（岩波書店）からの引用は、各章の初出箇所に限って著作名、作成年、『日本思想大系　巻数　題名』、頁数の順で示し、二回目以後は著作名と頁数のみを記した。

一、朱熹の著作については、基本的に『朱子全書』（全二七冊、朱傑人ほか編、上海古籍出版社・安徽教育出版社、二〇〇二年）を用いた。引用にあたっては、各章の初出箇所では著作名（『朱子全書』冊数）、巻数、篇名、頁数を記し、二回目以後は著作名と頁数のみを記した。『家礼』についてだけ校勘本『朱子家礼（宋本彙校）』（吾妻重二彙校、上海古籍出版社、二〇二〇年）を使用した。引用する際に、『家礼』「喪礼（項目名）」、頁数を記した。

一、漢文史料の引用に関しては、原漢文と読み下し文とを併記するという表記法を用い、読み下し文はすべて筆者による。刊本史料であらかじめ読み下し文に直されている場合にはそれに依拠したが、筆者の判断であらためた箇所もある。

一、歴史的人物の生没年は、できるかぎり各章の初出箇所に記すようにした。

一、表紙については、佐久間象山『省諐録』（関西大学図書館所蔵）を使用した。

序章

一　問題意識

本書は、幕末期の思想家佐久間象山（一八一一〜六四）の儒学思想を研究対象とするものであるが、この序章ではまず、本書の問題意識および研究のアプローチについて説明したい。

従来の幕末思想史研究は、丸山眞男の「国民主義の「前期的」形成」という表現に表されているように、近代化を自明の歴史的プロセスとしたうえで、幕末期を近代的思想形成の萌芽期、あるいはその「前期的」形態として捉えるという視点から行われるものが多い(1)。このような視点は、西洋思想をどれほど受け入れたのかなどの基準に基づいて、いわゆる近世日本思想に含まれる近代的な要素をみいだすには有効的ではあるが、幕末期当時の思想界の実態を明らかにするには限界性があろう(2)。このような視点のもとでは、幕末期はあくまでも明治維新や国民国家の成立のための準備期間であるかのようになるだけで、そこに生きていた知識人も、あたかもわれわれと同じようにすでに歴史の足跡がみえたうえで、それを辿りながら時代を振り返るように思考していることとなる。[3]

近年、このようなアプローチに対する疑問や修正が後を絶たない。近世思想史研究の分野では、おもに徳川後期を考察対象としながら、議論のスコープを幕末期まで伸ばす研究成果が次々と出されており、[4]そのほか、日本近世史や明治維新史研究の分野でも、新たな視点の構築が問われてきている。

たとえば、明治維新史を研究する奈良勝司氏は、「明治維新論の形骸化と危機」について、「そもそもなぜ近代が生じたのか、近世の影響や国際環境がその過程でいかなる役割を果たしたのかという点にも、主たる関心は向かなかった[5]」と述べ、また日本近世史研究との断絶について、「近年のエピソード的な幕末維新（期）叙述は、意識の上では実証主義的な（特定のイデオロギーに依らない）立場にあっても、構造として近代化論に立脚している場合が多[6]」く、「近代化論に依拠した明治維新論の構造的欠陥は、近代以後に初めて常識となった感性を過去に遡及して明治維新を叙述するため、江戸時代の体制がどのように変容したのかという視点が、最新の研究に即したかたちではほとんどみられないか、極めて弱い[7]」と指摘している。奈良氏の指摘は、近代化論の立場に立って幕末維新期を扱う問題点に的中しており、それを解決するために、氏はあえて「近代以後にあまりにも我々の前提となりすぎて、日常のなかでは意識することもできなくなってしまった『国民』的思考をいったん離れ[8]」て、非「国民」的アプローチによる明治維新史の叙述を提起している。

本書は、幕末期の思想家佐久間象山の儒学思想を取り扱うにあたって、従来の象山の思想から近代的思想の「前期的」形態をみいだすという視点ではなく、幕末期当時において、象山の思想がいかなる構造と特質をもったのかについて、その思想の実際的様相を解明するというアプローチを用いて象山の思想を考えなおすこととする。

本書のもう一つの問題意識としては、儒学に対する捉え方にかかわる問題がある。日本思想史の分野のみならず、日本の中国学や日本漢学の分野においても、日本における儒学の受容に関する問題は研究の重要関心となろう。しかしながら、従来の研究関心は、朱子学を例にしていえば、もっぱら理気論や修養論、学問政治論など、いわゆる正統的な哲学課題にあり、朱熹の『家礼』や『琴律考』などに代表されるような、儀礼や礼楽思想の面がほとんど注目されていない。前者の儀礼の面については、長い間、日本における儒学受容について、学問と精神だけが受け入れられ、儒礼受容の欠如が日本儒学の特色であるという理解がほぼ通説であったこと[9]に起因すると考えられる。後者の礼楽思想の面については、おもに音楽史という分野からの考察が行われ、あるいは荻生徂徠（一六六六～一七二八）の音楽思想に関する検討に代表されるように、「礼楽」とかかわりの深い人物や学派に限って研究されることが多く[10]、日本思想史や日本漢学の分野では、「正統的」な哲学の課題に比べれば、「礼楽」に関する議論がきわめて少ない[11]。

本書は、佐久間象山の儒学思想を考察する際に、修養論や学問論をはじめとする従来の哲学的問題を取り上げるとともに、これまでまったく注目されてこなかった象山の儀礼思想や礼楽思想についても取り上げることとする。

二　佐久間象山の生涯略歴およびその歴史的評価

佐久間象山（文化八年（一八一一）～元治元年（一八六四））は、信州松代藩の藩士で、通称は修理（はじめは啓之助）、名は啓《ひらき》または大星、字は子明（はじめは子迪）、象山と号した。象山は当初禄が五両五人扶持であり、江戸藩邸学問所頭取・郡中横目付を務め、ペリー来航時は松代藩出陣の軍議役などの役職を歴任し、晩年幕府によって海陸御備向掛手付雇に任命され、禄は百石に至った。

象山は洋学を学習しはじめる以前は、朱子学を中心とした学問を修めていた。天保四年（一八三三）第一次江戸遊学をする際に林家の学頭佐藤一斎（字は坦、一七七二〜一八五九）に入門し、二年ほど儒学と漢学を修業し、天保一〇年（一八三九）第二次江戸遊学時に、一斎塾に通いながら神田お玉ヶ池に象山書院を開いて儒学の教授を務めた。江戸での学問活動を契機に、象山は藤田東湖（一八〇六〜一八五五）や渡辺崋山（一七九三〜一八四一）、梁川星巖（一七八九〜一八五八）らと知り合い、天下の名士と親交を結んでいった。

天保一二年（一八四一）松代藩主真田幸貫（一七九一〜一八五二）が幕府老中となり、後に海防掛を担当するようになる。これをきっかけに象山は海防掛の顧問に抜擢され、天保一三年（一八四二）九月に江川英龍（一八〇一〜一八五五）の洋式砲術塾に入門した。これが象山の洋学学習の開始となり、これ以後、彼は洋式の大砲・戦艦の製作をはじめとする海防論を主張するようになり、嘉永四年（一八五一）から江戸の木挽町に自ら砲学の師範を挙げ、洋式砲術と朱子学とを併せて教授している。砲学以外、彼はまた独学でオランダ語を習い、硝子の製造や鉱石の探査、馬鈴薯の栽培、種痘の実験など、さまざまな分野において洋学を取り入れて応用し、ある程度の成果を収めることができた。

安政元年（一八五四）、門人の吉田松陰（一八三〇〜一八五九）が再来航したペリーの艦隊で密航を企てたが失敗し、象山は密航を唆した罪を問われ、江戸の伝馬獄に投獄される。この獄中の経験をきっかけにして彼は後に有名な『省諐録』[12]を著し、「東洋道徳、西洋芸術」という思想の指針を表明する。

半年後、象山は松代藩に送還され、松代で九年間の蟄居生活を送ることになる。蟄居中に彼は朱子学、漢学、洋学の学習に集中する一方、門人や親友を通じて時勢に関する情報を収集し、門人の名を借りて上書するなど、朱子学と洋学に立脚して政治発言をしつづけている。文久二年（一八六二）一二月蟄居が解かれた後、彼は上洛活動をはじめ、有力公家や一橋慶喜（一八三七〜一九一三）に謁見して開国論や天下治平の策を唱える。元治元年（一八六四）七月一一日、山階宮（晃親王、一八一六〜九八）に伺った帰路に暗殺される。

かかる激動たる象山の一生であるが、彼の歴史的評価については、「開国進取の先覚者」[13]、「近代日本における西欧文明への対応の一つの「型」、しかも最も有力な型をつくった模範的人物」[14]、象山の考える日本の開国という策略は「近代日本の「和魂洋才」というテーゼになるわけだ」[15]といった評価によって示されるように、幕末から明治へと移行するという日本の近代化のプロセスにおいて、象山は日本の方向を示した「時代の先駆」として位置づけられる思想家である。吉田松陰・坂本龍馬（一八三六～一八六七）らの幕末志士は彼の門下生であった。このような象山像は、二つのことをきっかけに成立したと考えられる。一つは、『象山全集』の発行を機に全国における象山伝記の普及、とくに昭和九年（一九三四）から一〇年にかけて『増訂象山全集』が全国的に発刊されたこと[16]、もう一つは宮本仲と大平喜間多両氏がそれぞれ著した『佐久間象山』[17]をはじめとする象山伝記が刊行されたことである。

いうまでもなく、象山に関する歴史的評価は、おもに近代化論のアプローチにより叙述されているものである[18]。伝記とともに、象山の「東洋道徳、西洋芸術」という思想形態に対して、丸山眞男氏・植手通有氏・源了圓氏をはじめとする研究者は、象山の「東洋道徳、西洋芸術」論の形成は朱子学が解体されてゆく過程であるという「朱子学解体説」を提起し、象山における西欧文明対応のパターンが、日本の近代化に重要な役割を果たしていたと論じた。前述した源了圓氏の象山に対する「近代日本における西欧文明への対応」の「最も有力な型をつくった模範的人物」といった評価も、基本的にこのようなアプローチに基づいたものであるといえる。

繰り返しになるが、このようなアプローチは、欧米諸国の「近代化論」と対峙できる意味で日本における近代化独自の特徴を明らかにするうえでは有効であるものの、明治維新という結果論に立脚して振り返って日本の近世社会、幕末維新期の日本思想をみるという欠陥がある。この視点のみでは、幕末当時における思想家の思想の実相を解明するためにはかなり不十分であるといわざるをえない。筆者の佐久間象山の思想に関する従来の研究に対する再検討も、このような近代化論の視点への疑問より始まったものである。

三　佐久間象山の思想に関する先行研究と課題

前述したように、昭和九年から一〇年にかけて、信濃教育会より『増訂象山全集』が五分冊で刊行され、これにより佐久間象山をめぐる研究がぞくぞくと展開されていった。ここでは本書とかかわる象山の儒学思想を中心に、学問思想と政治思想との二つの側面から先行研究を整理し、また象山の「東洋道徳、西洋芸術」という思想指針に対するこれまでの研究を分析し、その問題点を示すこととする。(19)

1　象山の学問思想に関する研究

象山の学問思想に関する研究はおもに象山の思想基盤である朱子学を中心に、象山がいかに朱子学を基盤に洋学を受け入れることができたのかという点に着眼したものである。朱子学を根底とする思考論理と、西洋の科学技術を背景とする世界観は根本的に異なるにもかかわらず、なぜ象山が西洋の科学技術を受容することができたのか、という象山思想の構造を解明するという視点である。

丸山眞男氏は象山における洋学受容の過程が「朱子学を含めた漢学のワクをつきやぶってゆく過程だった(20)」と指摘し、朱子学解体説を提起した。この後、かかる視点からの象山研究は、朱子学の学問方法である「窮理」の特質に注目しながら展開されていった。植手通有・源了圓両氏は象山の朱子学における「物理」と「倫理」との関係に注目し、象山が「倫理」より「物理」を重視し(21)、「物理」の認識を優先する点(22)が、彼の洋学受容の素地となっていたと指摘している。このような象山における「物理」を評価する視点は、象山の「邵康節先生文集序」のなかにある「豈有人倫日用、而外於物理者耶。余未見昧於物理、而周於人倫日用者也。（豈人倫日用にして、物理に外なる者有らんや。余未だ物理に昧くして人倫日用に周ねき者を見ざるなり。）」[23]という言葉に負うところが大きい。小池喜明氏も象山における朱子学体系の崩壊が「朱子学的「物理」の否定に起因する」[24]としている。

これら植手氏・源氏・小池氏の見解の特色は、朱子学における「物理」と「倫理」とを別個のものとする西洋近代科学の基本的立場に立って象山の論理を考察している点にある。この視点は丸山氏以来のもので、日本思想における「近代的」要素を測るうえできわめて有効なツールであったが、前近代と近代、あるいは日本・アジアと西洋が混淆した幕末当時の実相をそのまま明らかにするうえでは一定の限界性を有していると考えられる。たとえば、象山は、「邵康節先生文集序」の最終部分で「抑窮理之本在養静、而養静莫若乎居敬。（抑も窮理の本は静を養うに在りて、静を養うは敬に居るに若くは莫し。）」[25]と記し、「窮理の本」が「静を養う」にあり、その「静を養う」においては「居敬」に「若くは莫し」としていたのであり、このような象山における「窮理」「養静」「居敬」の「緊密性」（「物理」と「倫理」との一体性）を植手氏・源氏・小池氏は看過していたといえよう。このように、象山の思想を理解するうえで、象山における「窮理」の内部構造を解明するというミクロ的な視点だけでは不十分であるといえ、このことは、松田宏一郎氏や栗原孝氏ら、その後の研究によっても指摘されているところである。

松田宏一郎氏は、象山においては「「人倫日用」の「理」の追究と「物理」の追究とは知の方法としては分けられない、分けることに意味がない」[26]と述べ、象山における学問の方法としての「窮理」自体の「物理」と「倫理」にわたる全体性に注目している。松田氏はさらに、象山における朱子学は「平面的知識」としてではなく、「方法として純化」されていったと指摘している。このような象山における「窮理」構造の解明から知的方法論として朱子学を全体的に捉えるという検討視点の転換は、象山思想の質の解明に新しいアプローチを提供するものであった。

また、栗原孝氏は象山の「窮理」における「物理」と「倫理」との優先順位にかかわらず、「邵康節先生文集序」における「窮理」を文末の「居敬」と照合して捉える視点から、「「窮理」の方法としての「格物致知」は、

「存心持敬」「静坐」という非論理的、主観的方法によって裏付けされねばならなかった[27]」と指摘している。栗原氏はさらに象山が朱子学を維持したうえで「格物窮理」を最大限に活用して西洋文化を受け入れていたとし、象山の鬼神論から彼の自然秩序思想を探求しており、従来の朱子学解体説を相対化する視点を提起している。さらに内藤辰郎氏はこの視点の延長線上において、象山における「東洋」と「西洋」との共存について具体的に彼の占卜思想に根拠を求めた[28]。このように、象山の学問思想に関する研究は、「朱子学解体説」から朱子学を評価するという視点の転換がみられ、この視点の転換により、従来の研究における「近代的要素」をみいだす視点から象山の思想を評価することの妥当性が疑問とされるようになった。しかし、この新たな視点（「近代化論」を疑問視する視点）による象山思想の検討も、象山の学問基盤である朱子学自体に関する解明をはじめ、まだ不十分といわざるをえない。とりわけつぎの三点が挙げられる。

一つ目は、象山における朱子学の学問方法である「窮理」と「居敬」に関する点である。松田・栗原両氏の検討からもわかるように、象山における「窮理」と「居敬」との一体性が留意されていながらも、検討の中心があいかわらず「窮理」のほうにあり、「居敬」がさほど注目されていない。換言すれば、「朱子学解体説」という視点が相対化され、象山の朱子学における「窮理」の位置づけが再検討されたものの、象山が説いている「居敬」の内実、つまり象山における「居敬」はいかなる内容をもって、どのような特徴があるのかは十分に検討されていないままである。

二つ目は、かかる「居敬」という要素が象山の「東洋道徳、西洋芸術」という思考形態にいかなる意味をもっているかという点である。具体的には、象山は朱子学を説く際だけではなく、洋学を受け入れる際も「居敬」の方法を提起しているが、この洋学の受容に「居敬」も強調されていた点はまったく看過されており、当然解明されていない。それは、従来の研究では象山の洋学受容を検討する際に、一方的に「窮理」のみに注目していたからである。しかし、象山の「東洋道徳、西洋芸術」論における「居敬」の意味を追究することは、「東洋道徳、西洋芸術」という思考形態の特色、とくにこれまで明らかにされていないことが多い「東洋道徳」を解明するのに重要な示唆を提供できるものと考える。

三つ目は、象山は儒学において「楽」の学習も重視しており、実際中国から渡来した楽器の七絃琴を習い、楽律知識を普及させるために『琴録』という著作を編纂し、琴学を通して自分の礼楽思想をも構築していた。『礼記』「楽記」篇では、「礼節民心、楽和民声、政以行之、刑以防之。礼楽刑政、四達而不悖、則王道備矣。（礼は民心を節し、楽は民声を和し、政以て之れを行い、刑以て之れを防ぐ。礼楽刑政、四達して悖らざれば、則ち王道備わる。）[29]」となっているように、人心を感化する「楽」と社会秩序を定める「礼」は、古くから儒家によって尊重されていた。それにもかかわらず、従来の研究のなかで、象山の琴学思想はまったく注目されておらず、検討されてこなかった。象山において「楽」の思想は個人修養上に役割を果たし、象山の学問習得に限らず、礼楽思想の一環として彼の政治思想にもかかわる重要な存在となるため、象山の儒学思想を解明するには、彼におけるこの琴学思想も看過できないと筆者は考える。

以上三つの問題点をふまえて、本書第一部では象山の学問思想について、彼の学問の基盤である朱子学を取り上げ、おもにこれまでさほど注目されてこなかった朱子学の方法である「居敬」という要素を中心に象山の朱子学理解を再検討し、象山における「居敬」の内容と特徴を明らかにし、「居敬」の機能から象山における洋学受容と朱子学との関係について再考察する。また、従来看過されていた象山の礼楽思想について、彼の琴学および『琴録』の編纂を通して詳細に検討することとする。

2　象山の政治思想に関する研究

象山の政治思想に関する研究は、おもに象山の思想から「近代的要素」をみいだすという立場に立脚して検討をくわえたものであり、象山におけるナショナリズムの論理、象山の尊王思想および象山の政治思想における「力」と「徳」の認識という三つの視点からの検討に分けることができる。以下、この三つの視点から象山の政治思想に関する先行研究を整理することとする。

象山は洋学を習いはじめたばかりの天保一三年（一八四二）に、松代藩主真田幸貫宛の有名な海防に関する上書のなかで、「外寇之義は国内の争乱とも相違仕」、「独り□徳川家の御栄辱」にのみかかわるのではなく、「生を此国に受け候ものは、貴賤尊卑を限らず、如何様とも憂念仕べき義」[30]と述べている。象山のこの発言に対して、早くから丸山眞男氏は「ナショナリズムの論理」[31]であると指摘している。丸山氏はさらに象山がオランダ語辞書の刊行を幕府に建言して洋学の公開に尽力する諸事に注目し、象山におけるナショナリズムの特質を「世界と日本についての認識を国民化する」[32]というところにあると結論づけている。象山におけるナショナリズムの特質についてはさらに、本郷隆盛氏は後期水戸学の「華夷内外の弁の強調」と「貴賤尊卑」を厳正に保持しようとする側面が随行するのと逆方向で発生したものだと述べ[33]、森一貫氏は象山における「洋儒兼学」、「鎖国批判」、思考の「合理性」、「公武合体」をはじめとするすべての主張がこのナショナリズムに「帰結」できると断言し[34]、本山幸彦氏は「象山は「国家の安危」＝「ナショナリズム」を絶対化し」[35]、それに基づいて幕府の法規を打ち破ろうとしたとそれぞれ指摘している。前田勉氏はまた象山の『省諐録』において表明した「一国」から「天下」を経て「五世界」[36]へという認識について象山の生涯を追いながら詳細に検討し、象山におけるナショナリズムの特質を「一挙両得の発想」と「反転の発想」、つまり「個人の利益・生活と国家の利益とが調和する論理」と「どのような不利な条件下にあっても、反転の可能性を探り出し、行動する主体」を求めるという二点にあると論じている。[37]

もう一つの象山の尊王思想に関する研究は、おもに象山の具体的政治主張である公武合体論に関して検討したものであり、象山における「尊王」には天皇への絶対的「盲従」が否定されるものであるとされ[38]、象山の公武合体論は「幕府――徳川一門・譜代大名を基盤」としたものであるとされている[39]。また、「対外問題の解決には天朝を頼る以外にない[40]」という結論により示されたように、象山の尊王思想が幕府に対する失望・不満から朝廷へ期待をかけるところから発展したものと帰結されている[41]。

たしかに象山の政治思想を検討する際に、「五世界」につながるという世界認識はなかなか先進的なもので、幕末当時においてこのような見識をもっていることは評価されるべきものであるのはいうまでもない。このような近代国家の成立を前提に象山思想における「ナショナリティ」の要素をみいだすという視点は、日本の近代化を明らかにするうえでは有効性があることは否定できない。しかし一方、象山の政治思想が「自己の政策の実現を真田家あるいは幕府に期待することから脱しきれなかった[42]」や象山の「世界意識と認識の鋭さは、主としてテクノロジーの分野にかぎられ、社会政治体制の次元には浸透していない[43]」と指摘されてきたように、象山が科学技術の面で積極的に洋学を受け入れたことと好対照に、社会制度の面で「公武合体」を主張する点は、彼の思想の「限界性」としてしか注目されていないことも同時に意味する。

象山思想に関するこのような研究の傾向、つまり象山思想の「先進的」な一面を評価する視点が、象山の政治思想における「力」と「徳」という二つの要素に対する分析からもうかがえるといえる。『省諐録』のなかで象山は『書経』「泰誓」篇にある「力を同じくすれば徳を度り、徳を同じくすれば義を量る。」という一文を引用して、「無其力而能保其国者、自古至今、吾未之見也。誰謂王者不尚力耶。（其の力無くして能く其の国を保つ者は、古自り今に至るまで、吾未だ之れを見ざるなり。誰か王者は力を尚ばずと謂うか。）[44]」と述べている。また文久二年（一八六二）の藩主宛の答申書においても、象山はふたたび『書経』のこの文を引用して、「其国力、敵国と侔《ひと》しきに至らずして、兵を構へ候ては、其徳其義いか様彼れに超過候とも、其志を得候義は決して難出来、是乃ち天下の正理・実理・明理・公理に御座候。」と表明している。このような象山の主張に基づいて、早くから丸山氏は「国力こそ国防の基礎(46)」、植手氏は「「力」が「徳」「義」より優先され(47)」、また本郷氏は「国力第一主義(48)」、前田氏は「象山個人の蘭学・兵学学習は、どこまでも「外国」の「国力」に匹敵する日本の「国力」を増強するためになされるもの(49)」、本山氏は「国家の存立基盤は、道徳ではなく力だ(50)」、小池氏は「国際関係の現実は端的に力関係に左右される(51)」と、それぞれ指摘している。すなわち、先学の研究は、象山において現実的に「力」という観念を前面に押し出したことによって「徳」が後退したとみなし、もっぱら国防論における象山の兵学者としての思考方式のほうを評価している。象山における「国力」の意味合いも、前田氏が「たんに軍事力や経済力のみならず、科学技術力を内包するもの(52)」であると指摘しているように、「徳」に対する象山の考え方と完全に剥離されたうえで理解されていたのである。

しかしながら、日本の「国力」が西洋諸国に「類もなきほどに」劣っていることについて、象山は文久二年（一八六二）の幕府宛上書のなかで「其故を求め」、四つの原因を列挙している(53)。そのなかで第一に挙げたのは、「遊民多くして、徒に其財用を耗靡《こうび》し候」にあるとし、さらに「御本邦にて只今遊民の第一と申は、仏氏の徒に御座候」と指摘したうえで、寺檀制度のかわりに「天下に、仏に依らず儒礼を以て葬祭仕候義を御免許被為在候(54)」と、儒式の葬祭制度を設けることを提起している。さらに彼は、具体的に『喪礼私説』という著作を通して、儒式の喪礼作法を詳細に述べ、それが全国で実践されることを望んでいたのである。それにもかかわらず、象山におけるこの儒式喪礼の構想自体はこれまでまったく看過されていた。

そして、象山は日本が西洋諸国と直接戦う状況を想定した場合に軍事的関心を優先するとしても、彼が終始強調するのは、「孔孟之教」と「忠孝仁義の道」であって、かならずしも「徳」を捨象し「力」ばかりを重視しているわけではない。したがって、象山が説いている「力」の意味合いを検討する際に、彼の「徳」に対する捉え方を視野に入れる必要がある。換言すれば、「徳」という要素が単に後退したか否かで象山の政治思想を捉えるのは妥当とはいえず、「徳」が象山の「力」認識にいかなる意味をもっているのかを問う必要がある。象山におけるこの「徳」と「力」とに対する認識は、彼が唱える「東洋道徳、西洋芸術」にもつながるものと考えられ、この点を明らかにすることは象山の「東洋道徳、西洋芸術」という思考形態を解明するうえでは避けられない問題と考える。

最後に象山の政治思想を解明するためにもう一つ看過できないのは、象山は何に基づいて思考し、何を根拠に政治発言を提起しているのかという問題である。実際、幕藩体制を強化するという彼の主張は勿論のこと、洋式武器の導入を主張するという海防策などいわゆる先進的思想も、象山が洋学の知識によっただけではなく、同時に儒学の経典を根拠にみいだした知恵なのである。しかしながら、この象山における政治主張の根拠については、従来注目されていない。

以上の問題点をふまえて、本書第二部では象山の政治思想に対して、近代化を自明の経路とする議論とは距離をとって、従来なされてきた彼が西洋諸国の社会制度にほぼ無関心で伝統的な幕藩体制秩序の枠を脱却できなかったという表面的かつ単純な評価とは一線を画し、象山における政治思想の「先進性」や「開明性」にもっぱら着目するのではなく、彼の政治思想にニュートラルにアプローチすることで、その思想の実相を解明することを目指している。具体的には、これまでまったく見逃されていた象山の儒式喪礼の主張を彼の著作『喪礼私説』を通して詳細に検討し、このような儒式儀礼への関心が象山の政治思想においていかなる意味をもっているのかを明らかにする。つぎに、「東洋道徳」に立脚して政治言説を構築する象山は、いかなる政治体制を構想していたのかについて考察する。最後に、象山の政治発言における儒学経典の活用を具体的に検討することを通して、彼が政治主張を提起する際にいかに思考していたのかを明らかにし、彼の政治的思考の根拠を解明する。これらの検討をしたうえで、象山の政治思想における「力」と「徳」との関係や「徳」の位置づけについて再考する。

3 象山の「東洋道徳、西洋芸術」という思想形態について

以上、学問思想と政治思想との二つの面から象山の儒学思想に関する先行研究を整理検証してきたが、つぎにこれまでの象山思想研究における「東洋道徳、西洋芸術」という思考形態に対する分析について検討したい。

「東洋道徳、西洋芸術」は象山が『省諐録』において提起した言葉であり[55]、象山思想のテーゼともいえるものである[56]。この用語は、よく新井白石（一六五七〜一七二五）の「形而上、形而下」の言説と結びつけられて系譜的に捉えられ、または幕末の横井小楠（一八〇九〜一八六九）・橋本左内（一八三四〜一八五九）の類似言説と対照されて検討されている[57]。従来「東洋道徳、西洋芸術」に対する解明は、「東洋道徳」と「西洋芸術」とはそれぞれ何を意味するのか、象山の力点が「道徳」と「芸術」のどちらに置かれたのかなどに対してなされているものが多い[58]。

象山が文久二年（一八六二）に幕府宛の上書のなかで、「公儀御取用の御学術」を「一致に帰し候様」にと主張する際に、この「学術一致」について「道徳・仁義・孝悌・忠信等の教は、尽く漢人聖人の模訓に従ひ、天文・地理・航海・測量・万物の窮理・砲兵の技・商法・医術・器械・工作等は、皆西洋を主とし、五世界の所長を集めて、皇国の大学問を成[59]」すことを説いている。象山のここでの主張は、彼の「東洋道徳、西洋芸術」論と軌を一にしていることがわかる。「西洋芸術」については象山はより詳細な例を挙げているのに対して、「東洋道徳」については「漢土聖人の模訓に従」った儒学の道徳の教えであると、漠然としてしか示されていないことがわかる。そのため、象山における「東洋道徳」がもつ意味について、たとえば、源了圓氏は「道徳（社会・政治・経済面も含む）は儒教を守るという基本方針をとっている[60]」、本郷隆盛氏は「「道徳」はそれ自体政治・経済・文学・宗

教などあらゆる分野を内に含むそれ自体自足的な一大思想体系なのである」[61]、辻本雅史氏は「世界観というのに近い」[62]とそれぞれ指摘しているが、いずれも抽象的な定義であった。そして、松浦玲氏が象山の力点が「あきらかに前半の「東洋道徳」や「堯舜孔子の道」にかけられている」と述べ、象山の思考重点を「東洋道徳」のほうにあるとし、「この儒学的自信、その理想主義、それが彼の「東洋道徳」なのだ」[63]と結論づけているように、「東洋道徳」は象山の思想においてもっとも重要な位置を占めており、彼の思想の核心ともいえるものである。それにもかかわらず、象山が提起した「東洋道徳」の内実は十分に解明されていないままである。[64]

そこで本書では、象山の学問思想と政治思想について考察したうえで、最後に象山の「東洋道徳、西洋芸術」という思考形態について、この思考形態の学問的基盤がどこにあるのか、「東洋道徳、西洋芸術」がいかに形成され、なぜ東洋の「道徳」、西洋の「芸術」なのかについて検討し、また、これまで抽象的な定義しか与えられていなかった象山の「東洋道徳」について、その内実をより明確にすることとし、「東洋道徳」の象山思想における意味合いを追究することにする。

以上先行研究を整理してきたように、これまでの象山思想の研究はおもに「近代的」な視点からの検討であり、象山の思想が「進歩」的な部分と「限界」的な部分とに二分されて、その「進歩」的な部分がいわゆる「近代国家」の成立にいかに役割を果たしたのかについて検討されただけであった。このような近代国家の成立を前提にして象山思想における「近代的」な要素を評価するという視点は、日本の近代化を明らかにするうえでは有効性があることは否定できない。しかしながら、このような視点だけでは、象山思想の一面しか検討されておらず、象山思想のいわゆる「限界」的な部分は単なる「限界」として存在しているという評価にとどまるのみである。象山思想の実相を明らかにするためには、象山思想の基盤である儒学から再出発して検討する必要があろう。

四　本書の視点・目的と構成

本書では佐久間象山の儒学思想を研究対象とし、二つの視点を用いることとする。一つは、幕末維新という転換期において儒学の考え方は克服されるべきものであるという視点とは一線を画し、また明治維新の結果論という立場により儒学を評価する視点——儒学のどの部分が日本の近代国家の成立に役割を果たしたのかをみいだす——の枠をも越えて、幕末当時において、象山における儒学理解はいかなるものであったのか、象山がいかに儒学を基盤に洋学を捉えてそれを受け入れていたのか、さらに彼はいかに儒学と洋学とを思考的素地として幕末期の政治課題に対応していたのかなどの問題について、象山思想にある「開明性」と「限界性」にこだわることなくニュートラルにアプローチすることである。

本書で用いるもう一つの視点は、これまでの「象山の朱子学」の捉え方と異なる視点を取ることである。具体的には、江戸時代においておもに受容されたと思われる理気二元論や心性修養論、学問政治論を内容とする朱子学のみならず、朱熹の『家礼』や『琴律考』などに代表されるような、儒教儀礼や礼楽思想も含めた、より広い意味での朱子学に注目する。勿論朱子学のこの儀礼的な面は、これまでの江戸時代の儒学の研究のなかでもさほど注目されてこなかった点でもあり、本書ではこの「伝統的」な意味も含め、さらにより広く礼楽的・儀礼的な面をも注目した意味での「朱子学」を取り上げるため、あえて佐久間象山の「儒学」という言い方を用いた。

本書はかかる二つの視点に立脚し、幕末の思想家佐久間象山の儒学思想を中心に、これまでの研究において看過されてきた面に注目し、象山の幕末当時における思想の実相をできるかぎり解明することを目的とする。そして、このような研究のアプローチが幕末維新期の日本思想史研究において、いかなる意義を有するのかを提示したい。

本書は二部九章から成り立っており、第一章と第二章では象山における「伝統的」意味での朱子学、つまり朱子学の修養論や学問論を中心に論じるため、「朱子学」という言い方のままにし、それ以外の場合では、象山の「儒学」という言い方を用いる。各部各章の内容はつぎのとおりである。

第一部「佐久間象山の学問思想――「東洋道徳、西洋芸術」の思想的基盤として」は象山の学問思想について取り上げ、象山において朱子学の学問的方法論がいかに説かれ、彼はどのように朱子学の学問方法を基盤に西洋の学問知識を取り入れていたのかについて解明し、象山が説いた「東洋道徳、西洋芸術」の思想的前提について明らかにする。

第一章「佐久間象山の朱子学理解――「居敬」に注目して」では、象山の思想的基盤である朱子学を取り上げ、これまでの研究が「窮理」を中心とした視点であるのとは異なり、従来さほど注目されていない「居敬」という要素に対して詳細な検討を行う。おもに象山の朱子学において「敬」はどのように理解されているのかについて明らかにしたうえで、象山における「居敬」と「窮理」との表裏一体性についてみてみる。そして、象山の「居敬」はいかなる内容と性格をもち、どのような特徴があるのかについて検討し、最後に象山の「敬」理解と深く結びつき、象山の朱子学において重要な位置を占めている「礼」の意味合いについて明らかにする。

第二章「佐久間象山における朱子学の実践――「居敬・窮理」の方法論を中心に」では、第一章で論理的に解明した象山の朱子学における「居敬・窮理」の学問方法が、いかに応用され、どのように実践されていたのかについて考察する。具体的には、「懼」の視点より象山の朱子学における「敬」の実践についてみたうえで、象山の洋学受容における「居敬・窮理」の実践を取り上げ、おもになぜ象山が洋学の学習において「居敬」を説き、「居敬」がいかなる機能をもっていたのかについて明らかにする。最後に「居敬・窮理」が象山の「東洋道徳、西洋芸術」論にいかなる意義をもつのかについて考察する。

第三章「佐久間象山における琴学の全体像」では、これまで象山の儒学において注目されてこなかった彼の琴学思想を取り上げる。具体的には、象山の琴学を中心に、彼における琴学の習得を考察したうえで、象山の琴学に関する著述と琴学資料の蒐集を検討し、最後に象山における『琴録』の編纂一事から彼の琴学思想を概観する。

第四章「佐久間象山における『琴録』の編纂および象山の楽律思想」では、象山が実際に編纂した『琴録』を具体的に取り上げて考察する。『琴録』の各版本から『琴録』の書誌情報をみたうえで、象山が『琴録』においていかなる内容を採録し、いかなる編纂方式を取り、いかに自分の楽律思想を主張していたのかについて検討する。そのうえで、江戸時代の琴学において第一の書籍と思われる荻生徂徠の『琴学大意抄』を取り上げ、『琴録』と『琴学大意抄』とを対照しながら、『琴録』の特色を明らかにする。

第二部「佐久間象山の政治思想——「東洋道徳、西洋芸術」の実践のために」は象山の政治思想について取り上げ、象山の具体的な政治発言を詳細に検討することで、彼が幕末の政治課題を直面する際に、いかに儒学に立脚して「東洋道徳、西洋芸術」の実践を図っていたのかを解明する。とりわけ象山の政治思想において重要な位置を占めていたにもかかわらず、これまでまったく看過されていた『喪礼私説』という象山の著作を中心に取り扱うこととする。

第五章「佐久間象山における『家礼』受容——『喪礼私説』に着目して」では、これまで看過されていた象山の政治思想において重要な位置を占めていたと考えられる『喪礼私説』を取り上げて考察する。具体的には、『喪礼私説』はどのような著作であるのか、いかに朱熹の『家礼』に基づいて作成されているのか、江戸時代のそれまでの儒礼著作と比べていかなる特色をもっているのかについて詳細に検討したうえで、象山における儒教儀礼に対する態度の転換についてみることとする。

第六章「佐久間象山『喪礼私説』の礼式について――「治棺」・「作主」・「誌石」・「墓碑」を例として」では、象山が『喪礼私説』において、具体的な礼式について『家礼』式のものをいかに取捨選択したのかに注目し、「治棺」、「作主」、「誌石」、「墓碑」の四項目を通して詳細に検討することで、象山が具体的な礼式作法においていかに考案し、どのように工夫したのかについて明らかにする。

第七章「佐久間象山の政治思想における儒教儀礼の位置づけ――『喪礼私説』の政治的意義を通じて」では、象山が文久二年の幕府宛上書においていかなる政治言説を提起していたのかをみたうえで、この上書において象山がなぜ『喪礼私説』に基づいた儒教儀礼を主張したのかについて明らかにし、また、『喪礼私説』の「成服」項目および象山が考案した服忌制度を詳細に検討することで、『喪礼私説』の政治的意義について解明する。

第八章「佐久間象山における政治体制の構想――「徳」という要素を中心に」では、幕末の政治的課題に面した象山は一体どのような政治体制を構想していたのかに注目する。具体的には、アメリカの政治体制に対して「一切君と申ものを建て不申」と語る象山が、そもそも「君」と「臣」に対してどのように理解しているのかについて、彼の君臣観を通して検討したうえで、かかる君臣観に基づいて形成された象山の政治思想において、支点としての「東洋道徳」がどのように実践されていたのかについて考察する。最後に、象山がいかなる政治体制を唱えていたのかについて、彼の国体論を通してその構造を明らかにする。

第九章「佐久間象山の政治言説における儒学経典の活用」では、象山の政治発言における儒学経典の使用に注目し、彼が政治問題を思考する際にいかに儒学の経典から知恵を獲得し、政治主張を表明する際にどのように儒学の論理に依拠していたのかを検討する。とりわけ洋式武器の導入を主張するなどいわゆる先進的思想も、象山が洋学の知識によっただけではなく、同時に儒学経典を根拠にみいだした見識である点に注目する。

これら二部九章の考察結果に基づき、終章では幕末期思想家佐久間象山の儒学思想に関する研究の現段階での結論を導き出す。さらに、それをふまえたうえで、本書の成果をもとに、幕末維新期の日本思想史研究、ないし東アジア思想史研究について、ごく簡単な展望を示してみたい。

注

(1) 代表的研究として、植手通有『日本近代思想の形成』(岩波書店、一九七四年)、鹿野政直『日本近代思想の形成』(辺境社、一九七六年)、森一貫『近代日本思想史序説——「自然」と「社会」の論理』(晃洋書房、一九八四年)、小池喜明『攘夷と伝統——その思想史的考察』(ぺりかん社、一九八五年)などが挙げられる。この視点からの研究は、日本における近代化論の提起と展開を背景にしたものと考えられる。戦後アメリカで生まれた近代化論は、欧米諸国の近代化における歴史的経験に依拠して「近代化」の指標を設け、その指標で各国の「近代化」を測って分析するという比較史的なアプローチである。この視点は日本では、アメリカ人東洋史研究者(駐日アメリカ大使)のライシャワー氏やジョン・W・ホール氏らの日本近代史に対する再評価により提起されていた。「近代化論」の視点は当初の一九六〇年代から日本の学者に疑問視されながらも日本学界に影響を与え、日本の学者は欧米諸国の基準で日本の「近代化」を測るという視点と対抗する意味で、日本の近世社会から日本の近代化独自の特徴をみいだそうとしていた。

(2) たとえば、島田英明氏も従来の幕末思想史研究の問題点を指摘する際に、「幕末期を近代への滑走期間として扱う点」により、「メルクマールも概ね相場は決まっていて、①現状維持論(敬幕性)からの脱却、②政治主体の拡大(雄藩から浪士、民衆へと裾野が広がるほど近代的ナショナリズムに近づく)、③主体の拡大に応じた新たな統一国家構想の有無、④観念論的名分論から脱した政治的リアリズムの成熟、⑤西洋思想の受容の深浅といった尺度に基づき、より封建的か近代的かが問われてきた」(島田英明『歴史と永遠:江戸後期の思想水脈』岩波書店、二〇一八年、一一頁)と論じている。

(3) たとえば、桐原健真氏は吉田松陰の思想を取り扱う際に「今日のわれわれは、幕末維新の終着点になにがあったのかを知っている。しかし、その結果から幕末維新という時代をとらえることは、歴史の不可遡性に反する行為にほかならない」（桐原健真『吉田松陰の思想と行動――幕末日本における自他認識の転回』東北大学出版会、二〇〇九年、三頁）と指摘し、前掲島田氏もこのような近代的な視点の問題として、「幕末期が近代 modern への滑走期間であるだけでなく、長きにわたる近世 early modern の末期だったというあたりまえの認識を備えていない」（前掲島田英明『歴史と永遠：江戸後期の思想水脈』、一一頁）と指摘している。今後も、近代化論の視点に関する議論が問われつづけると予想されよう。

（4）眞壁仁『徳川後期の学問と政治――昌平坂学問所儒者と幕末外交変容』（名古屋大学出版会、二〇〇七年）、大川真『近世王権論と「正名」の転回史』（御茶の水書房、二〇一二年）、竹村英二『江戸後期儒者のフィロロギー――原典批判の諸相とその国際比較』（思文閣、二〇一六年）、島田英明『歴史と永遠：江戸後期の思想水脈』（岩波書店、二〇一八年）などが挙げられる。

（5）奈良勝司『明治維新をとらえ直す――非「国民」的アプローチから再考する変革の姿』（有志舎、二〇一八年）、七頁。

（6）奈良勝司『明治維新をとらえ直す――非「国民」的アプローチから再考する変革の姿』、二五～二六頁。

（7）奈良勝司『明治維新をとらえ直す――非「国民」的アプローチから再考する変革の姿』、二六頁。

（8）奈良勝司『明治維新をとらえ直す――非「国民」的アプローチから再考する変革の姿』、二七頁。

（9）たとえば、渡辺浩氏は「概して自らの葬祭の礼なき儒学が、日本の儒学であった」（渡辺浩『近世日本社会と宋学』東京大学出版会、二〇一〇年増補新装版、一七〇頁（初版一九八五年））、尾藤正英氏は「一般に近世の日本では、儒学は礼法よりも精神の面だけで受け入れられた」（尾藤正英『日本文化の歴史』岩波書店、二〇〇〇年、一六九頁）とそれぞれ記述している。ほかには、黒住真氏『近世日本社会と儒教』（ぺりかん社、二〇〇三年）の論述も挙げられる。かかる従前の理解に対しては近年、大幅な見直しが試みられはじめており、日本の儒者たちによる儒礼、とくに『家礼』記載の喪祭礼への取り組みの様相を解明しようとする研究が続出されている。代表的研究として、吾妻重二氏による基礎史料『家礼文献集成　日本篇（一～一二）』（関西大学東西学術研究所資料集刊、二〇一〇～二〇二四年）の編集・刊行、同氏による日本における数多い『家礼』実践の実例の考察（吾妻重二『愛敬与儀章――東亜視域中的「朱子家礼」』上海古籍出版社、二〇二一年など）、田世民『近世日本における儒礼受容の研究』（ぺりかん社、二〇一二年）、松川雅信『儒教儀礼と近世日本社会――闇斎学派の「家礼」実践』（勉誠出版、二〇二〇年）などが挙げられる。
（10）陳貞竹「荻生徂徠における礼楽論の展開：朱熹礼楽論の受容と変容をめぐって」（『東洋音楽研究』七七、東洋音楽学会、二〇一一年）、山寺美紀子「荻生徂徠の楽律研究：主に『楽律考』『楽制篇』『琴学大意抄』をめぐって」（『東洋音楽研究』八〇、東洋音楽学会、二〇一四年）などが挙げられる。
（11）近年、日本思想史や日本漢学の分野からも、「礼楽」に関する問題が注目されつつあり、小島康敬編『「礼楽」文化――東アジアの教養』（ぺりかん社、二〇一三年）は日本だけではなく、中国・韓国・琉球の事例も取り上げることで、東アジア文化圏の視野からこの問題を議論している。ほかには、榧木亨『日本近世期における楽律研究――『律呂新書』を中心として』（東方書店、二〇一七年）、中川優子「熊沢蕃山の音楽思想――日本近世期の音楽文化における雅楽の位置づけから」（『日本思想史学』五三、日本思想史学会、二〇二一年）などが挙げられる。
（12）「省諐録とは、あやまちをかえりみる記録という意味である。象山は吉田松陰の密航失敗事件に連坐して、安政元年四月より九月まで、江戸伝馬町の獄につながれていた。本書はその獄中での感懐を出獄後に筆録したものである」（『大系55』、二三八頁注）。
（13）宮本仲『佐久間象山』（岩波書店、一九四〇年、初版一九三二年）、二五六頁。
（14）源了圓『佐久間象山』（吉川弘文館、二〇二二年、九頁）（初版ＰＨＰ研究所、一九九〇年）。
（15）松本健一『佐久間象山（上）』（中公文庫、二〇一五年）、三五頁。
（16）『象山全集』の出版は明治四四年（一九一一）信濃教育会の象山記念事業の一環として認められ、象山没後五〇年の大正二年（一九一三）に編纂・刊行されたが、短期間に完成したため間違いがあり、昭和九年（一九三四）から一〇年にかけて『増訂象山全集』五巻で再発行された。この点については、原田和彦「佐久間象山像の成立をめぐって」（『信濃』［第三次］六〇（八）、二〇〇八年）参照。なお、『象山全集』の編纂をめぐる象山像の成立についても、同論文を参照されたい。
（17）前掲宮本仲『佐久間象山』、または大平喜間多『佐久間象山』（吉川弘文館、二〇二〇年、初版一九五九年）。
（18）このような人物叙述の手法について、奈良氏は、明治維新＝大変革というテーゼが共有された前提のもと、「そこで描かれる個人や事件は、〈過酷な国際環境のもとで近代化に寄与した顕彰譚〉か、その裏返しとしての〈時代に翻弄された悲劇〉にしかならない。結局のところ、明治維新とは何だったのかという問いは解を得られず浮遊し、我々の祖先がいかに頑張ったのかというエピソードだけが無数に生み出されることとなる」（前掲奈良勝司『明治維新をとらえ直す――非「国民」的アプローチから再考する変革の姿』、四頁）と反省を促している。

（19）一方、本書では象山の洋学受容について、彼がいかに儒学を基盤に洋学を受け入れることができたのかという思想形成の面からは注目するが、象山が具体的にいかに大砲を作り、電信実験を行っていたのか、いかにオランダ語の辞書を編纂していたのかなどについては、本書の検討の対象外とする。なお、象山の洋学の内実についての研究としては、東徹『佐久間象山と科学技術』（思文閣、二〇〇二年）、杉本つとむ「佐久間象山『増訂荷蘭語彙』の小察」（『日本歴史』四一五号、一九八二年）、佐藤昌介「佐久間象山と蘭学」（佐藤昌介『洋学史の研究』中央公論社、一九八〇年）、川尻信夫「幕末における西洋数学受容の一断面――佐久間象山の「詳証術」をめぐって」（『思想』六二八号、一九七六年）などが挙げられる。

（20）丸山眞男「幕末における視座の変革――佐久間象山の場合」（『忠誠と反逆』筑摩書房、一九九二年）、一三五頁。この論文の初出は『展望』七七（筑摩書房、一九六五年）。

（21）源了圓「佐久間象山における儒学と洋学」（伊東俊太郎編『日本の科学と文明』同成社、二〇〇〇年、一四五頁）。また、源氏は前掲『佐久間象山』（八五頁）においてすでに、「物理を窮めることを放棄して道理を窮めることのみに関心を集中するような人（たとえば大橋訥庵（中略）鳥居耀蔵もこのタイプに属する）が多かったのに対して、象山は物理を窮めることとの必要性を説いたところにその特色がある」と述べている。

（22）植手通有「東洋道徳・西洋芸術論の展開――佐久間象山」（同『日本近代思想の形成』岩波書店、一九七四年）、三六頁。

（23）「邵康節先生文集序」、天保一一年九月、『象山全集』巻一浄稿序、六〇頁。

（24）小池喜明「幕末における「理」の変容――佐久間象山の場合」、同「佐久間象山の物理と倫理――幕末における朱子学体系の崩壊」（同『攘夷と伝統――その思想史的考察』ぺりかん社、一九八五年）。

（25）「邵康節先生文集序」、六一頁。

（26）松田宏一郎「朱子学・正学・実学――佐久間象山」（同『江戸の知識から明治の政治へ』ぺりかん社、二〇〇八年）、六七頁。

（27）栗原孝「佐久間象山における「東洋道徳、西洋芸術」論――「格物窮理」概念を中心に」（明治維新史学会編『明

治維新の人物と思想』吉川弘文館、一九九五年）、一三頁。
（28）内藤辰郎「幕末儒学における佐久間象山の思想」（衣笠安喜編『近世思想史研究の現在』思文閣、一九九五年）。
（29）『礼記』巻一九「楽記」篇、五頁。本書で用いる『礼記』は服部宇之吉評点『漢文大系17　礼記』（冨山房、一九七八年、初版一九一三年）による。以下同。
（30）「海防に関する藩主宛上書」、『大系55』、二六六頁。
（31）前掲丸山眞男『忠誠と反逆』、一一八頁。丸山氏のほかに、本郷隆盛「佐久間象山――西洋受容の論理とパターン」（本郷隆盛・前坊洋・稲田雅洋著『近代日本の思想（一）佐久間象山／福沢諭吉／植木枝盛』有斐閣新書、一九七九年、三七頁）、森一貫「日本における近代的政治意識の形成――佐久間象山」（同『近代日本思想史序説――「自然」と「社会」の論理』晃洋書房、一九八四年、一九五頁）、本山幸彦「東洋道徳・西洋芸術の理想を求めて――佐久間象山」（同『近世儒者の思想挑戦』思文閣、二〇〇六年、二二三頁）、前田勉「佐久間象山におけるナショナリズムの論理」（同『江戸後期の思想空間』ぺりかん社、二〇〇九年、三二六頁）が挙げられる。
（32）前掲丸山眞男『忠誠と反逆』、一二〇頁。
（33）前掲本郷隆盛「佐久間象山――西洋受容の論理とパターン」、三八頁。
（34）前掲森一貫「日本における近代的政治意識の形成――佐久間象山」、一九五～一九六頁。
（35）前掲本山幸彦「東洋道徳・西洋芸術の理想を求めて――佐久間象山」、二二二頁。
（36）象山は『省諐録』において、「予年二十以後、乃知匹夫有繫一国。三十以後、乃知有繫天下。四十以後、乃知有繫五世界。（予、年二十以後は、乃ち匹夫も一国に繫ること有るを知る。三十以後は、乃ち天下に繫ること有るを知る。四十以後は、乃ち五世界に繫ること有るを知る。）」（「省諐録」、『全集』巻一、二一頁）と記述している。
（37）前掲前田勉「佐久間象山におけるナショナリズムの論理」、三三七～三四二頁。
（38）前掲森一貫「日本における近代的政治意識の形成――佐久間象山」、一九二頁。
（39）石毛忠「佐久間象山」（『江戸の思想家たち（下）』研究社出版、一九七九年）、二八八頁。
（40）前掲本山幸彦「東洋道徳・西洋芸術の理想を求めて――佐久間象山」、二三九頁。
（41）本山幸彦氏以外に、前掲植手通有「佐久間象山における儒学・武士精神・洋学――横井小楠との比較において」、前掲石毛忠「佐久間象山」などが挙げられる。

(42) 前掲石毛忠「佐久間象山」、二九〇頁。
(43) 前掲植手通有「東洋道徳・西洋芸術論の展開――佐久間象山」、五七～五八頁。
(44) 『省諐録』、八頁。
(45) 「攘夷の策略に関する藩主宛答申書」、『大系55』、三二四頁。
(46) 前掲丸山眞男「幕末における視座の変革――佐久間象山の場合」、一四八頁。
(47) 前掲植手通有「東洋道徳・西洋芸術論の展開――佐久間象山」、三九頁。
(48) 前掲本郷隆盛「佐久間象山――西洋受容の論理とパターン」、五八頁。
(49) 前掲前田勉「佐久間象山におけるナショナリズムの論理」、三三三頁。
(50) 前掲本山幸彦「東洋道徳・西洋芸術の理想を求めて――佐久間象山」、二三三頁。
(51) 前掲小池喜明「幕末における「理」の変容――佐久間象山の場合」、八一頁。
(52) 前掲前田勉「佐久間象山におけるナショナリズムの論理」、三三二頁。
(53) 「偖、尚申上度奉存候は、御国力の義に御座候。皇国を以て外国と比較候に、気候の順正なる、米穀の富饒なる、人民の霊慧にして衆多なる、実に外に類もなき御国柄と奉存候。然る所、其類もなきほどに御国力不被為届候。竊に其故を求め候に、四箇条御座候様奉存候。」（「時政に関する幕府宛上書稿」、『大系55』、三一六頁）とある。
(54) 「時政に関する幕府宛上書稿」、三一六～三一七頁。
(55) 「東洋道徳、西洋芸術」を表現する言葉が確認できるのは、もう少し前の嘉永の終わり頃に象山が門人の小林虎三郎宛の書簡からである。書簡のなかで、象山は小林虎三郎を有望な傑物と評価するとともに、自らの学問の理想を述べる際に、「東洋道徳西洋芸、匡郭相依完圏模。大地周囲一万里、還須虧得半隅無。」（「小林又兵衛に贈る」、『全集』巻四、二四二頁）という漢詩を綴っている。なお、小林虎三郎は、吉田松陰とともに「象門の二虎」と称されるほどの象山の愛弟子であった人物である。小林虎三郎に関する研究としては、坂本保富『米百俵の主人公小林虎三郎：日本近代化と佐久間象山門人の軌跡』（学文社、二〇一一年）がある。
(56) 「東洋道徳、西洋芸術」という主張の象山思想における位置について、たとえば、「（象山は）いわゆる東洋の道徳、西洋の芸術、この二つの学問の融合をはかり、これが奨励普及を力説した点は、何んとしても卓見といわなければならない」（前掲大平喜間多『佐久間象山』、二頁）、「「東洋の道徳、西洋の芸術」、これが、儒学者で同時に洋学者でもあった佐久間象山の、終生の信念であった」（奈良本辰也・左方郁子『佐久間象山』清水書院、一九八五年、三頁）、「東洋道徳と西洋芸術とは、両方あわせて完全な円を形づくるものである。アジアとヨーロッパのどちらが欠けても地球を形成することができないのと同じように、学問にあっては道徳義理の講究つまり道学と、実学としての芸術とは、どちらを欠いても完全でない。じぶん（筆者注：象山）はいわば学の「東西を幷せ」もつつもりである」（前掲松本健一『佐久間象山』（上）、三四頁）などが挙げられる。なお、本書では象山における「東洋道徳」と「西洋芸術」とが並列の関係にあると捉えないため、中黒の「東洋道徳・西洋芸術」ではなく、「東洋道徳、西洋芸術」と表記する。

(57) 清水教好「華夷思想と一九世紀――「蘭学者」の儒学思想と世界認識の転回」（子安宣邦編『江戸の思想7 思想史の一九世紀』ぺりかん社、一九九七年）。

(58) 象山の「東洋道徳、西洋芸術」という思考形態に関する研究史については、坂本保富「「東洋道徳・西洋芸術」思想の構造と特質――佐久間象山の東西学術を統合した思想世界」（『平成法政研究』一八（一）、平成国際大学法政学会、二〇一三年）では丹念に整理しており、参考に有益である。

(59) 「時政に関する幕府宛上書稿」、三一一頁。

(60) 前掲源了圓「佐久間象山における儒学と洋学」、一五四頁。

(61) 前掲本郷隆盛「佐久間象山――西洋受容の論理とパターン」、一〇四頁。

(62) 辻本雅史「儒学の幕末――西洋近代への思想的対峙」（頼祺一編『日本の近世13、儒学・国学・洋学』中央公論社、一九九三年）、三七二頁。

(63) 松浦玲編『日本の名著30　佐久間象山・横井小楠』（中央公論社、一九七〇年）、一〇頁。

(64) 象山の「東洋道徳、西洋芸術」という思想形態に関する最新の研究として、前掲坂本保富氏の論文が挙げられるが、氏は「あくまでも象山が生きた幕末期という同時代を共に生きるという目線」で象山の思想にアプローチしようとしつつも、主旨は依然として「象山の「東洋道徳・西洋芸術」という思想世界の全体像――幕末日本における日本近代化の思想としての構造と特質」（前掲坂本保富「「東洋道徳・西洋芸術」思想の構造と特質――佐久間象山の東西学術を統合した思想世界」、一五三頁）を解明しようとするものであり、近代化論からの脱却を免れなかった。また、象山における「格物窮理を根本原理とする特異な朱子学理解」といった氏の論述内容からもわかるように、氏は「格物窮理」という一方的な視点のみによって象山の朱子学理解を取り扱っており、「居敬」の議論を不問に付している。そもそも氏が朱子学の学問方法として「居敬窮理」と「格物窮理」の二種類があると理解するところに、疑問を持たなければならない。

第一部

佐久間象山の学問思想

——「東洋道徳、西洋芸術」の思想的基盤として

第一章　佐久間象山の朱子学理解

――「居敬」に注目して

はじめに

序章で述べたように、これまでの佐久間象山の朱子学に関する研究は、「窮理」に注目して検討したものが多く、象山の「窮理」に対する解釈から、彼が洋学を受容できた論理を解明するものが多い。しかしながら、そもそも朱子学のなかにおいて、「居敬」と「窮理」とは「如車両輪、如鳥両翼。(車の両輪の如く、鳥の両翼の如し。)[1]」と譬えられており、緊密に繋がっているものである。序章で述べた栗原孝氏と松田宏一郎氏は従来の朱子学解体説を相対化するために、象山における「窮理」と「居敬」の一体性に留意しているが、両氏とも「居敬」に対する具体的な検討までいたらなかった[2]。

具体的には、栗原氏は象山における方法としての「居敬」と「窮理」との表裏一体性を論じる際に「居敬」に言及したが、「存心持敬」・「守静居敬」といったように朱子学の用語で触れるだけで、象山における「居敬」の具体的内容については検討していない。松田氏は象山における「敬」は「自己の内側に沈潜して純粋な心に到達しようとすることではなかった」[3]とし、象山における「居敬」の内容を単なる「意識の集中」のみであると限定している。そのほか、磯原眞行氏も象山における「敬」は朱子学全体をも規定する主体的本源的な心を意味するものではないとし、象山の修養論は内在する道徳性を軽視し、象山の朱子学理解は「その内面的な側面を後退させた朱子学理解」であって、「敬よりは格物窮理を重視した朱子学である」と指摘している。[4]

しかしながら、象山における「敬」ははたしてそのように矮小化されたものであろうか、彼の朱子学理解において「敬」は一体どのように捉えられ、「窮理」に比べて「居敬」は後退されているのであろうか、これらの問題点はかならずしも十分に解明されたとはいえない。それにくわえて、象山における学問の方法としての「居敬」は、具体的にどのような内容をもち、いかなる特徴があるのかについても、これまで本格的に検討されることはほとんどなかったといってよい。

そこで本章では、象山の学問思想の基盤である朱子学をあらためて取り上げ、彼の朱子学の方法論に注目しながらも、これまで十分に論じつくしていない「居敬」を中心に詳細に考察することとする。具体的には、象山の朱子学において「敬」はどのように理解されているのかについて明らかにしたうえで、象山における「居敬」と「窮理」との表裏一体性についてみてみる。つぎに、象山の「居敬」はいかなる内容と性格をもち、どのような特徴があるのかについて検討し、最後に象山の「敬」理解と深く結びつき、象山の朱子学において重要な位置を占めている「礼」の意味合いについて明らかにする。これらの考察を通して、これまであまりアプローチされてこなかった「居敬」という視点より象山の朱子学を再考し、象山思想の学問的基盤について解明したい。

一　象山の朱子学理解における「敬」

1　学問の最終目的――「心の全徳」への追求

そもそも象山の朱子学理解において、「敬」とは何を意味し、どのように捉えられているのであろうか。それを解明するために、まず象山における学問の最終目的およびその達成方法について明らかにしたい。

朱熹は「聖門之学、必以求仁為要。（聖門の学は、必ず仁を求むるを以て要と為す。）[5]」と説くように、聖人の学問の要点が「仁」を求めることにあるとする。そして、「仁」とは「心の徳[6]」である。「仁を為す」方法について、朱熹は孔子の「己に克ちて礼に復る[7]」についてつぎのように説いている。

仁者、本心之全徳。克、勝也。己、謂身之私欲也。復、反也。礼者、天理之節文也。為仁者、所以全其心之徳也。蓋心之全徳、莫非天理、而亦不能不壊於人欲。故為仁者必有以勝私欲而復於礼、則事皆天理、而本心之徳復全於我矣。[8]

仁とは、本心の全徳なり。克は、勝つなり。己は、身の私欲を謂うなり。復は、反るなり。礼とは、天理の節文なり。仁を為すとは、其の心の徳を全うする所以なり。蓋し心の全徳は、天理に非ざるは莫くして、亦た人欲に壊されざること能わず。故に仁を為す者は必ず以て私欲に勝ちて礼に復ること有れば、則ち事皆天理にして、本心の徳、復た我に全うす。

すなわち、朱熹は「仁」を「心の徳」をまっとうすることに、「己」と「礼」とをそれぞれ「人欲」（「私欲」）と「天理」とに解釈している。「人欲」を克服して「礼」に「帰」れば、「人欲」が存在しなくなり、事が皆「天理」

によらないところがなく、「気質之性」に覆われた「心」に「本然之性」が備わるようになると述べられている。朱熹においては、「人欲」に克つことと「天理」に復ることが仁を為すための先決条件であり、「克己」と「復礼」は「全徳の心」をまっとうするために、仁を為すために欠いてはならない工夫なのである。

それでは、象山はどのように説いているのであろうか。

象山も「聖人之学、莫先於仁。（聖人の学は、仁より先なるは莫し。）(9)」、「聖人之道、仁而已耳。（聖人の道は、仁のみ。）(10)」とあるように、聖人の学は「仁」より優先するものはなく、聖人の道はただ仁の一事のみであると説いている。そして、「仁」について、象山は「心之全徳、是謂仁。故君子之学、惟求斯心。（心の全徳、是れを仁と謂う。故に君子の学は、惟だ斯の心を求むるのみ。）(11)」といい、仁とは「心の徳」をまっとうすること、君子の学問はただこのような「全徳の心」を求めることのみであると述べている。ここから、象山が朱熹と同様に、学問は人間本然の「心」への追求を最終目的とし、「全徳の心」をもった「仁」を為すことを目指すとしていることが確認できる。

つぎに、「心の全徳」の達成方法について、象山はつづいてつぎのように述べている。

夫心之為物、出入無時、亦無常処。舍而不操、則放。放而不求、則人欲肆而天理滅。又何所不至。唯能克私窒欲、以収其放逸。然後視人如己、視物如人、而其本然之徳可見已。(12)

夫れ心の物為る、出入時無く、亦た常処無し。舍てて操らざれば、則ち放たる。放ちて求めざれば、則ち人欲肆にして天理滅ぶ。又た何れの所にか至らざらん。唯だ能く私に克ちて欲を窒ぎ、以て其の放逸を収むるのみ。然る後に人を視ること己の如く、物を視ること人の如くして、其の本然の徳見るべきのみ。

つまり、物としての「心」は不安定なため、操守せずに放置すれば、結果的には「人欲」がほしいままになり、

「天理」が滅んでしまう。ただよく「人欲」を克服して、「心」の放逸を収めれば、「本然の徳」＝「心の全徳」がみえてくるのである。また、

夫天理与人欲為消長。私意気習之既克、則必本体全徳之是復矣。此固学者之所宜警省也[13]。

夫れ天理と人欲とは消長を為す。私意気習の既に克たば、則ち必ず本体の全徳の是れ復る。此れ固より学ぶ者の宜しく警省すべき所なり。

と象山も述べている。すなわち、「天理」と「人欲」とは消長の関係にあり、「人欲」が消える分だけ「天理」が生じるため、「人欲」を残りなく克服すれば、かならず「本体全徳」＝「心の全徳」に復ることができるのである。象山において、これは学ぶ者の「警省」すべきところでもある。

この二つの記述から、象山が説いている「心の全徳」の達成方法は朱熹説を継承しており、「人欲」を克服することを前提としていることが明らかにわかる。

2　「全徳の心」を意味する「敬」

象山における朱子学は「心の全徳」を追求し、「仁を為す」ことを最終目的とし、それを達成させるためには「人欲」を克服することが要求されるが、ただし、朱熹も説いたように、「人欲」に勝つだけでは十分ではなく、「礼に復」ってこそ「天理」によらないところがなく、「全徳の心」をまっとうすることができるのである。実際、象山も「礼に復る」ことについて、つぎのように強調している。

武盛一旦奮発、断酒不復飲、斯克私之端、求仁之機也。（中略）然克私未足言仁。克尽其私、皆帰於礼、是乃仁也。故雖克私収心、涵養之尤艱。所謂帰礼、所以涵養之也。夫礼者敬而已矣。敬之一言、即百聖伝心之真訣。最為学者之喫緊。(14)

武盛一旦奮発し、酒を断ちて復た飲まざるは、斯れ私に克つの端、仁を求むるの機なり。（中略）然れども私に克つは未だ仁と言うに足らず。其の私に克ち尽くして、皆な礼に帰れば、是れ乃ち仁なり。故に私に克ちて心を収むと雖も、之れを涵養するは尤も艱し。所謂礼に帰るは、之れを涵養する所以なり。夫れ礼は敬なるのみ。敬の一言は、即ち百聖伝心の真訣なり。最も学ぶ者の喫緊と為す。

前においても引用したこの「書高野武盛巻」の一文は、象山が「性酷嗜酒」の友人高野武盛のために書いたものであり、「奮発」して酒を断ちふたたび飲まないようとするという友人の武盛に対して、「断酒」はただ私欲を克服することの端緒だけであって、「仁」を求める契機のみであり、いまだ「仁」というに足らずと忠告する。なぜならば、象山においては朱熹と同じように、私欲を克服して皆「礼」に「帰」ってこそはじめて「仁」が実現できるのであり、「礼に帰る」ということが要求されるからである。そして、「礼に帰る」ためには、「涵養」の工夫が必要不可欠であると象山は述べている。

ここで注目したいのは、象山のこの記述における「礼」の意味合いである。象山は「礼は敬なるのみ」であると解釈している。象山のこの一文を理解するために、ひとまず朱熹の解釈を確認しておこう。

前述したように、朱熹は「己に克ちて礼に復る」の「礼」について「天理の節文」と解釈し、「礼」は抽象的な「天理」が節目をもった文あるものとして現われ、「天理」に符合するものであり、人々の行為行動に規範を与えるものである。「天理」自体は抽象的なものであるが、節目をもったものとして具体的に現れているものは「礼」

である。「人欲」を克服してすべてこの「礼」に復れば、「天理」に外れることがなく、心の本体全徳をまっとうすることができるのである。つまり、「礼」はすなわち「理」であり[15]、「礼に復る」とは、「天理」がいたるところまでにゆきわたり、「心の全徳」が備わる状態なのである。これは朱子学のいう「誠」の状態であり、聖人に達することであり、朱子学が目指す学問の最終目的そのものであることはいうまでもない。

このような朱子学の前提をふまえて象山の「礼は敬なるのみ」をみれば、象山はここで「敬」をもって「己に克ちて礼に復る」の「礼」を解釈し、「天理」がいたるところまでにゆきわたって「心の全徳」が備わる状態を「敬」と定義していることがわかる。それにくわえて、「礼に帰る」ために「涵養」の工夫が欠いてはならないと象山が強調することから、彼は内面的な修養をきわめて重視していることがうかがえる。

換言すれば、象山において、「敬」は主体的本源的な「全徳の心」を意味し、学問として目指す最終目的そのものを意味し、彼の朱子学全体を規定するような概念であるといえる。そのため、象山が最後において、「敬」は「百聖伝心の真訣」でもあり、学ぶ者のもっとも喫緊と為すところでもあるといっているのは、何の不思議もないであろう。

そもそも『論語』にあるこの「己に克ちて礼に復る」の一章について、朱熹は「此章問答、乃伝授心法切要之言。（此の章の問答は、乃ち伝授の心法、切要の言なり。）[16]」と要約していることからも、この一章は内面的な修養において「心」を操守する工夫と緊密につながっているものであることは明白である。象山の「礼は敬なるのみ」という一言は、まさに朱熹の本意を汲み取ったものといえよう。

以上からわかるように、象山の朱子学における「敬」は、朱子学本来のものに比べれば、いささかも矮小化されたことはなく、象山において「全徳の心」を意味する「敬」は、彼の朱子学全体を規定する本源的な概念であることは、疑いを差しはさむ余地がなかろう。この点において、象山の朱子学理解における「敬」は、朱熹の思想からいささかも逸脱してはいないといえよう。

二　象山における「窮理」と「居敬」

1「窮理」の外面性と内面性

これまでの研究でしばしばいわれたとおり、たしかに象山はつねに「格物窮理」を説いている。たとえば、「論学、所以窮其理而致其知。(論学は、其の理を窮めて其の知を致す所以なり。)[17]」、「経済之学、必先従事於格物。(経済の学は、必ず先ず格物に従事す。)[18]」と象山は説いており、林家の学頭である佐藤一斎(一七七二〜一八五九)に入門した際も、暗に陽明学に心酔する師に対して、「先生主張王学、不好窮理。余則専承当程朱之規、以窮天地万物之理、為斯学起手。(先生は王学を主張して、窮理を好まず。余は則ち専ら程朱の規を承当し、天地万物の理を窮むることを以て、斯学の起手と為す。)[19]」とあるように、「格物窮理」を強調している。

しかし、注意しなければならないのは、象山において「理」となる対象は、外界の事物の「理」だけに設定されているわけではないことである。この点について、いままで注目されていない象山の著作を通してみてみたい。

象山は「安積艮斎に与えて朱学管窺を論ず」のなかにおいて、同じ一斎塾の儒者安積艮斎[20]の「天下之事、豈得尽践而悉究之。惟即吾所接之物而格之、及其已久、則脱然会通、皆迎刃而解矣。(天下の事は、豈に尽く践みて悉く之れを究むるを得んや。惟だ吾が接する所の物に即して之れに格り、其の已に久しくするに及びては、則ち脱然として会通し、皆刃を迎えて解く。)[21]」という「窮理」の捉え方に対して、つぎのように評している。

夫格物致知、正大学之頭脳。豈可草草如此説過哉。案朱子語、曰、「格物便是要間時理会、不是要臨時理会。間時看得、道理分暁、則事至時断置自易」、此方是説格物之時候、甚為明白。又案程子語、一謂「格物莫若察之於身」、一謂「当察物理、不可専在性情」。皆是内外互相発処、尤可以見天下之理、纎悉細大、須是逐旋理会之意。(22)

夫れ格物致知は、正に大学の頭脳なり。豈に草草として此くの如く説き過ぐるべけんや。朱子の語を案ずるに曰く、「格物は便ち是れ間時に理会せんことを要し、是れ臨時に理会せんことを要せず。間時に看得て、道理分暁なれば、則ち事至る時、断置自ら易し。」と、此れ方に是れ格物の時候を説くこと、甚だ明白為り。又た程子の語を案ずるに、一に「格物は之れを身に察するに若くは莫し」と謂い、一に「当に物理を察すべく、専ら性情に在るべからず」と謂う。皆な是れ内外互相に発する処、尤も以て天下の理は、纎悉細大、須く是れ逐旋して理会すべきの意を見るべし。

すなわち、艮斎は、天下の理をことごとく究明しつくすことなど到底できないと考えているため、ただ自分が接している事物だけに対してその理を窮めれば、努力の量的蓄積があったうえ、理を融会し貫通するようになると主張している。それに対して、象山は朱熹の言葉を引用して「窮理」の時機と対象の問題を取り上げ、艮斎と異なる見解を述べている。「窮理」の時機について、象山は艮斎のいっているような「臨時」、つまり事に臨んだ時に行う行為ではなく、平時において「窮理」の努力をしておくことが大事であると考え、自分が物に接する時だけに理を窮めるならば、いったん事が至ったら判断と処置に対応できなくなると主張している。(23)

ここではもう一つの「窮理」の対象の問題に注目したい。象山はここで二程の言葉を引用しながら、「格物窮理」は「身に察するに若くは莫し(24)」とすると同時に、「物理を察すべし(25)」としている。つまり、「理」とは「物」にあると同時に「身」にもある。外面にある「理」(「物理」)を究明するだけでは不十分で、内面(「身」)における

「省察」の工夫も必要となり、内面と外面とにおける努力は「互相に発」し、互いに補完する関係にあるのである。換言すれば、象山は外面の「理」を対象とする「窮理」のみならず、内面の「身」を対象とする「省察」も同時に重視していることは明瞭である。

2　「窮理」と「居敬」との表裏一体性

象山の「窮理」における内面性をも重視する態度は、彼の「賢者」・「不肖者」（「智者」・「愚者」）に関する論述からも読み取れる。つぎのようなものである。

世固有知識昏昧、精神懦弱、不慣於文書、不務於記聞。凡目前易暁之理、猶懵然不能知之、尚何可与之語六経之蘊、譚百氏之奥、講当世之利害、而論天下古今之成敗得失乎。如是者可謂愚矣。然省其平素所為、則或謹厚縝密、不敢縦恣、和協輯睦、得人歓心。其所行雖未必尽出於純善、而其立志孤潔、確然有守。不為於其所不為、不忍於其所不忍。雖学士大夫、無以過之。如此則亦孰不謂之賢者乎。世固有視明聴聡、心慧言弁。習於経史則易通、講於伎芸則易能、世故人情、多所究知、筆翰精妙、才思兼人。如是者可謂智矣。然察其平素所行、則或驕慢侈肆、無所撿制、悖鷙陵犯、奸詐邪穢。常情之所羞且悪者、乃或甘心為之、而恬然不以為恥。如此則亦孰不謂之不肖乎。(26)

世には固より知識昏昧、精神懦弱にして、文書に慣れず、記聞に務めざるもの有り。凡そ目前の暁り易きの理すら、猶お懵然として之れを知ること能わざるに、尚お何ぞ之れが与《ため》に六経の蘊を語り、百氏の奥を譚じ、当世の利害を講じて、天下古今の成敗得失を論ずべけんや。是くの如き者は愚と謂うべし。然れども其の平素に為す所を省みれば、則ち或いは謹厚縝密にして、敢えて縦恣せず、和協輯睦にして、人の歓心を得。其の行う所未だ必ずしも尽くは純善より出でずと雖も、而れども其の志を立つること孤潔にして、確然として守る有り。其の為さざる所を為さず、其の忍びざる所を忍びず。学士大夫と雖も、以て之れに過ぐる無し。此くの如くなれば則ち亦た孰れか之れを賢者と謂わざらんや。世に固より視明聴聡、心慧言弁なるもの有り。経史を習えば則ち通じ易く、伎芸を講ずれば則ち能くし易く、世故人情、究知する所多く、筆翰精妙にして、才思人を兼ぬ。是くの如き者は智と謂うべし。然れども其の平素に行うところを察すれば、則ち或は驕慢侈肆にして、撿制する所無く、悖驁して陵犯し、奸詐して邪穢たり。常情の羞じ且つ悪む所の者は、乃ち或いは甘心して之れを為して、恬然として以て恥と為さず。此くの如くなれば則ち亦た孰れか之れを不肖と謂わざらんや。

象山がここで語っている大意は、つぎのようなことである。世の中には知識に暗く、読書・文章に慣れず、記憶見識に優れざる人がいて、これらの人たちは目の前に存在するわかりやすい道理でさえ知らないため、いかにして彼らと聖人の経典や時勢の利害、天下古今の得失を論じるのか、彼らはまさしく「愚者」であろう。しかし、彼らの平素の行為をみれば、慎み深くて人情に厚く、ほしいままにせずにつねに自分の行為を戒め、人間関係上では周りと睦まじくして周囲に歓迎され、学者・役人であってもこれに及ばない、彼らのことはまた「賢者」といえるのではないか。一方、世の中のいわゆる「智者」は、聡明で弁論に長じ、聖人の経典に精通し技芸がよくでき、世故人情に詳しく、文章・才智は人より優れており、このような人は「智者」といえるが、平素の行為においては、傲慢でほしいままにし、奸詐で道理に悖る行為をし、自分の行為を戒めないどころか悪行を恥じることさえ知らない。彼らはまた「不肖者」になるのではないか。すなわち、象山は「賢者」と「不肖者」とを判断する基準を知識や文章、才智のような外面に現れた見識に置くのではなく、心性や性格、謹慎な心のありかたという内面的なほうを重視していることがわかる。

象山はこの両者に現れた差異を「故行之賢者未必智、而心之智者未必賢也。（故に行の賢なる者は未だ必ずしも智ならず、而して心の智なる者は未だ必ずしも賢ならざるなり。[27]）」と要約し、「心」に現れた「智」・「愚」の差異と「行」に現れた「賢」・「不肖」の差異という二つの問題を取り上げている。象山において、「窮理」を通して聖人の経典を知り、道理を理解し、知的に「智者」になったとしても、現れた行為がかならずしも「賢者」にふさわしいとはいえず、外面の「理」を究めていても、その理に照合して内省の努力をし、「心」をつつしんで省察しなければ、その行為もまた戒められずに「理」に外れるのである。

ゆえに、象山においては、「不肖者」は知的に暗愚であるよりは、むしろ省察の努力をおろそかにし、自分の行為を放任するからだといってもよい。象山がここではもっぱら重点を「已発」時における内面の省察のほうに置いていたことが読み取れよう。

内面における省察はすなわち朱子学における「已発」時の「居敬」の工夫である。したがって、象山は文章の最後において、「不肖者」にならないためには「荘敬以存心、礼義以接人。（荘敬以て心を存し、礼義以て人に接す。[28]）」と説き、明白に「敬」による「存心」を主張している。前述した象山の「賢者」に対する捉え方と照合してみれば、象山においては、「敬」によって「心」を専一に保つことは、「礼義」をもって人と接することの前提にもなるのであり、「窮理」を通じて「礼義」を明らかに究めたとしても、「礼義」に従って行動しようとする際に、心に「敬」を持していなければ、その行動はまた「礼義」に外れるのである。

要するに、象山においては、「窮理」は「存心持敬」によって裏づけられねばならないのであり、彼は「窮理」と「居敬」との表裏一体性を重視しているのである。

そもそも朱子学では、朱熹が「学者工夫、唯在居敬・窮理二事。此二事互相発。能窮理、則居敬工夫日益進、能居敬、則窮理工夫日益密。（学ぶ者の工夫は唯だ居敬・窮理の二事に在るのみ。此の二事は互相に発す。能く理を窮むれば、則ち居敬の工夫日に益々進み、能く敬に居れば、則ち窮理の工夫日に益々密なり。[29]）」と説いているように、「居敬」と「窮理」

は「互相に発」し、互いに促進するような関係にある。象山も、「窮理」を単独的に強調することはいっさいなく、「居敬」を離れたうえでの「窮理」はいっさい説いていないのである。彼は、学問をなす際に「居敬」と「窮理」とが不可分に結びついていることについて、つぎのようにも表明している。

生、索居之久、無良師友能相督責。又何所長進。惟於格致之訓、実落用力、比旧亦較親切。然拘蔽深痼、習染未除、禍機萌蘖、時而発生。雖便於其処、切加截断、却是居敬未熟。料居敬熟時、当自無是患矣。[30]

生、索居の久しくして、良き師友の能く相い督責すること無し。又た何れの所にか長進せん。惟だ格致の訓に於いて実落に力を用うれば、旧に比して亦た較《やや》親切なり。然れども拘蔽深痼にして、習染未だ除かれず、禍機萌蘖、時として発生す。便ち其の処に於いて、切に截断を加うと雖も、却って是れ居敬未だ熟せず。居敬の熟する時を料れば、当に自ら是の患無かるべし。

ここで象山は、「格致の訓」に従って学問の練磨に努めようとするにもかかわらず、昔からの正しくない慣習やこだわりにとらわれて、学問の精進が妨げられていると語り、雑念などにとらわれて格物窮理に集中できないという学問上の悩みを吐露している。さらに、彼はこれらの学問上の障碍を遮断しようとしても、「居敬」の工夫が未熟なため排除もできない。その解決方法として、「居敬」によりいっそう努力し、「居敬」の効能を高め、「居敬」の熟することによって煩いをなくすと望んでいるのである。

このように、象山においては「居敬」より「窮理」を重視することは決してなく、「居敬」の工夫は「窮理」の工夫が首尾よく運ぶ前提となり、「居敬」と「窮理」とは互いに欠くことがなく、同時に効用を発揮しなければならないのである。象山において「居敬」と「窮理」とは表裏一体の関係にあることは、もはや疑問とはならないであろう。

三　象山の朱子学における「居敬」の内容

周知のとおり、「居敬」は朱熹の思想において内的修養の方法として取り上げられ、いくつかの内容をもっている。前節において象山における「居敬」に触れた際に、象山が「已発」時における心の省察を強調したことについて述べた。そもそも朱子学における「居敬」は、「已発」時における心の省察という一面のみならず、「未発」時の心に対する涵養などの工夫も欠くことができない。本節においては、朱熹の主張と対照しながら、象山の「居敬」がどのような内容をもっているのかについて検討する。

1　「涵養」の工夫

朱子学における「敬」の由来が「静」の一字に関連することは否定できないであろう。「静」概念の提唱は周濂渓（一〇一七～七三）の『太極図説』により提起され、「静を主として人極を立つ。[31]」のような人間の本来性に復帰するという「静」の概念は後に程頤（一〇三三～一一〇七）に継がれたが、程頤は仏教の坐禅入定と区別するために「静」の字を避けて「敬」を用いた。[32]「静」は「静坐」によって「体認」することが望まれ、「静坐」の方法は周濂渓・程顥（一〇三二～八五）・程頤・朱熹の師の李侗（一〇九三～一一六三）を通して、結局は朱熹にも受け継がれている。朱熹はこの「静的心理状態（未発）のなかで理を体認する[33]」ことを重んじ、門人たちに「静坐こそが心を収斂する最も有効な修養法であることを力説してやまなかった[34]」という。

しかし、朱熹もまた静坐だけに偏ると仏教の坐禅に入ることを恐れて、「居敬」の工夫を同時に力説していた。[35]そもそも程伊川が説いた「敬」は、ほかでもなく「主一無適」のことである。すなわち、「主一」なれば、「心」

があちらにもこちらにもゆかず、心のなかに「本然之性」が現存し、「天理」が明らかに現われる。伊川の説を受け継いだ朱熹も「敬主於一、做這件事更不做別事。無適、是不走作。[36]（敬は一を主とし、這《こ》件の事を做せば更に別事を做さず。無適は是れ走作せざるなり。）」と語り、伊川の「敬」理解を継承している。つまり、「敬」とは「心」の「本然之性」を保持することであり、「主一」によって「心」の存立を実現させることである。「主一無適」はほかならぬ「心」を収斂して「未発」時の「心」において「本然之性」を涵養する工夫なのである。

前述したように、象山も「故雖克私収心、涵養之尤艱。所謂帰礼、所以涵養之也。（故に私に克ちて心を収むと雖も、之れを涵養するは尤も艱し。所謂礼に帰るは、之れを涵養する所以なり。）」と語り、「敬」に達するためには「人欲」を克服して「心」を収斂するという「已発」時の工夫だけでは不足で、「涵養」も不可欠であると明言して涵養を重視するが、具体的には、彼は「主一無適」による「心」の存立と涵養をつぎのように唱えている。

主一猶沼也。義理猶水也。心猶魚也。外誘猶網罟也。故人之心也、蓄之以主一則存矣。涵之以義理則養矣。而不擾之以外誘、則美而大矣。夫是心而不蓄之以主一、猶無沼而蓄魚也。魚可得而存乎。主一而不本於義理、猶有沼而無水也。魚可得而養乎。本於義理。而不去夫外誘之私、猶養而擾之以網罟。魚可得而大乎。[37]

主一は猶お沼のごときなり。義理は猶お水のごときなり。心は猶お魚のごときなり。外誘は猶お網罟のごときなり。故に人の心は、之れを蓄《やしな》うに主一を以てすれば則ち存す。之れを涵《うるお》すに義理を以てすれば則ち養わる。而して之れを擾《みだ》すに外誘を以てせざれば、則ち美にして大なり。夫れ是の心にして、之れを蓄うに主一を以てせざるは、猶お沼無くして魚を蓄うがごときなり。魚得て存すべけんや。主一にして義理に本づかざれば、猶お沼有りて水無きがごときなり。魚得て養うべけんや。義理に本づきて、夫の外誘の私を去らざれば、猶お養ひて之れを擾すに網罟を以てするがごとし。魚得て大なるべけんや。

ここでは、象山は「主一」と「義理」と「心」とを、それぞれ「沼」と「水」と「魚」とに譬えている。「魚」は「沼」のなかで生きていけるが、「主一」によって「心」を専一に保持しなければ、「沼」がないままの状態で「魚」を養うことと同様になる。また、「主一」による「心」の涵養が「義理」に基づかなければ、「沼」に水が注がれていない状態同様で「魚」も生きていけない。すなわち、「主一」は「心」が存立する場を提供し、内面の涵養は心の「本然之性」を対象としなければならない。象山においては、「沼」と「水」は「魚」が生きるためのもっとも基礎的な条件であるように、「主一」による「心」の存立と涵養は、「心」に対するもっとも重要な工夫であり、「心」が定着する礎石なのである。象山において、それは外面の誘惑を退けて「人欲」を克服すること、すなわち「魚」が「網罟」に乱されずに立派に成長することの前提でもあるといえる[38]。

涵養の工夫を重視するという象山の態度は、彼の「平居講学窮理、心下已有定見。而応接之際、有持守不定者、只是涵養不足。（平居学を講じて理を窮むれば、心下に已に定見有り。而して応接の際、持守して定まらざる者有るは、只だ是れ涵養足らざればなるのみ。）[39]」という心境の吐露からもうかがえる。つまり、象山においては、外面における「理」の究明という「窮理」の努力だけでは十分とならず、応接の際に「心」が定まらずに動揺するのは、内面における「居敬」の工夫である「涵養」が足りないためであり、涵養の工夫も同時に重視しなければならないのである。これは、前述した象山における「窮理」と「居敬」とが不可分の関係にあることも投影しているといえよう[40]。

2　「整斉厳粛」と「恭」の工夫

「敬」について、朱熹はまた「整斉厳粛」や「恭」の概念を愛用し、それらを用いて「敬」を解釈している。「問敬。曰、「不用解説、只整斉厳粛便是[41]」。（敬を問う。曰く、「解説を用いることはなく、只だ整斉厳粛たれば便ち是《ぜ》なり」。）」、「整斉厳粛便是敬[42]。（整斉厳粛なれば便ち是れ敬なり。）」と朱熹は語っており、「整斉厳粛」という外面的に容貌や態度を整えることで内面的な敬を獲得しようとしている。「恭」もまた同じ意味合いで説かれている。「恭主容、敬主事。恭見於外、敬主乎中。[43]（恭は容を主とし、敬は事を主とする。恭は外に見われ、敬は中に主る。）」と朱熹が説くように、「恭」は外容、「敬」は内心にかかわり、「恭」は「敬の意識が外部にあらわれた礼的容貌[44]」であり、「敬」は「恭なる礼的外貌を内面で支えている意識[45]」である。このように、朱熹においては「居敬の背後には常に礼行為が予想[46]」され、朱熹の「居敬」は、心性の涵養という内面的修養と同時に、外面的に「礼」に対する行為実践も要求されるのである。

朱熹における「居敬」のこの側面が結局象山にも受け継がれ、彼は「敬」を獲得するために、「恭」・「整斉」を通して「礼」に符合した実践行為についても呼びかけている。

かの「書高野武盛巻」の最後において、象山は「恐出入起居、接物処事之際、不能無不恭。纔有不恭、便此心走出、不復在於躯殻之中。即是不仁也。（出入起居、接物処事の際、恭ならざること無き能わざるを恐る。纔かに恭ならざること有らば、便ち此の心走出して、復た躯殻の中に在らず。即ち是れ不仁なり。[47]）」と述べ、日常において物事に応対する際に「恭」でなければ、「心」が走り出て保持することができなくなるため、「恭」は「仁」を為すために欠いてはならない努力であると、友人の武盛に忠告している。象山はここでは「恭」（うやうやしくして、礼儀正しく行動する）ということを通じて「敬」に達することをいっているのは、いうまでもない。

象山はまた、「蓋恭黙則整斉、整斉則能敬。（蓋し恭黙なれば則ち整斉、整斉なれば則ち能く敬なり。[48]）」と記述し、「恭黙」（つつしみ深い態度で無言でいる）なれば「整斉」となり、「整斉」なれば「敬」が実現できると語っている。つまり、「恭」が「整斉」と軌を一にし、内面に「恭」であれば外面に現れた様態が「整斉」であって礼にあたるようになり、衣冠・容貌から表情・思慮にいたるまであまねく「礼」に相応すれば、この状態はまさしく「整斉厳粛」の状態となる。このような「恭」・「整斉」の状態になったうえであれば、「敬」に到達できると象山は考えている。

このように、象山においては、内面の「敬」と外面の「恭」とは互いに影響しあい、「敬」の効用はただちに「恭」の外的表現となり、「恭」の努力もまた「敬」の工夫につながるものなのである。象山におけるこのような「恭」と「敬」との関係については、つぎの記述からもうかがえる。

平日御承知にて御修行候、恭・敬・忠之三者にしくはなく候と存候。（中略）心に敬を失ひ候より、外体も自然と不恭に流れ、夫より人の侮りをも来し、又人に狎られ候所より讜言正論も開かれぬに至り申候。且又心敬ならざるより其本明の体をも蔽れ候故に、人の為めに謀り候事も十分に無之、かくすればよし、かくすればあしゝと申事を知にしりつゝ、其通りに参らぬは皆不忠に候。（中略）兎に角恭も忠も根本は敬の一字に候間、程朱の正訓御失念被成まじく候[49]。

ここで象山は、外面の「恭」や「忠」はただちに「敬」につながることについて、端的に指摘している。すなわち、平日において「恭」「敬」「忠」の修業は非常に大事であるが、心に「敬」を失えば、外面に現れた行為行動は自然と「不恭」に流れ、また、心が「敬」でなければ、本体の「明」が蔽われ、立ち振舞が思うとおりにならず、「不忠」になってしまう。そのため、「恭」も「忠」もその根本は、ほかならぬ「敬」の一字にあり、これはまさしく朱子学の正訓なのである。

以上みてきたとおり、象山は「敬」に達するための方法を説く際に、内面における「主一無適」と外面における「整斉厳粛」とを、同時に説いているのである。象山におけるこのような「敬」の内容については、つぎの史料において集中的に反映されている。

> 心存中和則云々、如此敬を御説被成候ては、乍恐余り向上に過ぎて、学者手を下し候に無処様に罷成候。成程被仰候広胖申夭之類、所謂敬にも有御座べく（マヽ）候得ども、学者の敬を学び候にいかでか最初より其地位に到り得候べき。万一心得違ひにて、かの整斉厳粛・主一無適之方を外にし、只管中和安舒の辺より敬に入らんと欲し候はゞ、恐らくは序を失ひ等を踰へ候て、遂に其成功を見る事難かるべしと奉存候。且又人として整斉厳粛・主一無適にさへ御座候はゞ、何にても桎梏徽纆之患も有御座間じく被存候事に御座候[50]。

これは師の佐藤一斎が『言志後録』のなかで説いた「敬」理解に対する象山の批判である[51]。一斎は「心に中和を存すれば、則ち体自《おのずか》ら安舒にして即ち敬なり。故に心広く体胖《ゆた》かなるは敬なり。徽柔懿恭《きじゅういきょう》なるは敬なり。申申夭夭たるは敬なり。彼の敬を見ること桎梏《しっこく》、徽纆《きてん》の若く然る者は、是れ贋敬にして真敬にあらず[52]。」とあるように、「心」に偏りなく「中和」を存すれば、おのずから「敬」の状態になると主張し、もっぱら内面における「心」の自主的機能を強調している。周知のように、一斎は陰に陽明学を信じ、朱子学の「居敬」の工夫は人の自由を桎梏するため「贋の敬」であると考え、「真の敬」は自ら工夫を行う必要がなく、何もしないときに自然に現れた「申申夭夭」の様態であると主張している[53]。

それに対して、象山は「中和」の状態は「心」のあるべき状態であるが、「敬」に到達するために「中和」から入ろうとすれば、それはレベルが高すぎて（「向上に過ぎて」）、手をつけるところがなく、順序を間違えた僭越的なやり方同様で、成功しがたいと考えている。やはり「敬」に達するためには、外面における「整斉厳粛」と内面における「主一無適」の工夫が必要で、「整斉厳粛」と「主一無適」こそ「敬」に入るための道筋であり、人が「整斉厳粛」「主一無適」さえできれば桎梏されるはずはないと、象山は明言しているのである[54]。

四　象山の朱子学における「礼」の位置づけ

内面における心の涵養（「主一無適」）のみならず、外面が「礼」に従う（「整斉厳粛」）という行為の実践も説く象山は、朱熹の「敬」に到達するための方法を継承しているといえる。最後に、象山の朱子学において重要である「礼」という概念について、本源的と具体的という二つの面からその意味合いを明らかにしたい。

1　「礼は敬なるのみ」──その本源的位相

第一節において、象山は「其の私に克ち尽くして、皆な礼に帰れば、是れ乃ち仁なり」といい、朱熹の「礼」＝「理」解釈を継承し、「礼に帰る」とは、「天理」がいたるところまでにゆきわたり、「心の全徳」が備わる「仁」の状態であるとしたことについてはすでに論じた。そして、このような「礼」の概念は、象山において「礼は敬なるのみ」という一言に要約され、象山における「敬」は主体的な「全徳の心」を意味し、彼の朱子学全体を規定するような概念であるということも、言を俟つまい。

要するに象山において「礼は敬なるのみ」は、彼の朱子学における「礼」の本源的な意味合いを示したものであり、彼における「礼」概念の形而上的な位置づけを表明したものなのである。象山におけるこのような「礼」の本源的な意味は、つぎの史料からもうかがえる。

然則雖聖人、亦皆一主義理、不専任心。故不曰義之与比、惟義所在、則曰以礼制心、則曰在正其心、則曰非礼勿視聴言動。（中略）夫物格知至、実有得乎義理。以為虚霊知覚之主、則於動容周旋、自能無不中礼。(55)

然れば則ち聖人と雖も、亦皆一《もっぱ》ら義理を主とし、専ら心に任さず。故に義と之与《とも》に比《したが》うと曰わず、惟だ義の在る所、則ち礼を以て心を制すと曰い、則ち其の心を正すに在りと曰い、則ち礼に非ざれば視聴言動すること勿かれと曰う。（中略）夫れ物格り知至れば、実に義理を得ること有り。以て虚霊知覚の主と為れば、則ち動容周旋に於いて、自ら能く礼に中たらざること無し。

ここでは象山が『論語』「顔淵」篇の「顔淵問仁」の朱熹注をふまえていることは明らかである。「己に克ちて礼に復る」という「仁」を為す方法について、孔子はさらに「礼に非ざれば視ること勿かれ、礼に非ざれば聴くこと勿かれ、礼に非ざれば言うこと勿かれ、礼に非ざれば動くこと勿かれ」と解釈しているが、それについての朱熹注では「非礼者、己之私也。勿者、禁止之辞。是人心之所以為主、而勝私復礼之機也。私勝、則動容周旋無不中礼、而日用之間莫非天理之流行矣。（礼に非ずとは、己の私なり。勿かれとは、禁止の辞なり。是れ人心の主と為る所以にして、私に勝ちて礼に復るの機なり。私に勝てば、則ち動容周旋、礼に中たらざること無くして、日用の間、天理の流行に非ざること莫し。）」[56]とあり、「礼」に非ずとは私欲が生じたことであるため、私欲に従って行動することを禁じ、「礼」に従って「人心」（「虚霊知覚」）を制して私欲に勝てば、行為行動が「礼」に符合しないものがなく、天理がいたるところまでに流行し、「心の本体全徳」が備わり、「仁を為す」ことができるということである。

つまり、象山が説く「礼を以て心を制す」の「礼」も、「礼に非ざれば視聴言動すること勿かれ」の「礼」も、「礼に中たらざること無し」の「礼」も、朱熹と同じく「礼」＝「理」、すなわち「天理」の具現であり、「天理」そのものを意味するものである。したがって、「礼は敬なるのみ」の一言も、まさに「己に克ちて礼に復」った状態であり、天理があまねく流行して「仁」に達したことを意味し、象山における「礼」の形而上的、本源的な位相を表現したものと理解できよう。

2 「礼は序なるのみ」――その具体的表現

それでは、象山において、具体的な行為実践において「礼」はいかなる意味を有するのか。実際、彼は「礼者序而已。（礼は序なるのみ。）[57]」と述べ、「礼」の具体的な表現として「序」を使用しているのである。さらに、「序」について、彼はつぎのように解釈している。

万物各得其序。而後和楽。君君、臣臣、父父、子子、兄兄、弟弟、夫夫、婦婦、然後天下和平。[58]

万物各《おのおの》其の序を得て、而る後に和楽す。君君たり、臣臣たり、父父たり、子子たり、兄兄たり、弟弟たり、夫夫たり、婦婦たりて、然る後に天下和平す。

すなわち、世の中にあるすべての物がそれぞれそれなりの「序」を得てからこそ平和安楽になり、人間社会においても、君臣・父子・兄弟・夫婦をはじめとする人間関係が定着して初めて天下は和平になり、安定すると象山は主張している。

換言すれば、象山において「礼」とは社会秩序のことである。天地自然の「理」が人間社会に当てはめられ、「五倫五常」および貴賤尊卑の等級という「序」の具体的な表現形式を通して、道徳や行動準則という人間社会の「礼」となり、このような「礼」＝社会秩序は天下が安定する基盤となる。ゆえに、象山において「礼」は、現実社会では「仁義礼智信」を内容とした徳目、君臣・父子・兄弟・夫婦の人間関係を表現とした秩序そのものであることがわかる。

「礼」＝「序」を重視するという象山の態度が、日常生活の微小な場面においても反映されている。そもそも上で引用した「序龕説」は、象山が茶供を受ける際に茶礼に対する感想から考えたもので、「器之設、物之制、礼之数、莫不各得其序。（器の設、物の制、礼の数、各《おのおの》その序を得ざる莫し。）[59]」といったように、茶道における器物の設置、物品の規制、および儀礼の数に対して、「序」を得ざるところがないと称賛しているのである。

そして、この「序龕説」の最後において、象山は「伊川曰、自灑掃応対、可以至聖人。（伊川曰く、灑掃応対自り、以て聖人に至るべし。）[60]」、「推斯礼可以治天下。（斯の礼を推せば以て天下を治むべし。）[61]」と記述し、日常生活における「灑掃応対」のような微小な「礼」も、結局「聖人」となることに、「治国平天下」という学問の最終目標につながるものであると結論づけている。[62]

したがって、「礼は序なるのみ」と説いている象山は、「礼」の具体的表現として秩序を重視し、人間社会における尊卑上下の関係をもっとも重視しているといえる。秩序を遵守することは、象山が日常においていかに「礼」を実践できるのかについて示した具体的な方法でもあるといえよう。[63]

おわりに

本章は、これまであまりアプローチされてこなかった「居敬」という視点より象山の朱子学を再考し、象山思想の学問的基盤について解明した。

象山はかつて門人宛の書簡のなかで、「小学書中何れと申皆喫緊の事には候得共、敬身篇に至りては殊に簡要に候間、是は足下より御始め諳記御座候様に致度候。[64]」と記し、門人に対して儒学経典の『小学』、とくに「敬身」篇の暗記を勧めていた。そもそも朱子学において、朱熹は「敬」を小学の缺欠を補いえるもの、小学と同様な効果をもつものとして捉えていたとされている。[65]象山が「敬」の修行を重視するということは、もはや贅言を要すまい。

本章は象山の朱子学において「敬」がどのように理解されているのかについて検討したうえで、象山における学問方法としての「居敬」と「窮理」との関係について明らかにした。象山の朱子学において、朱熹と同じように「敬」は「本体全徳の心」を意味し、象山がこのような本源的な意味で「敬」を説く際に、「敬」は彼の朱子学全体を規定するような概念であったといえる。そして、学問方法としての「居敬」と「窮理」については、象山はどちらかの片方に偏って強調することはいっさいなく、つねに「居敬」と「窮理」との表裏一体性を重視していた。

「居敬」の工夫について、象山は内面的には「涵養」（未発時）と「省察」（已発時）を挙げ、「涵養」に対してさらに「主一無適」や静坐の方法を挙げているが、静坐よりもとくに「主一無適」を有効的な工夫とし、外面的には「整斉厳粛」や「恭」という「礼」に従っての行動実践を主張している。このような内面と外面とにおける「居敬」の工夫を同時に説いている象山が、「窮理」についても、外面にある「物」の理だけではなく、内面の「心」の理をも対象としている点は看過してはならない。要するに、象山の学問論や修養論においては、外面を対象とすることを重視して内面的な方法を軽視するということは決してなかった。

最後に、象山の「敬」理解と深く結びつき、象山の朱子学において重要な位置を占めている「礼」については、「礼」は形而上的な意味合いと具体的な表現との二つの面により捉えられていることがわかった。そのうち、「礼は序なるのみ」と説く象山は、秩序を格別に重視していたといえる。この点は、後に彼の発言、とくに彼の政治思想のなかでもおおいに反映されるため、念頭に入れておきたい。

注

（1）『朱子語類』（『朱子全書』第一四冊）巻第九「学三論知行」、三〇〇頁。
（2）栗原孝「佐久間象山における「東洋道徳、西洋芸術」論――「格物窮理」概念を中心に」（明治維新史学会編『明治維新の人物と思想』吉川弘文館、一九九五年）、松田宏一郎「朱子学・正学・実学――佐久間象山」（同『江戸の知識から明治の政治へ』ぺりかん社、二〇〇八年）。ほかに、朱子学解体説の立場をとった小池氏も、洋学を受容する前の象山が純粋な朱子学者であったことを証明するために「居敬」に言及したが、小池氏の論点はもっぱら洋学受容による象山における朱子学の変質にあり、「居敬」自体についての検討はみあたらない（小池喜明「幕末における「理」の変容――佐久間象山の場合」、同「佐久間象山の物理と倫理――幕末における朱子学体系の崩壊」、ともに同『攘夷と伝統――その思想史的考察』所収、ぺりかん社、一九八五年）。
（3）前掲松田宏一郎「朱子学・正学・実学――佐久間象山」、六三頁。
（4）磯原眞行「佐久間象山の思想――天保期をめぐって」（『日本思想史研究』第一一号、東北大学大学院文学研究科日本思想史研究室、一九七九年）、四六頁。
（5）『論語或問』（『朱子全書』第六冊）巻一「学而第一」、六一六頁。
（6）朱熹の「仁者、愛之理、心之徳也。」（『論語集注』（『朱子全書』第六冊、巻第一「学而第一」、六八頁）という言葉によれば、「五常」の首としての「仁」は「愛の理」であるが、「仁・義・礼・智・信」を包括する「仁」をいう場合は、「仁」は「心の徳」である。
（7）「己に克ちて礼に復る」は孔子が提起した「仁を為す」方法であるのはいうまでもない。「顔淵問仁。子曰、克己復礼為仁。一日克己復礼、天下帰仁焉。為仁由己、而由人乎哉。顔淵曰、請問其目。子曰、非礼勿視、非礼勿聴、非礼勿言、非礼勿動。顔淵曰、回雖不敏、請事斯語矣。」（『論語』「顔淵第一二」）とある。
（8）『論語集注』（『朱子全書』第六冊）巻第六「顔淵第一二」、一六七頁。
（9）「恕堂説」、年代不明、『全集』巻一文稿説類、三九頁。
（10）「書高野武盛巻」、玉池時代（天保一〇年〜弘化三年）、『全集』巻一浄稿題名、一六四頁。
（11）同前。
（12）同前。

(13)「勿堂記」、玉池時代か、『全集』巻一浄稿記、二一頁。
(14)同注(10)。
(15)「礼即理也。但謂之理、則疑若未有形迹之可言。制而為礼、則有品節文章之可見矣。」(『晦庵先生朱文公文集』(『朱子全書』第二〇冊)巻第六〇「答曾择之」、二八九三頁)とある。
(16)『論語集注』「顔淵第一二」、一六八頁。
(17)「書加藤生巻」、天保一二年正月、『全集』巻一浄稿題名、一六五頁。
(18)「格堂説」、嘉永六年正月、『全集』巻一浄稿説、一四八頁。
(19)「題一斎先生遺墨」、安政六年か、『全集』巻一文稿題跋類、四七頁。
(20)安積艮斎(一七九〇〜一八六〇)、陸奥国人、名は重信、字は思順、通称祐助。佐藤一斎、林述斎に師事、晩年に昌平黌教授となる。著「艮斎文略」、「艮斎間話」、「海外紀略」など(『日本国語大辞典』デジタル「安積艮斎」事項参照)。
(21)「與安積艮斎論朱学管窺」、年代不明、『全集』巻一浄稿書、一三二頁。
(22)同前。
(23)象山はここでは朱熹「格物便要閑時理会、不是要臨時理会。閑時看得道理分曉、則事来時断置自易。」(『朱子語類』、『朱子全書』第一四冊、巻第一八「大学五」、五九九〜六〇〇頁)をふまえていることは明らかであろう。
(24)「致知在格物、格物之理、不若察之於身。」(『二程全書』(台湾中華書局、一九八六年、以下同)「遺書一七」)に基づいている。
(25)「又問、致知先求之四端、如何。曰、求之性情、固是切於身、然一草一木皆有理、須是察。」(『二程全書』「遺書一八」)に基づいている。
(26)「送蟻川生帰省序」、天保一三年六月、『全集』巻一浄稿序、四六頁。
(27)同前。
(28)「送蟻川生帰省序」、四七頁。
(29)『朱子語類』(『朱子全書』第一四冊)巻第九「学三論知行」、三〇一頁。
(30)「与本多伯楙書」、天保八年四月、『全集』巻一浄稿書、八九〜九〇頁。

(31)「聖人定之以中正仁義（割注：聖人之道仁義中正而已矣）、而主静（割注：無欲故静）立人極焉。（聖人は之れを定むるに中正仁義（割注：聖人の道は仁義中正のみ）を以てし、而して静（割注：欲なきが故に静なり）を主とし人極を立つ。）」（周濂渓『太極図説』、『朱子の先駆（上）』（朱子学大系第二巻）所収、明徳出版社、一九七八年、一三三頁）とある。

(32)「主静」は周濂渓が『太極図説』のなかにおいて提起したことについては、たとえば銭穆氏は「主静之説、始於周濂渓之『太極図説』」（銭穆『朱子学提綱』三聯書店、二〇〇二年、一〇三頁）といい、大濱晧氏は「周子は太極図説に〈聖人これを定むるに中正仁義を以てして静を主とし、人極を立つ〉という」（大濱晧『朱子の哲学』東京大学出版会、一九八三年、二九七頁）といっている。

(33) 吾妻重二『朱子学の新研究』（創文社、二〇〇四年）、四〇〇頁。

(34) 牛尾弘孝「朱子学における「静坐・居敬」の解釈をめぐって」（『中国哲学論集』三四、九州大学中国哲学研究会、二〇〇八年）、五頁。

(35) 朱熹は「静坐だけにかたよると坐禅とかわらぬことになるので、居敬の工夫を忘れてはいけないこと、読書（は窮理につながることから）も必要であることを門人たちに注告してやまなかった」（牛尾氏前掲論文、五頁）、「朱子も、程子は人々が静の字の意味を理解できずに坐禅入定のように思うのを恐れた」（大濱氏前掲書、二九九頁）。

(36)『朱子語類』（『朱子全書』第一七冊）巻第九六「程子之書二」、三二四三頁。

(37)「観魚記」、天保一〇年八月、『全集』巻一浄稿記、三四～三五頁。

(38) 磯原眞行氏は象山が一斎の「主一」修養論を批判するということから、象山が「未発の段階での「道心」の体認的認識」（磯原氏前掲論文、四五頁）、つまり「未発」の段階における内面的な修養法を否定していると指摘しているが、氏の論述にはいささか問題があるといわざるをえない。たとえば、一斎『言志後録』（一〇四条）の「人は当に自ら我が軀に主宰有るを認むべし。」に対して、象山はたしかに「其認むるは何物が認候義や甚不審仕候。果して外にことの御座候はば、是にては主宰が二つになり候て済かね申べく、又、一箇の主宰が主宰を認候と申にては、全く仏家の観心にて先輩之議論之通り、目を以て目を視、口を以て口齕み候類に当り申べき歟。」（「佐藤一斎に贈る」、天保五年五月二〇日、『全集』巻三、二一頁）と批判しているが、ただし象山はここでは、「主宰」となる「道心」というものの存在自体を否定したり、「主一」という「道心」を存立させる修養論自体を否認したりするのではない。象山が指しているのは、あくまでも「認」という主体による動作のほうであり、「認」という動作の主体も対象も同じ「道心」であることはありえないので、これはむしろ仏家の「観心」の工夫に陥り、目を以て目を見、口を以て口を齕むこと同様になると象山は指摘しているだけである。象山が「未発」の段階における「道心」に対する「主一」・「涵養」の工夫を認めるということは、本章の論述によって、もはやこれ以上贅言を要すまい。

(39)「雑言」、弘化三年春、『全集』巻一文稿雑、一二七頁。

(40) 象山は「涵養」の工夫を認めてしばしば説いているが、「涵養」の具体的方法の一つである「静坐」については、彼はただ「邵康節先生文集序」の文末において、「そもそも、窮理の本は静を養ふにありて、静を養ふは敬に居るに若くはなし。蓋し聞く、邵子は嘗て斎を百源の深山に闢き、独りその中に処れり。王勝之つねに月に乗じてこれを訪へば、必ず、その襟を正して灯下に危坐せるを見たり。夜深しといへども、また然らざることなかりきと。ああ、その養ふところかくのごとし。ここをもってその深く造ることも、またかのごときなり。これ尤も学者のよろしく知るべきところなり。」（「邵康節先生文集序」、『大系55』、四〇〇頁）と言及するのみである。つまり、静坐の方法は、北宋の文人である邵康節も行っており、邵子が書斎を山の奥に設け、昼夜問わず一人で襟を正して端座し、静坐の工夫を尽くして精神を静養している。象山は、邵子の学識がこのような心を収斂する努力と関係すると考え、精神を静養する工夫は学者のよく知るべきところであると主張している。しかしながら、朱熹が自ら静坐を行い、また弟子にも静坐の工夫を勧めたことと異なって、象山が静坐を自ら実践した記録は、管見のかぎりでは残っていない。また、『象山全集』によるかぎり、象山が門人に「静坐」の工夫を勧めた形跡もみられない。彼が「静坐」を説くのも、この「邵康節先生文集序」の文末においてのみである。朱熹が静坐の工夫を重んじたことと違って、象山は静坐を通して精神の安定と涵養を獲得するという方法をさほど重視していないようであるが、ただし、注意すべきは、朱熹は静坐を説くが、朱熹において静坐は「敬」により裏づけられてはじめてその意義が認められるということを考慮すれば、象山が「未発」時の「敬」の工夫として「涵養」を重視する点は、すでに朱子学の本質をつかんだものといえよう。

(41)『朱子語類』（『朱子全書』第一四冊）巻第一二「学六持守」、三七三頁。

(42)『朱子語類』（『朱子全書』第一四冊）巻第一七「大学四」、五七〇頁。

（43）『論語集注』（『朱子全書』第六冊）、「子路第一三」、一八四頁。
（44）吾妻氏前掲書、四〇五頁。
（45）同前。
（46）同前。
（47）同注（10）。
（48）「恭黙斎記代」、『全集』巻一浄稿記、二七頁。
（49）「高野車之助に贈る」、『全集』巻三、一七六〜一七七頁。
（50）「佐藤一斎に贈る」、『全集』巻三、一三頁。
（51）象山は天保四年（一八三三、二三歳）江戸に遊学し佐藤一斎に入門するが、陰に陽明学に心酔する一斎に対して、「学説が違っている以上、たとえ師であろうとも服従することは出来ない」（大平喜間多『佐久間象山』新装版、吉川弘文館、二〇二〇年、三四頁）と表明し、文章だけを習い、以後経学の講義は出席しなかったという。陽明学に立脚した一斎の「心為霊其條理」に対して、朱子学に立脚した象山は「心直に條理をもち候ものと解し候節は、心即理也とて、心を師と致し候の大弊を引出し候。」（「佐藤一斎に贈る」、一二頁）とあるように、根本的な懐疑を明示していた。
（52）佐藤一斎『言志後録』一二（『佐藤一斎全集』第一一巻、明徳出版社、一九九一年）、一六八頁。
（53）心の修養法として、佐藤一斎はさらに静坐の工夫を重んじ、自らも静坐を実践している。一斎は心の「霊光」は静坐によってこそ求めることができると考え、静坐のなかでもとくに身体技法の「艮背」を取り上げている（野村英登「佐藤一斎の静坐説における艮背の工夫について——林兆恩との比較から」、『日本中国学会報』第六五集、日本中国学会、二〇一三年）。それに対して、後述するように象山は「易」を重視するにもかかわらず、彼が易の艮卦に基づいた艮背の工夫を説いた形跡はない。そもそも象山はさほど静坐の工夫を重視していないことについてすでに論じた。この点については、終始朱子学を信奉する象山が陽明学を好む師の一斎と区別するために、あえて静坐を取り上げない可能性も考えられよう。
（54）松田氏はこの史料を引用して、象山における「敬」は「極めて意識的に精神を緊張させた思考態度として捉え直されている」（松田氏前掲論文、六四頁）と指摘している。だが、ここでは、象山が「敬」に到達するために、外面における「整斉厳粛」と内面における「主一無適」を同時に強調していることは明らかであり、「主一無適」による意識の集中の片方に偏って強調しているわけではない。また、磯原氏はこの史料に基づいて象山が一斎のいう「心存中和」を高いレベルの「敬」とし、「整斉厳粛」と「主一無適」とを初学者のための「敬」としていると論じ、さらに、象山が「恭」という実践的な態度を通じて「敬」を獲得することを説いている点にあわせて、「象山の敬は朱子学の敬よりその意味が軽くなっているといわざるをえない」（磯原氏前掲論文、四三頁）と指摘しているが、象山における「敬」は朱熹同様に「本体全徳の心」を意味し、象山の朱子学全体を規定する本源的な概念であることについてはすでに第一節において明らかにしたところである。ここでの象山の一斎を批判する矢先は、おそらく「敬」のレベルの話にあるわけではなく、一斎が「敬」に対して自ら工夫を行う必要がなく、「敬」は何もしないときに自然に現れた様態であると主張する点、つまり陽明学の「敬」に陥る恐れがある点に象山が問題を看取していると考えたほうが妥当であろう。

(55)　「与本多伯楙書」、八六～八七頁。

(56)　『論語集注』「顔淵第一二」、一六七頁。

(57)　「序龕説」、安政元年三月、『全集』巻一浄稿説、一四九頁。「礼は序なるのみ」と説いている象山は、程頤の「礼只是一箇序」をふまえていることはいうまでもない。

(58)　「序龕説」、一四九頁。

(59)　同前。

(60)　同前。

(61)　同前。

(62)　江戸時代では茶道と治国とを結びつけて考えているという事例は、ほかにもみられる。たとえば、井伊直弼は「茶道の政道の助となるべきを論へる文」のなかで「国家遍く喫茶の法行はるゝときは、こゝに記すが如く、上下共に己が身を守り、楽んで憂るものもなく、仇することもなからん。然らば国主も政道に苦心なく、刑罰などの沙汰に及ばず、自ら太平静謐たるべきものなり。」（「茶道の政道の助となるべきを論へる文」、『大系38　近世政道論』、三四八頁）と述べている。

(63)　象山におけるこのような「礼」理解は、江戸初期の儒者林羅山を想起せねばならない。羅山の「礼」理解の一例を挙げると、たとえば、「礼ト云モノハ、「尊卑有序」、「長幼有序」ゾ。尊ハ位ノタカキヲ云ゾ。卑ハ位ノ低キヲ云ゾ。コレニハ次第ガナフテハカナハヌゾ。君ハ尊ク臣ハイヤシキホドニ、ソノ差別ガナクバ、国ハ治マルマヒ。」（『春鑑抄』、『日本思想大系28 藤原惺窩 林羅山』岩波書店、一九七五年、一三一頁）とあり、尊卑等級の差別は被治者のいる社会の軌範となると同時に、治者たる君と臣との間にも存在しており、国を治めるための基本的秩序であると述べられている。また、「礼」と「敬」との関係について、羅山は「程氏ガ「礼ハ、只是一箇序」ト云ハ、事ニツイテ云ゾ。朱文公「礼之本、在于敬」ト云ハ、心ニツイテ云ゾ。心ニ敬コトガナクンバ、君ヲ尊ビ老タルヲ敬フ差別モアルマヒゾ。敬ニヨリテ物ニ次第ガアルゾ。畢竟同ジ心ゾ。」（『春鑑抄』、一三二頁）といい、それぞれ程頤と朱熹の言葉に基づいて「礼」は「事」についていうときは秩序であるが、「心」についていうときは「敬」が前面に出てくると指摘している。つまり、羅山において、「心」に「敬」を持していなければ、秩序を守って「礼」を貫徹することもできない。「礼」は「敬」により裏づけられねばならないのである。このような「礼」という概念の理解や、「礼」と「敬」との関係に関する理解は、象山においても同様であり、羅山が江戸幕府の確立期において提起した秩序を中心としたイデオロギーが、幕末にいたってまた象山によって強調されていたところが興味深い。

(64) 「高野車之助に贈る」、『全集』巻三、七二頁。

(65) この点については、垣内景子「朱熹の「敬」についての一考察」（『日本中国学会報』第四七集、日本中国学会、一九九五年）参照。

第二章　佐久間象山における朱子学の実践
――「居敬・窮理」の方法論を中心に

はじめに

前章においては、「居敬・窮理」の学問方法という視点より象山の朱子学について再考し、彼における学問的基盤の論理について明らかにした。本章では、象山において「居敬・窮理」の学問方法がいかに応用され、どのように実践されていたのかについて注目したい。本章では引き続き、これまであまり検討されてこなかった「居敬」のほうに焦点をしぼって考察することとする。

具体的には、まず「懼」の視点より象山の朱子学における「敬」の実践について取り上げ、「敬」が個人修養論、政治論、軍事思想のそれぞれにおいていかなる役割を果たしていたのかについて考察する。象山において、「居敬・窮理」の学問方法が朱子学だけではなく、彼の洋学受容においても提起されていたにもかかわらず、これまで象山の洋学受容における「居敬・窮理」の論理については十分に研究されておらず、とりわけ「居敬」の意味合いが完全に看過されていた。そこで、つぎに、象山の朱子学と洋学とを結びつける「易」に対する信奉を検討したうえで、象山の砲学学習を具体例にして、彼がなぜ洋学の学習において「居敬」を説き、「居敬」がいかなる機能をもっていたのかについて明らかにする。

最後に、象山の「東洋道徳、西洋芸術」という思考形態において、「居敬・窮理」の学問的方法論がどのような意義をもつのかについて解明したい。

一　「敬」に立脚した実践――「懼」の視点から

朱熹は「敬」を説明するためによく「畏謹（畏れ謹む）」の字を用いる。「敬是畏謹。（敬は是れ畏れ謹むなり。）」[1]、「敬只是一箇畏。（敬は只だ是れ一箇の畏のみ。）」[2]と朱熹は説いており、また、「敬不是万事休置之謂。只是随事専一、謹畏不放逸耳。（敬は万事休置の謂いにあらず。只だ是れ事に随って専一にし、謹み畏れて放逸せざるのみ。）」[3]といっている。[4]つまり、敬はすなわち「畏謹」であり、「畏謹」とは、「心」の内面におけるおそれつつしみを意味し、その対象は「天理」である。[5]この点は、朱子学における学問の方法である「居敬」と「窮理」とが緊密な関係にあり、表裏一体をなしていることを反映したものでもある。

象山も、「是以学者、微而不覩不聞、顕而人倫日用、皆必戒慎恐懼以存之。（是こを以て学ぶ者は、微にして覩ず聞かず、顕にして人倫日用、皆な必ず戒慎恐懼して以て之れを存す。）」[6]と述べ、学問をなすためにつねに「懼」「慎」を心がけ、ありふれた日常生活において懼れ慎まなければならないと、「懼」（おそれ）と「慎」（つつしみ）という「畏謹」の工夫を主張している。

それでは、象山において「懼」は具体的にどのように説かれているのか、彼はいかに「懼」を通じて朱子学の実践を主張しているのか。本節では、修養論、政治論、軍事思想という三つの面から詳しくみていく。なお、象山の「懼」についての主張は、彼の「懼堂説」により集中的に表されているため、本節ではおもにこの「懼堂説」を中心に考察したい。

1　修養論における「懼」

「懼堂説」は、「君子之学、無所不用其懼。（君子の学は、其の懼を用いざる所無し。）[7]」、「君子之学、微之不睹不聞、顕之日用常行。必存畏懼之心、而朝乾夕惕、不敢有斯須之間断。（君子の学は、之れを睹ず聞かざるに微《うかが》い、之れを日用常行に顕わす。必ず畏懼の心を存して、朝《あした》に乾《はげ》み夕《ゆうべ》に惕《つつし》み、敢えて斯須《ししゅ》の間断有らず。[8]）」とあるように、君子の学問に欠けてはならない方法である「懼」について具体的に説明したものである。

周知のとおり、朱子学では「修己治人」を目指し、個人の修養を完成したうえで世の中を治めていくことを要求している。それでは、まず修養論において、象山はいかに朱子学の実践方法である「懼」を説いているのかについてみてみよう。

修養論における「懼」の具体的な内容について、象山はつぎのように語っている。

目而色也、耳而声也、口而味也、四肢而安佚也、懼其有過也。仁而父子也、義而君臣也、礼而長幼也、和而夫婦也、信而朋友也、懼其有不及也。不特此也。言焉而懼不忠信、行焉而懼不篤敬、処窮而懼濫、居寵而懼亢、臨財而懼苟得、臨難而懼苟免。[9]

目にして色、耳にして声、口にして味、四肢にして安佚は、其の過ぐること有るを懼るるなり。仁にして父子、義にして君臣、礼にして長幼、和にして夫婦、信にして朋友は、其の及ばざること有るを懼るるなり。特だ此れのみにあらざるなり。焉《こ》れを言いて忠信ならざるを懼れ、焉れを行いて篤敬ならざるを懼れ、窮に処して濫るるを懼れ、寵に居りて亢《たかぶ》るを懼れ、財に臨みて苟《かりそめ》に得るを懼れ、難に臨みて苟に免るるを懼る。

冒頭において象山は、目は美しいものを見たがり、耳はきれいな声を聞きたがり、口は美味を食べたがり、体は安楽を求めたがるため、これらに対して行き過ぎることを懼れると説いている。これは、欲望（人欲）を対象とする「懼」である。つづいて、父子の間の「仁」、君臣の間の「義」、長幼の間の「礼」、夫婦の間の「和」および朋友の間の「信」、これらに対しては及ばないことを懼れると象山はいう。これは、「五倫五常」からの逸脱を対象とする「懼」である。象山はまた、発言が忠信に従わないこと、行動が篤敬でないこと、窮境にいれば落ち込むこと、寵愛されたならば高ぶること、財富や危難に対する対応の仕方を懼れるという、心のあり方を対象とする「懼」も説いている。

さらに、

見賢而懼不斉也。見不賢而懼不自省也。求乎古昔而懼其不可及也。思乎後昆而懼其或貽羞辱也。瞻山林臨川沢、而懼吾施之不博也。見草木見禽獣見虫魚、而懼吾之憒憒与之同期於朽腐而無聞也。[10]

賢を見て斉しからざるを懼るるなり。不賢を見て自省せざるを懼るるなり。古昔に求めて其の及ぶべからざるを懼るるなり。後昆を思いて其の或いは羞辱を貽《のこ》すを懼るるなり。山林を瞻《み》、川沢に臨みて、吾が施すの博からざるを懼るるなり。草木を見、禽獣を見て虫魚を見て、吾の憒憒として之れと同《とも》に朽腐して聞かるること無きを期するを懼るるなり。

と象山はつづいて述べている。すなわち、賢者をみれば等しくないこと、不賢者をみれば自省しないこと、往古に求めれば及ばないこと、後世を思えば羞辱を残すこと、山林・川沢をみれば自分の施しが広くないこと、草木・禽獣・虫魚をみれば自分が同じくおろかなまま朽ちはてて、無名で世に知られないといったことを懼れるのも、象山における「懼」の内容となる。

以上から、象山は「懼」の工夫の契機を、自己一身に限って求めるだけでは不十分であり、わが身が処する環境、自分自身が接するすべての人・物をきっかけとして「懼」を行うべきであると強調していることがわかる。要約すれば、象山が説いている「懼」は、自分の行為に過ちがあって「天理」から外れたことに対する反省、つまり「天理」によって自分の行為を確認するところに、またそれを「敬」に従わせるところにその要点があるといえる。象山の説く「懼」は、場所・時間を問わず、貧富・智愚を問わず、世の中に存在するすべての物が「懼」の対象となり、よい物に対しては及ばないこと、悪い物に対しては省察しないことを懼れるという意味をもっている。換言すれば、象山における「懼」の工夫は、時々刻々に万時万物に対して行わなければならない。これはまさしく象山がいう「敢えて斯須の間断有らず」、ないし朱熹のいう「吾之敬、未嘗間断也。（吾の敬は、未だ嘗て間断せざるなり[11]。）」そのものといえよう。

朱熹が「畏」をいう時にはほかならぬ「敬」をいっているのであり、その対象は「天理」であり、ゆえに朱熹は「天命を畏る」ことについてもしばしば説いている。[12]「天命とは、天の賦する所の正理なり。」と朱熹が注釈しているように、「天命」は本来人間に賦与された「天理」のことである。そのため、「天命」を畏れるとは、自分の行為が「天理」から外れることを畏れ、「天命」に違反しないように慎しむこととなる。

象山も「天命」を懼れることを説き、さらにそれをもっとも懼れるべきこととして位置づけている。つぎのようなものである。

然尚有最可懼焉者。自学之不明、士皆馳騁於功利辞章、而巧偽虚飾、習以成風。是以茫茫焉。昧心術之要、奸黠傾詐、阱其中而掩其外、悍然自得、以為天不足欺矣、人不足罔矣。殊不知天之明命、霊昭不昧、無昼無夜、厳然於方寸之間。其一萌於思、幽暗之中、繊細之事、善悪是非、皆不能遁乎其情、則其赫見明顕孰加焉（中略）嗚呼、可懼之極。(13)

然れども尚お最も焉《こ》れより懼るべき者有り。学の明らかならざる自《よ》り、士皆な功利・辞章に馳騁して、巧偽虚飾、習いて以て風と成る。是こを以て茫茫たり。心術の要を昧くし、奸黠傾詐、其の中に阱《おちい》りて其の外を掩《おお》い、悍然として自得し、以て天は欺くに足らず、人は罔《し》うるに足らずと為す。殊に知らず、天の明命は、霊昭不昧にして、昼と無く夜と無く、方寸の間に厳然たるを。其れ一たび思いに萌せば、幽暗の中、繊細の事、善悪是非、皆其の情を遁るること能わず、則ち其の赫見明顕、孰れか焉《こ》れに加へん。（中略）嗚呼、懼るべきの極みなるか。

ここで象山はまず、世の中に異学が盛行して学問が明らかでなくなるに(14)つれて、武士は功名と利得だけを貪り、訓詁辞章のような無用な学問に携わるようになったにもかかわらず、彼らはそれを巧みに偽り、外見でわからないように粉飾し、自分の奸詐・狡猾が「天」を欺けると自得するという、正学である朱子学の不振と士風の衰退について指摘している。つづいて彼は「天命」について、「天命」は明るく万物を照らし、方寸の間にもその厳かさが届き、繊細のところでも是非善悪を弁明できるため、世の中の万物は「天命」から逃げられるものがないと説明したうえで、人間は「天命」を欺瞞することが到底できないと注意している。つまり、「懼」は最終的に「天命」に対する敬畏に帰着されるため、「天命」の正理である「天理」に照合して、自分の行為をつねにおそれつつしむことが要求される。このような「天命」に対する敬畏こそが「懼の極み」であると象山は強調しているのである。

象山は朱子学の修養論において「懼」を説く際に、「人欲」を克服し、人倫を明らかにし、心のあり方をしっかりとし、世の中で名を上げることなどを内容とするが、象山においてこれらの内容はまたすべて「天命を懼れる」ことに帰着され、「天命」「天理」に対する敬畏こそ朱子学の「敬」を実現させるためにもっとも心がけるべきことなのである。

2　為政者の取るべき姿勢である「懼」

朱子学の「修己治人」によれば、個人的修養にとどまるだけでは不十分で、君子の学問は人を治め、世の中を治めることも心がけなければならない。換言すれば、学問と政治とは不可分であり、学問の経世済民の政治課題に貢献することが要求されるということである。象山も「儒者之学、以経世済民為務。学不足以経世済民、非儒也。（儒者の学は、経世済民を以て務めと為す。学以て経世済民するに足らざれば、儒に非ざるなり。）[15]」と述べ、学問の政治への寄与を主張している。政治論における「懼」について、象山はつぎのように説いている。

故為学之功、固莫先乎畏懼。見効之速、亦莫過乎畏懼。蓋懼則必敬。敬則必誠。誠則必動以化。是故畏懼以御百姓、則百姓安之矣。豈惟在上位者、雖卿大夫亦然。以畏懼事君則君任矣。以畏懼服政則政和矣。以畏懼治事則事乂矣。豈惟卿大夫、雖士亦然。父兄非畏懼則不説矣。閨門非畏懼則不整矣。郷党非畏懼則不順矣。[16]

故に学を為すの功、固より畏懼に先んずるもの莫し。効を見るの速やかなること、亦た畏懼に過ぐるもの莫し。蓋し懼なれば則ち必ず敬なり。敬なれば則ち必ず誠なり。誠なれば則ち必ず動かして以て化す。是の故に畏懼以て百姓を御せば、則ち百姓之れに安んず。豈に惟だ上位に在る者のみならんや、卿大夫と雖も亦た然り。畏懼を以て君に事うれば則ち君任ず。畏懼を以て政に服せば則ち政和す。畏懼を以て事を治むれば則ち事乂まる。豈に惟だ卿大夫のみならんや、士と雖も亦た然り。父兄畏懼するに非ざれば則ち説ばず。閨門畏懼するに非ざれば則ち整わず。郷党畏懼するに非ざれば則ち順わず。

ここで象山はまず、学問における「懼」の効果についていっている。学問をなすにあたって、「懼」による方法より早く効果が出るものはない。「懼」の工夫を行えば「敬」の状態に達することができ、「誠」の状態に達することができる。このような個人の修養において「誠」に到達した状態で「治人」に臨めば、人を感化することができるようになると象山は考えている。つまり、象山は政治論において「懼」を説く際に、おもに個人修養論における「懼」の効用をいかに応用すべきかをめぐって説いているのであり、「懼」によって「敬」に達して個人の修養を完成したうえで、道徳感化の基盤のうえにおいて「治人」を営むべきであると説いているのである。このような感化の効用は、「畏懼」の念をもったうえで万民を治めれば、万民が安らかになるという彼の一言にも要約されている。

さらに、「懼」は上位にある「君」が「民」を治める際に限らず、家臣が奉仕する際にも取るべき態度であると象山は注意を促している。象山によれば、「卿大夫」は「懼」をもって「君」に奉公すれば、「君」の信頼を得ることができ、「懼」をもって政事に向かいあえば、政治がうまくまとまる。また、「士」においても同様であり、日常において「懼」の心得をもって父子・夫婦・朋友の倫理関係を取り扱えば、それぞれの人間関係が整って和順となるのである。

江戸時代の幕藩体制にあわせて考えれば、象山がいっているのは、すなわち将軍や大名をはじめとする「君」も、老中のような重役を担当する「卿大夫」も、一般武士である「士」も、「懼」を心がけねばならないということであろう[17]。要するに、象山において、「懼」は為政者にとって「修身」から「斉家」へ、さらに「治国平天下」へ勉める際に取るべき一貫した姿勢なのである。

3　戦闘武士の心構えとしての「懼」

最後に、軍事思想における「懼」についてみてみたい。朱熹はいうまでもなく軍事における畏れ慎みの心を説いているが[18]、象山も「懼」について、「豈惟治平之世、雖行兵亦莫不然。（豈に惟だ治平の世のみならんや、行兵と雖も亦た然らざるは莫し。）[19]」と述べ、戦事における「懼」の効用を重視しているのである。

実際『論語』においても、戦争における無謀な勇武が批判され、謀計の大事さが説かれている。かの有名な孔子と弟子との間の会話によりも示されたように[20]、孔子は「暴虎馮河、死而無悔者、吾不与也。必也臨事而懼、好謀而成者也。（暴虎馮河して死して悔いなき者は、吾与にせざるなり。必ずや事に臨みて懼《おそ》れ、謀を好みて成さん者なり。）」といい、戦争について死の覚悟や勇武を馳せるよりは、惧れの心で臨んで謀略を図るほうが勝利を収めるという道理を説いている。

象山もこの『論語』の原文を引用したうえで、明白に「夫懼事者自不得不好謀。好謀者必由乎懼事。（夫れ事を懼るる者は自より謀を好まざるを得ず。謀を好む者は必ず事を懼るるに由る。）[21]」と述べ、戦いにおける謀略の大事さおよび謀略を図る人が「懼」の心境を保持する必要性について強調しているのである。

この点は象山の海防論にもつながっている。西洋の先進的な技術を受け入れた象山でも、最初は攘夷論者であった[22]。頻繁たる異国船の来航やオランダ風説書からの勧告により高まる危機意識のもとで、天保一三年（一八四二）に象山は海防に関する上書を当時の松代藩主真田幸貫に提出している。しかし注意すべきは、彼は勇武無謀な攘夷論をいっさい説いておらず、敵情の分析から応対の仕方まですべて謀略的に図っている点である。

たとえば、漂流民から得たイギリスに関する情報について、象山はそれはイギリスが故意に漂流民に漏らしたものとみなし、「夷人の奸計」と捉えて謀略的に相手国の状況を透視しようとする[23]。また、日本の軍事力や武備水準が明らかに西洋諸国に劣っているにもかかわらず、象山は開戦を予想する際に、「かのイギリス等兵機に暗く候て、一時に上陸を謀り、御備の場所に押寄せ、手詰の勝負を決し候事も御座候はゞ、短兵は元より我国之長技にて候へば、右之御備にて勝利を獲候事疑も有御座間敷候。(24)」とあるように冷静に分析し、劣勢にいながらも謀略的に日本の長所をみいだそうとしているのである。(25)

象山におけるこのような海防論の背後には、いうまでもなく彼がいっている「謀を好む者必ず事を懼るるに由る」という考え方が存在しており、つまり謀略を好む人はかならず「懼」の念をもち、戦に対して慎重に計算し、無謀な勇猛や無駄な犠牲を回避できるようにし、謀略で戦を勝利に導こうとする人であるという戦略的な思考様式なのである。

幕末という外患が緊急課題となる非常時期において、一武士としての象山にとって、戦争に至った場合にいかに勝利を収められるのかはつねに考えなければならないことであり、彼は「懼堂説」の最後において、「兵而不知所懼、此敗亡之道也已。（兵にして懼る所を知らざるは、此れ敗亡の道なるのみ。）」と説いているとおり、「懼」の心構えこそが戦争を勝利に導くための心の準備であり、兵士が保持しなければならない心理状態だと信じていたのである。

二　洋学の学問方法としての「居敬・窮理」——砲学を例にして

天保一二（一八四一）年、松代藩主真田幸貫は幕府の老中となり、翌年海防掛となる。それをきっかけに象山は砲術師範の江川坦庵（一八〇一～一八五五）に入門し、西洋砲術を習いはじめた。嘉永年間から大砲の製造・試射や子弟に大砲の打ち方を教授することをはじめ、象山は西洋砲術家としても名を上げ、彼の門下に勝海舟（一八二三

〜一八九九）らも集まってきた。また、硝子の製造や馬鈴薯の栽培、鉱石の探査、息子の恪二郎に種痘を試みることなど、象山はさまざまな分野において洋学を取り入れて応用し、成果を収めることができた。

象山がいかに朱子学を基盤に洋学を受け入れることができたのかについて、たしかに「近来西洋所発明許多学術、要皆実理。秖足以資吾聖学。而世之儒者、類皆凡夫庸人、不知窮理、視為別物。（近来西洋の発明する所の許多の学術は、要するに皆実理なり。秖《まさ》に以て吾が聖学を資《たす》くるに足る。而るに世の儒者は、類ね皆凡夫庸人なれば、理を窮むることを知らず、視て別物と為す。）[26]」と彼が述べるように、洋学の新しい知識もすべて「理」であるため「窮理」の対象となるべきだと考えたからである。これは、朱子学の学問方法である「窮理」が洋学に対しても有効であるという彼の考え方に直接に起因するものである。これまでの研究がもっぱら象山における「窮理」に注目するのも、このような「窮理」という学問方法の有効性を重視した結果といえる[27]。

しかしながら、それだけでは象山における洋学受容を十分に説明できたとはいえず、「東洋道徳、西洋芸術」という思考パターンについても解明することはできない。なぜならば、これまでみてきたとおり、象山は一方的に「窮理」を説くことはいっさいなく、「居敬」を離れたうえでの「窮理」は認めないからである[28]。そこで、本節においては、象山は洋学を受け入れる際にいかに「居敬・窮理」の方法論を主張し、とりわけこれまで見逃されてきた「居敬」が象山の洋学摂取にいかなる意味をもっているのかについて、彼の西洋砲学の学習を通して詳細に考察したい。

1　象山における「易」の信奉

象山は、「予二三歳時、既能耳熟、誦六十四卦名。（予二三歳の時、既に能く耳に熟して、六十四卦の名を誦う。）[29]」と回顧していることにみられるように、幼年期から「易」に対して特別な関心を示していた。象山の洋学受容の検討に入る前に、まず象山の学問認識と深くかかわる彼の「易」信奉について、いくつかの例を通してみておきたい。一つは自然現象に関する象山の捉え方である。象山は信州や小田原、関西地区に相ついで起きた地震について、つぎのように捉えている。

古来漢儒、以地震為蛮夷侵陵之兆。占候之説、洋学所不取。雖然、天人合応之理、不可謂必無之。丁未以来、地震之変、以時事験之、漢儒之言、似不可誣。今夷虜之志、未知其所極、則震之相連、而尚有劇甚者、亦不能無慮焉。(30)

古来漢儒は地震を以て蛮夷侵陵するの兆と為せり。占候の説は洋学の取らざる所なり。然りと雖も、天人合応の理は、必ず之れ無しとは謂うべからず。丁未以来、地震の変をば、時事を以て之れを験するに、漢儒の言は誣うべからざるに似たり。今夷虜の志は、未だ其の極まる所を知らざれば、則ち震の相連なりて、尚お劇甚なる者有らんも、亦た慮ること無き能はず。

ここで象山は、自然現象から吉凶を占う「占候」や、天と人との間に密接な関係があるという「天人合応」に対してどのように捉えるべきかについて述べている。象山からみれば、占候や天人相関説は洋学には説かれていないものの、これらの「理」が存在しないとはいえない。なぜなら、近頃起きた地震と西洋諸国が日本に開国を求めるという時事とを照らしあわせて考えれば、漢儒のいう「地震は蛮夷が侵陵するの兆」であるということは、あたっているようにも思われるからである。それにくわえて、「夷虜」の本当な狙いがまだわからないため、このような非常時にはやはり占候や天人相関説をおろそかにせず、慎重に取り扱うべきだと象山は結論づけている。つまり、象山にとっては、占候や天人相関説は洋学にはない論理で非合理的であるものの、地震を科学的に解釈するよりも、蛮夷の侵入と関連させて捉えたほうが無難であり、合理的であったわけである。

このような象山における天人相関説に対する信奉はつぎの事例からもうかがえる。

弘化二年（一八四五）七月松代藩で発生した豪雨、およびそれがもたらした死傷者をともなう山崩れの災害について、象山は藩主宛の上書のなかで、「天変地妖は人事休凶之警戒と申事、西洋諸国の説に拠り候へば左に無之、皆唯時運歳気の偶然にして、聊か人事に関係仕候事にあらざる様相成候へども、普く是を幽明感応の理・天人合一の道に参じ候へば、尚書洪範等に申庶徴之類も、甚だ是に泥むべからずと雖も、又誣ふべからざるの理御座候やと奉存候。[31]」と語る。すなわち、前述した地震と同じように、象山は洋学では自然災害は偶然に起こる現象であり、人間の吉凶とは何らの関係もないものの、天人感応・天人合一の道理や『尚書』「洪範」篇のなかに記載されている兆候のようなことは、やはりおろそかにしてはならないと考えている。

彼はさらにつづいて、「殊に易道に於ては象法を尚び候事故に、祥孽とも其然る所以を察し、其象理を妙用仕候て、諸事に警省の心を加へ候義と奉存候。[32]」と述べ、「易」における吉凶の論理を明らかにし、それを活用することで諸事に対して警戒・反省するよう心がけるべきであると主張する。

そもそもこの時期、象山は蘭学者の黒川良安の口授によって土性のことを学んでおり[33]、このたびの豪雨についても科学的な解釈を試みたが、洋学の知識でうまく説明できないことがわかった途端[34]、彼は「洪範周易等の理を以て是を推し候節は、唯ごとにあらずと奉存候。[35]」と論じ、ふたたび天人相関や「易」の理に戻って原因を探りなおそうとした。

結局、彼は豪雨が「皇天の鑒戒、祖宗社稷誥示之意[36]」に起因すると考え、自然災害を「天」から人間社会に与えられた戒めや警戒、または祖宗が社稷に垂れた訓戒だと捉えた。また、この上書の題目にある「天変地妖につき治者たるもの警醒すべき」という文言からも、象山にとって自然現象と為政者との間には密接な関係があり、彼は「天」が有徳の為政者には幸いを、不徳の為政者には災いをもたらすという儒学の天観を信じていることが明瞭にみられよう。

「易」の思想がおおいにかかわる占候や天人相関説を信奉する象山は、洋学の知識を受け入れた後、洋学と儒学との異質性について認識したにもかかわらず、洋学を独尊として儒学を捨象することはなかった。彼は終始「易」に基づいて思考する習慣をもち、その合理性について少しも疑ってはいなかった。

2　「易」による学問の統合

洋学を受け入れた後も「易」を信奉しつづける象山は、さらに「易」の論理と西洋砲学の知識とを結びつけて『砲卦』という著作を著し、「易」を通じて西洋砲学を捉えるという独自の思想を示し、昌平黌にも『砲卦』刊行の願望を届けた。刊行は結局実現できなかったが[38]、彼は自ら伝書として印刷し、門人へ配布したりすることで『砲卦』がより広く知られるために尽力した。

門人であり妻兄でもある勝海舟にも『砲卦』を贈り、「近日余所著有砲卦一書。頗以発明砲理、且以喚醒時弊。今写贈一通、以助其志。従游之士、有及知此義者、其亦出此示之可也。（近日余の著す所に砲卦の一書有り。頗る以て砲理を発明し、且つ以て時弊を喚醒す。今一通を写し贈り、以て其の志を助く。従游の士、此の義を知るに及ぶ者有らば、其れ亦た此れを出《いだ》して之に示せば可なり。）[39]」と記述するように、象山は『砲卦』を通して砲の理を説くことによって時弊を呼び覚ますことを目指し、海舟の志を果たすことに役立つとともに、より多くの同志に『砲卦』を知ってほしいと期待していた。

それでは、象山は『砲卦』において西洋砲学をどのように捉えていたのかについてみてみよう。

未有卦画之前、所有之物、其象固存乎易。已有卦画之後、所有之物、其象亦存乎易。見易而制器、卦固未始不備其象。未見易而制器、卦亦未始不備其象也。砲之為器、近古起于西洋。天文以後、漸盛於我。頃歳新砲法、来自荷蘭。器之製、用之具、術之法、至是而益精。斯器雖後出、求諸易、其象与理、蓋既具于睽卦。[40]

未だ卦画有らざるの前、所有《あらゆる》の物、其の象固より易に存す。已に卦画有るの後も、所有の物、其の象亦た易に存す。易を見て器を制するは、卦固より未だ始めより其の象を備えずんばあらざるなり。未だ易を見ずして器を制するも、卦亦た未だ始めより其の象を備えずんばあらざるなり。砲の器為る、近古西洋に起こる。天文以後、漸く我に盛んなり。頃歳新砲法、荷蘭《オランダ》自り来たる。器の製、用の具、術の法、是こに至りて益々精し。斯の器は後出なりと雖も、諸を易に求むれば、其の象と理と、蓋し既に睽卦《けいか》に具われり。

周知のとおり、「易」は陰と陽との変化をもって宇宙と人生のあらゆるものの生成、発展、作用を述べるものである。陰陽未分以前の一元気である「太極」より「両儀」、「四象」、「八卦」を生じ、さらにその組み合わせによって六十四の卦《か》が作られる。六十四の卦はそれぞれ六爻《こう》によってなり、陰爻（⚋）と陽爻（⚊）との組み合わせによって表される。そして、それぞれの「象」を解明し、吉凶を卜するための卦辞《かじ》（彖辞《たんじ》）と爻辞《こうじ》（象辞《しょうじ》）とが繋げられている。「象」とは、「かたどる」の意味であって、あらゆるものの象（かたち）についてその形や性状を述べたものである。[41]

象山も、あらゆるものはその実存する前か後かを問わず、すでに「易」にそれぞれの「象」が存在しており、そして「象」の存在は卦によって表現されるだけであって、卦の存在に制限されるわけではないと考えている。この論理に基づけば、「物」としての砲も西洋が発明したもので、天文年間に日本に伝わり、以後日本では盛んとなったが、砲は「砲」という実在的なかたちになる前に、その「象」がすでに「易」に存在していたというわけである。具体的には、砲の「象」と「理」は「易」の「睽卦」（䷥）[42]に相当すると象山は考えている。

つまり、あらゆるものが「かたち」のあるものとして現れる前後を問わず、その「象」と「理」とはすでに「易」に存在するため、「物」としての砲を発明したのは西洋であるが、砲の占形や砲の砲たる所以はすでに東洋の「易」の論理により規定されていたと象山は主張しているのである。注意したいのは、ここでいう砲の「理」とは、砲の仕組みや作動方式、技術的原理のようなものを指しているのではなく、朱子学でいう存在の根拠としての「理」、形而上の存在論における根本的原理としての「理」を意味するものである。ゆえに、象山も、最新の砲法といえばオランダからのもので、砲の製造・用途・技法といったものがますます優れてきたが、ここではそのような形而下的なことではなく、より根本的な存在論の問題を論じていると表明しているのである。

換言すれば、象山において、「易」の「理」は世の中に存在するすべての物の「理」の集合であり、すべての物はその存在たる根拠、変化する規則が「易」に従わないものはない。「易」こそが象山における東洋学問と西洋学問との統合に理論的な根拠を提供しているものであり、この点は彼の「易」に対する信奉と軌を一にすることでもあった。

3　砲学の学問方法における「居敬」の意味

それでは、「易」理の普遍性によって洋学と儒学とを一大学問として統合させ、洋学を受け入れることに障害をなくした象山は、洋学をいかなる学問方法で取り扱うべきだと考えているのか。引き続き彼の砲学を例にしてみよう。

軽慢粗暴、敗禍立臻。所知不徹、恒多障礙。急躁躐等、業必鹵莽。忽略不勉、何能済事。故居敬而窮理、循序而致精、非特為読書之要法、寔亦学砲之軌範也[43]。

軽慢粗暴なれば、敗禍立ちどころに臻る。知る所徹せざれば、恒に障礙多し。急躁躐等すれば、業必ず鹵莽たり。忽略して勉めざれば、何ぞ能く事を済さんや。故に敬に居りて理を窮め、序に循いて精を致すは、特《ひと》り読書の要法為るのみに非ず、寔《まこと》に亦た砲を学ぶの軌範なり。

ここで象山は砲学の方法についてはっきりと述べている。すなわち、象山において、「居敬・窮理」は「読書の要法」のみならず、同時に砲学を習うための「軌範」でもあると要約されるように、「居敬」と「窮理」は西洋砲学を習うための学問方法でもあるのである。

前述したように、「近来西洋の発明する所の許多の学術は、要するに皆実理なり」と説く象山は、洋学も「窮理」の対象となりうると認識している。そうすると、ここでの「窮理」の方法の提起が直接砲学の知識や原理、技法の習得とつながっていることはいうまでもない。もちろん、「窮理」と「居敬」は朱子学の学問方法においては表裏一体のものであるため、「居敬」もあわせて提起されるのは当然のことと思われるが、問うべきなのは、象山は何を意識して砲学の習得において「居敬」を提起しているのかということである。

象山が最初に注意を喚起するところの「軽慢粗暴」や「急躁躐等」、「忽略不勉」などは、明らかに外面における知識の習得ではなく、内面における心性や意識の問題である。つまり、象山は、内面における意識の集中や心性の涵養などの心的態度が、砲学の「理」を窮める際にも必要不可欠であると考えており、単に外面の「窮理」だけではなく、内面の修養も問題とするという意味において、「居敬」の方法を打ち出していると考えられよう。

この点についてさらに深堀りすれば、われわれはなぜ砲学の習得には内面の修養も必要となるのかという問題に逢着するだろう。引き続き象山の論理をより明晰にしよう。

〈1〉 砲卦の九二爻

まずは、砲の卦の具体的な卦辞と爻辞から象山のロジックを読み取ってみよう。砲の卦の九二爻[44]について、彼はつぎのように述べている。

九二。昼日矍矍。中道愬愬、悔亡。

伝：九二以剛居于陰位。宜有悔咎。然優柔処中、離体而上又応離明。是学得其方、而知識開通。深知火術之可懼者也。故為昼日矍矍、中道愬愬之象。而其占曰悔亡。矍矍、顧瞻不安之貌。愬愬、畏懼之貌。蓋昼日明融、無所不照、而猶周慮顧瞻、矍矍然不敢寧所。中道坦夷、無所不達、而猶畏敬恐懼。愬愬然不敢慢易。所以亡其悔也。若乃昏於其理、而不得其道、怠於周顧、而少於畏懼、有一於此、敗禍立至矣。其能免於悔乎[45]。

九二。昼日矍矍たり。中道愬愬たり。悔亡ぶ。

伝[46]：九二は剛を以て陰位に居る。宜しく悔咎有るべし。然れども優柔は中に処り、離体して上りて又た離明に応ず。是れ学びて其の方を得れば、而して知識開通す。深く火術の懼るべき者を知るなり。故に昼日矍矍、中道愬愬の象と為る。而して其の占に曰く、悔亡ぶ、と。矍矍たるは顧瞻不安の貌なり。愬愬たるは畏懼の貌なり。蓋し昼日明融して照らさざる所無くして、猶ほ周慮顧瞻し、矍矍然として敢えて寧所せず。中道坦夷にして達せざる所無くして、猶ほ畏敬恐懼す。愬愬然として敢えて慢易せず。其の悔を亡ぼす所以なり。若し乃ち其の理に昏くして其の道を得ず、周顧に怠りて畏懼を少《か》く、此《ここ》に一《もっぱら》なること有らば、敗禍立ちどころに至る。其れ能く悔を免れんや。

すなわち、砲の卦である睽卦は兌（☱）下と離（☲）上とからなっており、下の兌卦（☱）では下から二番目の爻は陽爻（剛）であるものの（九二）、二という陰位にあるため、本来ならば悔咎（悔みや咎め、不吉）があるべきであるが、上の離卦（☲）では下から五番目の爻は陰爻（柔）でありながら（六五）、中位にあるため、九二の剛に応ずることができ、結局悔が消滅すると象山は説明している。

ここまでの記述が「易」の睽卦に基づいており、[47]砲の卦の九二爻自体の解釈は「易」の睽卦を継承していることがわかるが、問題はそれより以後の象山が発揮した内容、とりわけ注目したいのは「深く火術の懼るべき者を知るなり」という象山が注意を呼びかける内容およびその解釈である。

象山によれば、砲の卦の九二爻の象は「昼日矍矍、中道愬愬」であり、「矍矍」は不安の容貌であり、「愬愬」は畏懼の容貌である。つまり、日中には明るくて照らさないところがないが、キョロキョロみまわったり振り返ってみたりして不安であり、途中の道は平坦であって到達できないところはないが、おそれが多いこともあるという意味である。ゆえに、あえて落ち着いて、怠たっていい加減にすることは許されない。怠たって「畏懼」をおろそかにするならば、悔を免れることができなくなるのである。

前述したとおり、朱子学における「畏懼」という工夫は、ほかならぬ「敬」であり、象山も君子の学問は「必ず畏懼の心を存して、朝に乾み夕に惕み、敢えて斯須の間断有らず」と、つねに「畏懼」の実践を説いている。よって、砲の卦の九二爻で象山がもっともいいたいのは、「畏懼」という朱子学における「居敬」の実践であろう。

この点について、つづいての象辞においても、象山は「象曰、九二悔亡、敬不怠也。伝：九二以陽居陰、本当有悔。以其知之而猶未知、能之而猶未能、敬慎之心、不少懈怠。是以其悔得亡也。（象に曰く、九二、悔亡ぶ。敬して怠たらざるなり。伝：九二は陽を以て陰に居り、本より当に悔有るべし。其の之れを知りて猶お未だ知らざるがごとく、之れを能くして猶お未だ能くせざるがごときを以て、敬慎の心、懈怠を少《か》かず。是こを以て其の悔亡ぶを得るなり。）[48]」といい、悔が亡ぶためには、よく知りよくできる場合でも調子に乗りすぎないように、怠らずに敬にいつづける必要があると、畏敬・

敬慎の心をもつ必要性について単刀直入に指摘しているのである。

さらに、『砲卦』最後の「砲卦後記」においても、象山はふたたび九二爻について、「矍矍、愬愬、皆震雷驚愕之象也。離為火。火主礼。礼者敬而已矣。又震有修省之意。故為敬不怠也。（矍矍・愬愬たるは皆震雷驚愕の象なり。離は火と為る。火は礼を主とす。礼は敬なるのみ。又た震に修省の意有り。故に敬して怠らずと為すなり。）[49]」といい、砲の卦の上にある離卦は「火」を意味し、「火」は「礼」を主とし、「礼」はほかならぬ「敬」であるため、敬にいて怠らないようにすべきであると説明しているのである。象山における「礼は敬なるのみ」については、すでに前章において論じていたところである。つまり、象山は砲の卦の九二爻に現れた砲の「礼」である性質により、朱子学における「居敬」の論理が砲学においても有効であり、いや、むしろなければならないという「居敬」の必要不可欠性について強調しているのであることは明瞭にうかがい知ることができよう。

〈2〉　君子の道

象山において、砲学の習得に内面の修養も必要とされるもう一つの論理は、彼の砲学に対する捉え方、すなわち砲の卦は「君子の道」に符合するという点にもつながるのである。彼はつぎのように述べている。

砲、貞厲。君子吉无咎。

伝：砲、本睽卦。睽、乖異也。上離之火炎上、下兌之金下墜。性情相反。又卦除初九外、余皆不当其位。故所欲為、多違異拂乱、不得如意。且砲之為器、兵之佳者也。兵愈佳則害人愈多。天地之大徳曰生。而砲之徳反之。乖異之大者也。所以雖正亦危矣。然卦才之善、可以合睽而済事。乃君子之道也。故為砲学者必君子、則得吉而无咎[50]。

砲は貞《ただし》きて厲《あや》うし。君子ならば吉なりて咎无《な》し。
伝：砲は睽卦に本づく。睽は乖異なり。上に離の火は炎上し、下に兌の金は下墜す。性情相い反す。又た卦は初九を除くの外、余は皆其の位に当たらず。故に為さんと欲する所は違異払乱多く、意の如くなるを得ず。且つ砲の器為るは、兵の佳《よ》き者なり。兵愈《いよいよ》佳ければ則ち人を害すること愈多し。天地の大徳を生と曰《い》う。而して砲の徳は之れに反す。乖異の大なる者なり。所以に正しと雖も亦た危うし。然れども卦才の善ければ、以て睽に合して事を済すべし。乃ち君子の道なり。故に砲学を為す者必ず君子なれば、則ち吉を得て咎无し。

象山がいうには、砲の性質は貞に厲、正しくて定かであるとともにあやうい。象山が砲の性質をこのように捉えるのは、二つのことに依拠している。一つは、砲の卦象である。つまり、睽卦では上の離卦は火であるため炎上し、下の兌卦は金であるため墜落し、性質が相反するものである。それにくわえて、初九（下から一番目）は陽爻（⚊）であって初という陽位にあるが、そのほかの各爻はすべて異なる位にあたる[51]ため、何事をなさんとしてもうまく思うとおりにはならないということである。

もう一つは兵器としての砲の性質によるものである。つまり、兵器としての砲は威力の強いものであるからこそ、殺傷力も高く、人を害することが多い。ところが、天地の偉大なる徳は、万物を生じてやむことがないという「生」のはたらき[52]にあり、砲の徳はこれと正反対にあるといわざるをえないのである。

このように砲の性質を乖離するものだと捉える象山は、それを解決するためには、砲学をなす人が君子でなければならないと主張する。砲の卦は君子の道であるため、君子であれば、睽卦の性質に従って行動することができ、吉を得て咎を免れることができるからである。

ゆえに、『砲卦』の評価について、象山は「余砲卦之著、所謂本諸身、徴諸庶民、建諸天地而不悖、質諸鬼神而不疑、百世以俟聖人而不惑者也。（余の砲卦の著は、所謂諸を身に本づけ、諸を庶民に徴し、諸を天地に建てて悖らず、諸を鬼神に質して疑わず。百世以て聖人を俟ちて惑わざる者なり。）[53]」といったように、自分自身が独創した砲卦は「天地」「鬼神」「聖人」からでも疑われないものと信じている。これは『中庸』第二九章の「君子之道、本諸身、徴諸庶民、考諸三王而不謬、建諸天地而不悖、質諸鬼神而無疑、百世以俟聖人而不惑。」に基づいたものであり、要するに、象山は砲卦を「君子の道」とみなし、「君子」という学問の主体を持ち出すことで砲卦に正当性を与えようとしたのである。

砲学をなす人が君子でなければならないという象山の考え方は、彼の君子の学問に対する捉え方を想起すれば、両者は軌を一にしていることがわかる。象山において君子の学問は、「本然の性」がそなわった「心」の追求、「仁」の到達を究極目標とするものであり、「仁」という君子の徳によって、砲を操作する際にもたらした殺生という不徳の結果、つまり「仁」に背いた行為の残忍さを緩和させたり抑制したりするという彼の思考がうかがえよう。

象山が『砲卦』を著した直接的なきっかけは、演砲の不首尾であったかもしれないが[54]、西洋の学問知識を実際に応用して失敗した経験によって、彼は「窮理」を通して実現した知識と技術の摂取だけでは不十分で、砲学をはじめとする洋学の習得も「居敬」を通した修養によって裏づけられねばならないと痛感したものと考えられよう。したがって、象山は「窮理」によって砲学の知識を掌握すると同時に、「居敬」も怠らずに行い、「仁」の修養に努め、砲を操るに相応しい主体たる君子となることに努力しなければならないと主張したのである[55]。

以上みてきたように、象山は「易」の論理によって洋学と朱子学との統合に成功することで、「居敬」と「窮理」の学問方法を朱子学と洋学との間で共有できるようにしたのであり、「易」理の普遍性を信じる象山からすれば、「居敬・窮理」の学問方法が、朱子学のみならず洋学においても有効であった。そのうち、「窮理」は直接知識や技術としての洋学の摂取にかかわるのに対して、「居敬」は洋学をなす主体の心のあり方や内面的修養にかかわっているといえよう。砲の恐るべき性質や兵器としての殺傷力により、砲学を取り扱う主体が畏敬の心を持する君子でなければならないという言葉に表れているように、象山が主体の心的問題という意味において、方法としての「居敬」を重視していたことは明らかであろう。

三　「東洋道徳、西洋芸術」における「居敬・窮理」の意義

安政元年、象山は門人吉田松陰の密航失敗事件に連坐し[56]、江戸伝馬町の牢獄に投獄された。獄中において、彼はこれまでの人生を感懐深く振り返り、その心境を出獄後に「省諐録」と題する一篇の文に記録した。「省諐録」のなかで、象山は「君子に五の楽あり」を論じる際に、「東洋道徳、西洋芸術、精粗不遺、表裏兼該、因以沢民物、報国恩、五楽也。（東洋道徳、西洋芸術、精粗遺さず、表裏兼該し、因りて以て民物を沢し、国恩に報ゆるは、五の楽なり。[57]）」といい、「東洋道徳、西洋芸術」という思考様式を表明する。そして、かの有名な「五世界に繫る[58]」という世界認識も、この「省諐録」の締め言葉として記されている。「東洋道徳、西洋芸術」は後に象山の学問思想の総括として、または彼の行動上のテーゼともなっていた。本節では、朱子学の「居敬・窮理」という学問的方法論が、「東洋道徳、西洋芸術」という思考様式においていかなる意義をもつのかについて解明してみたい。

1　象山における「東洋道徳」と「西洋芸術」との関係

まず、象山において、「東洋道徳」と「西洋芸術」とはいかなる関係にあるのかについてみてみよう。彼はつぎ

のように説いている。

人謂泰西之学盛、孔子之教必衰。予謂泰西之学行、孔子之教滋得其資。夫泰西之学芸術也、孔子之教道徳也。道徳譬則食也、芸術譬則菜肉也。菜肉可以助食気。孰謂可以菜肉而損其味耶。(59)

人謂えらく、泰西の学盛んなれば、孔子の教は必ず衰えん、と。予謂えらく、泰西の学行はるれば、孔子の教は滋《ますます》其の資を得ん、と。夫れ泰西の学は芸術なり、孔子の教は道徳なり。道徳は譬えば則ち食なり、芸術は譬えば則ち菜肉なり。菜肉は以て食気を助くべし。孰れか菜肉を以て其の味を損うべしと謂わんや。

ここで象山は「孔子の教」と「泰西の学」、すなわち儒学と洋学とをそれぞれ「東洋道徳」と「西洋芸術」との代表として取り上げ、その関係について端的に示している。象山によれば、「東洋道徳」は主食、ご飯のようなものであれば、「西洋芸術」は菜肉、おかずのようなものであり、おかずはご飯の美味しさを引き立て、ご飯がより進むための助けとなるものであって、ご飯の味を損なうようなものではないという。ゆえに、洋学が盛んとなれば、伝統の儒学がかならず衰えるのではないかという懸念に対して、象山は、洋学が興れば、儒学もますます助け（「資」）を得ることになるしかないと述べる。

象山の論旨には二つのポイントがある。一つは、孔子の教をはじめとする「東洋道徳」は主たる地位にあるのに対して、西洋の学びをはじめとする「西洋芸術」は副や従の地位にあること、もう一つは、「西洋芸術」は「東洋道徳」の助けとなり、学問がよりよく行われるための助力・助勢となりうることである。

象山におけるこのような捉え方は、前においても引用した「近来西洋の発明する所の許多の学術は、要するに皆実理なり。秖《まさ》に以て吾が聖学を資《たす》くるに足る。(60)」という彼の記述からもうかがえる。西洋の学術は実用的なものが多く、我が東洋の聖人の学びを助けるに足る。また、「至於西洋物理之学、闡抉幽深、剖析微密、漢土之士所未及知、而多切於世用者。今我兼取以資於博、豈曰小補哉。（西洋物理の学に至りては、幽深を闡抉《せんけつ》し、微密を剖析《ぼうせき》し、漢土の士の未だ知るに及ばざる所にして、世用に切なる者多し。今我兼ねて取りて以て博《ひろき》に資す、豈小補と曰わんや。）」[61]、「泰西之俗長於物理。取以為資、豈無益哉。（泰西の俗は物理に長ず。取りて以て資《たすけ》と為さば、豈益無からんや。）」[62]という記述からも、西洋の学問は東洋の及ばないところがあり、物の性質を説明するに長じて実用的なものが多いため、取り入れて兼学すれば、東洋学問の広がる一助となることができ、益があるという象山の考え方が読み取れる。

要するに、象山にとって、西洋の学問は実用的で役に立つものが多いが、あくまでも東洋の学問の補助となるものであり、西洋の学問が東洋の学問に取って代わることはもちろんないし、西洋の学問を受け入れることで東洋の学問の地位が揺らぐこともない。そして何より重要なのは、西洋の学問を取り入れる前に、東洋の学問をしっかりと学習することで学問の基盤を築くことである。この点については、つぎの史料からもわかる。

当今海寇之慮なきを能はざる時節に於ては、本業の読書講説より譚兵演銃反て其功御座候かに被存候。砲術兵法等の事にて、此節、在塾の門人其表より同道候両生とも都合七人に相成候。是等は皆西洋の学専ら修め申度と申もの共に候へども、聖賢の大道を知らず候時は、大本立ち不申候に付、課を定め候て、四書等講明致させ候事に御座候。[63]

すなわち、当今は外敵が侵入してくる非常時であって、「読書講説」をはじめとする儒学の修業よりも、砲術や兵法の演習のほうが効用があるという話が世の中には流行しており、象山に入門した門人たちももっぱら洋学を習いたいと要求する。それに対して、象山は「聖賢の大道」を知らないならば、学問の基盤（「大本」）が立たないとして、四書など儒学の学習もカリキュラムとして課したのである。

ここから、いち早く洋学の学習を始めるよりも、まずは四書をはじめとする聖賢の教えをしっかりと学び、学問の基盤を築かなければならないという象山の考え方が明白にうかがえよう。換言すれば、学習の内容よりも、まずは学習の主体を確立させることが重要であって、その方法は儒学の修業を通してしかできないということと理解できよう。

2　方法論的指針としての「居敬・窮理」

実用的な洋学よりも、「聖賢の大道」を内容とする儒学の学習こそ「大本」であるという象山の捉え方から、彼は儒学と洋学とを「体」と「用」との関係で捉えていることが考えられる。彼はつぎのように説いている。

予久欲効胡安定経義・治事両斎並設之意、請国寘明体達用二館、子弟之欲為学者、尽入諸明体之館、訓以四子六経之道、以育其徳、更択俊爽強識者、入諸達用之館、講以天文地理兵法農政水利之類、兼用洋学、以拡其才。(64)

予久しく胡安定の経義・治事の両斎並設の意に効《なら》い、国に請いて明体・達用の二館を寘《お》き、子弟の学を為さんと欲する者は、尽く諸《これ》を明体の館に入れ、訓《おし》うるに四子六経の道を以てし、以て其の徳を育《やしな》い、更に俊爽・強識なる者を択び、諸を達用の館に入れ、講ずるに天文・地理・兵法・農政・水利の類を以てし、兼ねて洋学を用い、以て其の才を拡げんと欲せり。

ここで象山は、北宋の教育家である胡瑗(65)が「経義」と「治事」の教育斎を同時に設立したことにならって、「明体館」と「達用館」の二つの教育機関をあわせて開設することを主張している。「明体館」では聖人の経典を習わせることによって「徳」をやしない、学問を始めようとする人であれば誰でも入館できるのに対して、「達用館」では洋学を教授することによって学生の「才」を拡充させるが、「俊爽強識」の人でないと入館できないという規則を立てようとしている。

すなわち、「徳」の育成が学問の基盤であり受講生全員が対象となるのに対して、洋学による「才」の拡充は「徳」の修業ができた人しか受けられない。「拡才」の洋学教育を受けられるか否かは「育徳」の儒学教育を通して判断され、「四子六経」の儒学学習のなかで人品と記憶力に優れた者だけが選ばれるのである。ここから、象山は儒学を「体」、洋学を「用」として位置づけ、まず儒学の修業を通して学問の基幹を立て、学問をなす主体を確立させたうえで、実用的知識としての洋学を取り入れるという学問方法、あたかも木の幹を固めてからこそ枝や葉が生えてくるような育て方を主張していることがわかる。

弟子の育成という教育面だけではなく、象山自身の学問修業においても、儒学を「体」、洋学を「用」とする方針に従っていた。彼は前藩主真田幸貫の抜擢で洋学の修業ができ、幸貫が老中を務めた際にその顧問を担当して政治の中心にも触れることができたが、自信過剰で尊大な性格のゆえに敵も多かった。それにもかかわらず、幸貫の庇護のもとでおおむね平穏に済ませていた。かかる知遇を得た象山は、つぎのように語ったことがある。

先公嘗謂三村養実曰、修理雖多疵瑕、亦英雄也。臣聞之感激流涕。(中略) 固亦知千百其身、尚不足以報其万一也。雖然、臣豈徒感激流涕而止乎。其講究詩書六経、欲以明其体也。其歴観史子百家、以洎泰西之学、欲以達其用也。皆莫非所以図報万一也。(66)

先公嘗て三村養実に謂いて曰く、修理(筆者注：象山の通称)は疵瑕多しと雖も、亦た英雄なり。臣之れを聞いて感激流涕す。(中略) 固より亦た其の身を千百にしても、尚お以て其の万一に報ゆるに足らざるを知るなり。然りと雖も、臣豈に徒に感激流涕するのみにして止まんや。其れ詩書六経を講究し、以て其の体を明らかにせんと欲するなり。其れ史子百家を歴観し、以て泰西の学に洎《そそ》ぎ、以て其の用に達せんと欲するなり。皆図りて万一に報ゆる所以に非ざる莫きなり。

幸貫公に感激する象山は、主君に報いる方法はほかでもなく、学問修業によりいっそう励むことと述べているが、具体的には「詩書六経」の講究を「体」とし、「史子百家を歴観」したうえで「泰西の学」を受け入れて「用」に達するという内容であった。

このように儒学（象山の場合は朱子学）を「体」＝学問の基盤としてしっかりと固めたうえで、「用」としての洋学の摂取を目指すべきであるという象山の思想を考える際に、われわれが見逃してはならないのは方法論の問題であり、つまりいかなる学問方法で「東洋道徳」と「西洋芸術」とを取り扱うべきなのかという点である。実際、この点は象山の重要視するところでもあった。彼は、

学之要、在得其方。学而得其方、則糟粕塵埃皆足以開其知。学而不得其方、則経伝史子反足以蔽其知。(67)

学の要は、其の方を得るに在り。学びて其の方を得れば、則ち糟粕塵埃《そうはくじんあい》も皆以て其の知を開くに足る。学びて其の方を得ざれば、則ち経伝史子も反って以て其の知を蔽《おお》うに足る。

といい、学問方法を掌握できれば、粕のような役に立たなさそうなものでも知識を開くに足るが、学問方法に要領が得られなければ、経・伝・史・子のような聖人の経典でさえかえって知識の真実を遮るしかないとする。いささか極端な言い方であるが、象山がどれほど学問方法を重視しているかはわかるだろう。

つづいて象山は、

今世学者、口誦格致之説、而動輒自外於泰西物理之学。是学而不得其方也。(68)

今の世の学ぶ者は、口に格致の説を誦《とな》うれども、動《やや》もすれば輒《すなわ》ち、自から泰西物理の学を外《そと》にす。是れ学びて其の方を得ざるなり。

といい、もっぱら学問方法について強調している。すなわち、世の中の学ぶ者が「格致の説」を説いていながらも、洋学を学問の対象から外しているのは、学問方法に要領を得ていないからであると、象山は指摘している。「格致」とは「物に格る」ことを通じて「知を致す」ことであり、その学問方法はいうまでもなく「窮理」と「居敬」である。要するに、象山がここでいっているのは、ほかならぬ朱子学の学問方法である「居敬・窮理」が、洋学にも適用されるべきであり、世の中の学ぶ者はこの点を知らないため、西洋学問を排斥するのだ、ということである。

「格致の説」や「格致の訓」における「居敬・窮理」の学問方法が洋学においても応用できるという考え方が、象山の教育制度の構想からもうかがえるのである。象山が考える教育制度は、尊卑上下の秩序を前提としたものであるが(69)、いずれの身分に対しても、象山は「居敬・窮理」の学問方法を重視しているのである。ここでは、武士階級の教育を例として取りあげてみると、象山は、

四書六経いづれも聖人の模訓ならざるは無御座と申内、朱子大学格致の訓に従ひ修業仕候義、聖学の正脈と奉存候。朱子格致の補伝に、「凡天下の物に即て其理を窮むる」と御座候。此「凡天下」の三字、南宋褊安の版図をさすと申陋説は、和漢ともに無御座候。左候へば、当今の世に於て、五世界に渉り、其あらゆる学芸・物理を窮め可申事、本より朱子の本意たるべく候。去る故に、当今の世に出で善く大学を読み候者は、必ず西洋の学を兼申すべきこと、有無之論に及ばざる義と奉存候。(70)

と述べている。ここで象山は、四書六経という聖人の経典を学ぶことは学問の「正脈」であり、朱子「格致の訓」に従うことであるのはいうまでもないが、今の世ではそれにとどまらず、全世界まで視野を広げて西洋の学問を兼学するのも「格致の訓」に符合することになるのであるといっている。つまり、象山は朱熹が『大学章句』の「格致補伝」で、「是以大学始教、必使学者即凡天下之物、莫不因其已知之理而益窮之、以求至乎其極。（是こを以て大学の始教は、必ず学ぶ者をして凡そ天下の物に即きて、其の已に知るの理に因って益《ますます》之れを窮め、以て其の極に至ることを求めざる莫からしむ。）[71]」と述べていることに基づいて、「天下」という表現を「南宋」（中国）には限定せずに、全世界（「五世界」）と解釈することで洋学をも含めたあらゆる学問を「窮理」の対象としたのである。

従来の研究は、この「格致の訓」を取り扱う際に、もっぱら象山が「窮理」あるいは「理」を再解釈することで洋学受容の論理を構築したということに注目しているが、注意しなければならないのは、そもそも朱熹が「蓋人心之霊莫不有知、而天下之物莫不有理。惟於理有未窮。故其知有不尽也。（蓋し人心の霊は知有らざる莫くして、天下の物は理有らざる莫し。惟だ理に於いて未だ窮めざる有り。故に其の知尽くさざること有るなり。）[72]」を前提にいっていることであり、「窮理」だけではなく、人心の問題もかかわっているという点である。要するに、朱熹の「格致の訓」や「格致の説」を理解する際に、「窮理」のみで解釈するのは妥当ではなく、「窮理」はかならず「居敬」により裏づけられるという朱子学の学問方法をトータルで捉えたうえで理解すべきである。したがって、象山もここで洋学の学習を呼びかけるために「あらゆる学芸・物理を窮め」るという表現でいっているが、実際彼が目指す武士階級の教育とは、「居敬・窮理」の学問方法を通して実現した「東洋道徳」（四書六経という聖人の「模訓」）と「西洋芸術」（「西洋の学」）とからなった総合的学習であると捉えたほうが象山の真意を汲み取ったことになるであろう。[73]

以上のことから、「居敬・窮理」の方法論は砲学だけにとどまらず、象山の洋学全般の学問方法としてあるべきものとなっていることがわかる。朱子学において道徳の修業には「居敬・窮理」は基本的な方法論であるのはいうまでもないが、朱子学を基盤に洋学を摂取した象山は、洋学の習得にも「居敬・窮理」の方法論が必要不可欠であると力説していた。「東洋道徳、西洋芸術」論を提起した象山が望んでいるのは、単に「窮理」の方法を通して直接に獲得した洋学の知識という表面的・機械的な単純な学習の効果だけではなく、「居敬」の方法をも同時に用いて実現した学問をなす主体としての心性の涵養、徳性の完備であったといえよう。象山において、「居敬・窮理」は「東洋道徳、西洋芸術」の方法論的指針として意義があるものであったと結論づけられよう。

おわりに

以上、本章においては、まず、象山がいかに「懼」を通じて朱子学の実践を主張したのかということについてみてきた。朱子学の「修己治人」を心得ている象山は、個人修養論のみならず、「治国平天下」の政治論まで、さらに幕末の時期にもっとも現実的な海防問題においても、「懼」の重要性を説いていた。「心」の内面におけるそれの工夫である「懼」は、朱子学の「敬」と直接緊密につながっていると同時に、「天命を畏れる」とあるように、それは「天理」を対象とするものであり、「居敬」と「窮理」とは根本的には一つであるということを表したものでもある。象山における「懼」を通じた朱子学の実践は、まさしくこの点をよく継承したものといえよう。

つづいて、象山の洋学受容において、学問方法としての「居敬・窮理」がどのように主張され、とりわけこれまでまったく看過されてきた「居敬」という学問方法がいかなる論理で提起されていたのかについて、彼の砲学学習を中心に詳細に考察した。一見すると洋学の知識は「窮理」の方法を通して獲得できるが、それは単なる技術的・機械的な学習にすぎず、それより象山が強調するのは、彼の砲学学習の例にも示されたように、学問をなす主体の問題であり、主体の内面における修養と徳性の涵養は外面の理を窮める際の前提となり、「窮理」の実現は「居敬」の工夫によって裏づけられなければならないということである。象山において、表裏一体の「居敬・窮理」の方法論は、朱子学の学問方法であるにとどまらず、同時に彼の洋学摂取のあり方をも規定していた。

そもそも洋学（蘭学）が日本に伝来した際に、「窮理学」とも呼ばれていたように[74]、「窮理」という視点により洋学を捉えるという考え方自体は、洋学伝来当時においては多くみられるものであって、象山独自のものとはいえない[75]。たとえ象山が「窮理」を方法論的な次元で強調しているからといって、「窮理」という視点のみで象山の洋学受容を解釈するのは、不十分であると同時に注意深く捉えねばならない。行論の過程ですでに明白であるように、象山の特徴は、洋学の学習において「窮理」のみならず、「居敬」をもあわせて提起して「居敬」の方法論的役割を明らかにし、朱子学の学問方法である「居敬・窮理」を最大限に発揮したところにあると要約できよう。

最後に、象山の「東洋道徳、西洋芸術」論は「易」理の普遍性を信奉したうえで成立したものであり、「易」の論理によって「東洋道徳」と「西洋芸術」とが一大学問として統合され、そのうち、「東洋道徳」は学問の基盤であり、大本であり、「体」であるのに対して、「西洋芸術」は学問の拡充であり、枝葉であり、「用」である。そして、「居敬・窮理」はこの一大学問の方法論的指針として位置づけられるものであった。

注

（1）『晦庵先生朱文公文集』（『朱子全書』第二三冊）巻四四「答江徳功七」、二〇四六頁。
（2）『朱子語類』（『朱子全書』第一四冊）、巻第一二「学六持守」、三七二頁。
（3）同前。
（4）朱熹のこれらの言葉に基づいて、たとえば、牛尾弘孝氏は、朱熹は「敬を説明するのに「畏」の字がぴったりあてはまると考えているようである」（牛尾弘孝「朱子学における静坐・居敬の解釈をめぐって（補編）」、『中国哲学論集』三七／三八、九州大学中国哲学研究会、二〇一一年、七一頁）と指摘し、銭穆氏は「敬只如畏字相似」（銭穆『朱子学提綱』三聯書店、二〇〇二年、九六頁）と指摘し、また佐藤仁氏は「朱熹の敬説の特色としてとくに注目しなければならないことは、畏の字で敬を説いてくることである」（佐藤仁「朱熹の敬説に関する一考察」、同『宋代の春秋学――宋代士大夫の思考世界』研文出版、二〇〇七年、四七七頁）と指摘している。

（5）「敬」または「畏謹」の対象（対象をもつか否かも含めて）については、牛尾氏はこれまでの研究を整理したうえで詳細に考察し、筆者はそれに負うところが大きい（牛尾弘孝「朱子学における「静坐・居敬」の解釈をめぐって」（『中国哲学論集』三四、九州大学中国哲学研究会、二〇〇八年）、同「朱子学における静坐・居敬の解釈をめぐって（補編）」（『中国哲学論集』三七／三八、九州大学中国哲学研究会、二〇一一年）参照）。結論だけをいうと、牛尾氏は佐藤仁氏の見解を継承し、「敬は天命に対する畏敬の念」であり、「敬はつねに理という対象をもっていることを意味している」と述べている。

（6）「与本多伯楙書」、『全集』巻一浄稿書、八七頁。

（7）「懼堂説」、天保九年秋より一一年春までの間の作、『全集』巻一浄稿説、一四五頁。

（8）「懼堂説」、一四六～一四七頁。

（9）「懼堂説」、一四五～一四六頁。

（10）「懼堂説」、一四六頁。

（11）『朱子語類』巻第一二「学六、持守」、三七四頁。

（12）たとえば、朱熹は孔子の「君子有三畏。畏天命、畏大人、畏聖人之言。」（『論語』「季氏」篇第一六」）に対して、「畏者、厳憚之意也。天命者、天所賦之正理也。知其可畏、則其戒謹恐懼、自有不能已者。而付畀之重、可以不失矣。大人聖言、皆天命所当畏。知畏天命、則不得不畏之矣。」（『論語集注』、『朱子全書』第六冊、巻第八「季氏第一六」、二一五頁）という注をつけており、また『朱子語類』のなかで「「畏天命」三字好。是理会得道理、便謹去做、不敢違、便是畏之也。如非礼勿視聴言動、與夫戒慎恐懼、皆所以畏天命也。然亦須理会天命是恁地、方得。」（『朱子語類』、『朱子全書』第一五冊、巻第四六「論語二八　季氏篇」、一六一七頁）と解釈している。朱熹における「畏天命」の点について、佐藤氏は「ここに朱熹が説く持敬の工夫の最大の特色があった」（前掲佐藤仁論文、四九一頁）と述べており、牛尾氏は佐藤氏を継承したうえで「敬は天命に対する畏敬の念ということである」（前掲牛尾弘孝「朱子学における「静坐・居敬」の解釈をめぐって」、一四頁）と述べている。

(13)　同注（10）。

(14)　象山は前年の天保八年にも前掲「与本多伯楙書」（八四頁）のなかにおいて、「近世天下之学術、澆漓日甚。是以士之為学也、亦日益難矣。」と慨嘆し、「則或溺於考拠文辞、廃糜歳月、而無補於世道。」とあるように考証学の無用さや、「則或老荘仏氏之流、又控而引之。遂釈聖賢相伝民生日用之教、而求夫虚罔空寂、外人倫、遺事物。」とあるように老荘の空寂さ、また「而儒者之学、亦復分派殊途、紛紛其莫定。在宋則洛閩金渓、在元則河内崇仁、在明則河津余千新会姚江。同尊孔孟、同崇仁義、同講天理、同説至善、在初其弁也毫厘、至終其謬也千里。」とあるように儒学が流派ごとにはなればなれになって聖人の学からおおいに外れたことについて、それぞれ指摘している。ここから、彼のいっている「学之不明」は、異学の盛行あるいは朱子学の不振を指していることがわかろう。なお、この「与本多伯楙書」においても、象山は「夫学術壊而風俗随之、風俗敗而気運応之。察諸前代、歴歴有証矣。豈可不恐而懼哉。」（八四頁）といい、「懼」の工夫を押し出しているのである。

(15)　「送樫宇林先生序」、『全集』巻一文稿序類、一二四頁。

(16)　「懼堂説」、一四七頁。

(17)　象山の「皇国当今の御形勢は、全く漢土三代封建の制と同様にて、大朝の御大政を被為執候は、即ち諸侯様に御座候。諸侯様には御高柄の御人数を被為持、御定めの御軍役を被為勤候事、御本分之義に御座候。」（「時政に関する幕府宛上書稿」、文久二年、『大系55』、三〇八頁）という記述から、彼は「諸侯」という表現で大名を指していることがわかる。したがって、高位の臣に当たる「卿大夫」はここでは幕府の老中か各藩の老中（あるいは家老）を指していると推測できよう。

(18)　朱熹は「畏天命」、つまり天命に対する畏敬の念は軍人にも必要な心構えとして説いている。詳細は佐藤仁前掲論文参照。

(19)　同注（16）。

(20)　「子謂顔淵曰、用之則行、舎之則蔵、唯我与爾有是夫。子路曰、子行三軍、則誰与。子曰、暴虎馮河、死而無悔者、吾不与也。必也臨事而惧、好謀而成者也。」（『論語』「述而」篇第七）とある。

(21) 同注(16)。

(22) 象山は開明的思想家として知られているが、実際、彼は最初攘夷論者であった。たとえば、天保一三年すでに西洋砲術を習い、藩主にかの有名な「海防八策」を上書していた段階でも、幕府の打払法について、象山は「本邦の国法、長崎表之外総じて異国之船近寄候事を不許、近寄候をば手痛く打払ひ候が、国初よりの御作法也、と御答御座候はんに、何の御遠慮も有御座間敷候。」(「海防に関する藩主宛上書」、天保一三年一一月、『大系55』、二七三頁)といい、明白に支持していることがわかる。ただし、象山の攘夷主張は無謀なものではなく、基本的に「彼れを追退け候程の武備、既に我に御座候上」を条件としたものである。象山の攘夷思想およびその変化の軌跡を知るには、信夫清三郎『象山と松陰：開国と攘夷の論理』(河出書房新社、一九七五年)が有益である。

(23) 「愚意には是皆夷人の奸計にて、兵威を以て我朝廷を奉劫、久しく望み罷在候交易を成就仕度為めに、内々漂流人に申付け書簡を認めさせ、阿蘭陀人へ託し差送り候義と奉存候。扨又、蘭人下輩の者より洩し候義迚も、矢張り夷人の謀計にて、兵法に所謂先声後実の手段を用ひ、蘭人の阿媽港に船を繋げ候節、喧しく右等の義を申触させ、本邦に入津致し候はば、取々口走り候様相謀り候故、蘭船下輩のもの迄其義を聞知、長崎にて説話仕候義と奉存候。」(「海防に関する藩主宛上書」、二六三頁)とある。

(24) 「海防に関する藩主宛上書」、二六七頁。

(25) この点について、植手通有氏も「勝算があるかどうかという軍事的考慮を中心におき、打払い的攘夷論に疑問をなげかけている点では、水戸学の立場からある程度隔っている」(植手通有「東洋道徳・西洋芸術論の展開——佐久間象山」、同『日本近代思想の形成』岩波書店、一九七四年、四四頁)と指摘し、象山における謀略的な思考方式に関心を払っている。ただし、氏は具体的な検討まで至らず、象山の思考様式の背後に朱子学の「畏敬」の思想がおおいに関わっていることについても、いっさい触れていない。

(26) 「贈小林炳文」、『全集』巻一浄稿序、五一頁。

(27) これまでの研究が象山における「窮理」にのみ注目してきたことについては、序章の記述を参照されたい。

(28) たとえば、象山の朱子学における「窮理」と「居敬」との表裏一体性に留意した栗原・松田両氏も、象山は「「格物窮理」のもつ「可能性」を最大限に活用して洋学＝「西洋の芸術」に立ち向い、積極的に摂取・吸収し、「東洋道徳、西洋芸術」という新境地を切り拓いた」(栗原孝「佐久間象山における「東洋道徳、西洋芸術」論——「格物窮理」概念を中心に」、明治維新史学会編『明治維新の人物と思想』吉川弘文館、一九九五年、三〇頁）や、象山における「格物窮理」とは「自らの知識の構成を再吟味させること」、「螺旋状の知的過程の方法論的表現である」（松田宏一郎「朱子学・正学・実学――佐久間象山」、同『江戸の知識から明治の政治へ』ぺりかん社、二〇〇八年、六七頁）と両氏がそれぞれ論じたように、象山の洋学受容の命題になると、「居敬」が両氏の論旨から消えてなくなり、両氏とも象山の洋学受容における「居敬」の機能を見落としている。

(29)「砲卦序」、嘉永五年一〇月、『全集』巻一砲卦、一頁。

(30)「省諐録」、『全集』巻一、五頁。

(31)「天変地妖につき治者たるもの警醒すべきを陳ずる案」、弘化二年七月頃、『全集』巻二上書、五九頁。

(32)同前。

(33)黒川良安（一八一七～一八九〇）、幕末・明治時代の洋学者。名は弼、号は静淵、良安は字。越中新川郡黒川生まれ、長崎で吉雄権之助にオランダ語を、シーボルトに医学を学んだ後、江戸に出て坪井信道の門に入る。弘化元年六月より、象山は黒川良安から洋学を習いはじめ、良安も最初象山から漢学を習ったが、後に藩主真田幸貫は別人を選んで良安に漢学を授け、象山は洋学に集中することができた。良安は後に金沢藩侯の侍医、幕府の蕃書調所教授手伝となり、明治以後、金沢藩医学校創設にも携わった（『国史大辞典』デジタル「黒川良安」事項参照）。

(34)「此節カステレインと申書の土類の吟味に係り候所を、日々三枚位宛読候て受口授候。」（「山寺源大夫に贈る」、弘化元年七月七日、『全集』巻三、二五九頁）という書簡の記述から、象山は良安から土性のことについて学んだことがわかる。なお、黒川の口授による学習は、象山の蘭書研究の最初ともなる。象山の良安につき洋学学習の詳細については、板垣英治「黒川良安の佐久間象山への蘭学の教授」（『北陸医史』三七、北陸医学史同好会、二〇一五年）を参照されたい。

(35)「久しく旱にて山坡等滋潤の気薄く、亀拆縦横、土脈解綻し居り候所へ、一旦の暴雨にて水潦流れ入候に付、土壌粘り合候に及ばず、崩れ出し候ものと被存候。左候へば、其理は固より怪むに足らずと奉存候。但春先より旱にも無之時に、好雨を得候て土脈粘合し居り候はば、一夕の好雨は物かは浹旬の霖雨にも容易に崩潰仕べき義は有御座まじく候。」（「天変地妖につき治者たるもの警醒すべきを陳ずる案」、六〇頁）とある。

(36)「天変地妖につき治者たるもの警醒すべきを陳ずる案」、六〇頁。

(37) 同前。
(38) 嘉永五年（一八五二）一一月幕府宛の上書のなかで、象山は「門人共多勢御座候て、（筆者注：砲卦の）伝写も行き届き兼候、其為の板行仕度、去月中昌平学問所へ改受申度差出し置候所、日数相立候へ共只今に不相済、迷惑奉存候。」（「砲卦板行に付許可を促し万一差支あらば門人限り印刷配布を許さるまじきやを伺ふ書」、『全集』巻二上書、一二三頁）と述べ、門人が大勢いて伝写の形では様にならないため、刊行の希望を出している。また、要望が却下された後の翌年四月にも、「阿部伊勢守様御渡に相成候御書付、拙者砲卦上木之義無用可仕旨、不及是非奉存候。」（「砲卦板行不許可の指令に接し更に門人に限り伝書として与ふべく之を寛容あらんことを幕府に乞ふ書」、『全集』巻二上書、一二四頁）と象山はふたたび幕府に上書したが、刊行不可の結果を認めざるをえなかった。
(39)「跋贈勝義邦砲卦」、『全集』巻一文稿題跋類、七五頁。
(40)『砲卦』、嘉永五年一〇月、『全集』巻一砲卦、三頁。
(41)「易」に関する概念の解説は、『易経（上）』（高田真治・後藤基巳訳、岩波文庫、一九六九年）「解説（二、易の成立）」に基づいている。
(42) 睽卦、兌（☱）下離（☲）上。睽卦の「象」をみれば、たとえば「象曰、上火下沢睽。君子以同而異。」とあるように、「離火は炎上し兌沢は潤下して、上下そむきあう卦象に取る」、「君子はその志す目的は同じでも、それぞれの行動はかならずしも同じではないのである」（「睽卦」、『易経（下）』、五二頁）というもので、睽卦は基本的に「そむきあう」を表す卦である。なお、爻についての具体的な解説は後述に譲る。
(43)「贈片山西洲」、『全集』巻一浄稿序、五二頁。
(44) 爻とは卦を成す算木のことで、陰爻（⚋）を六、陽爻（⚊）を九と称する。また、卦中の爻を下より上にむかって数えると、最下の爻を陽ならば初九、陰ならば初六といい、それより上は順次に、九二・六二、九三・六三、九四・六四、九五・六五、最上の爻を上九・上六という。陰陽の位とは、陽奇陰偶の理に基づいて、初・三・五を陽位、二・四・上を陰位とすることである（『易経（上）』「解説（四、易の用語）」参照）。
(45)『砲卦』、七〜八頁。
(46) ここでの「伝」は象山による解説の項目である。砲卦の体例について、象山は「易中直以物為卦名、而繋詞者二焉。曰井、曰鼎。今用其例。姑以睽為砲卦、而別繋之詞。更作伝義以発其意。」（『砲卦』、三頁）と記述している。

(47)『易経』「睽卦」の彖辞では「彖曰、睽、火動而上、沢動而下。二女同居、其志不同行。説而麗乎明、柔進而上行、得中而応乎剛。是以小事吉。（彖に曰く、睽は、火が動きて上り、沢動きて下る。二女同居して、その志は行ないを同じくせず。説《よろこ》びて明に麗《つ》き、柔進みて上行し、中を得て剛に応ず。ここをもって小事に吉なるなり。）」とあり、「睽は火（離）が動いてのぼり、沢（兌）が動いてくだる象、また二女（離・兌）が同居して、しかもその志向を同じくしない象。よろこんで（兌）明につき（離）、柔（六五）が進んで上行し、中位を得て剛（九二）に応ずる。従って大きい事を行なうことはできぬが、小事には吉なのである」（「睽卦」、『易経（下）』、五二頁）とある。

(48)『砲卦』、八頁。

(49)『砲卦』、一三頁。

(50)『砲卦』、四～五頁。

(51) 砲卦のほか各爻は九二から順次、九二（⚊）・六三（⚋）・九四（⚊）・六五（⚋）・上九（⚊）となっており、九は陽爻（⚊）で六は陰爻（⚋）であり、初・三・五は陽位、二・四・上は陰位となるため、すべて一致しないことがわかる。

(52) 象山のこの一句は「天地之大徳曰生、聖人之大宝曰位。何以守位、曰仁。何以聚人、曰財。理財正辞、禁民為非、曰義。」（「周易繫辞下伝」、『易経』（下）、二五一頁）に基づいている。

(53)「跋自書砲卦」、安政元年三月、『全集』巻一浄稿題跋、二〇三頁。

(54) 小池氏は『砲卦』を単に象山が演砲の不首尾を弁解するために書いたもので、ただ砲の「危険性」に「世人の注意を喚起」する「啓蒙」の著作であると評している（小池喜明「幕末における「理」の変容――佐久間象山の場合」、同『攘夷と伝統――その思想史的考察』ぺりかん社、一九八五年）。

(55) 内藤氏も『砲卦』に注目し、象山における「砲術を扱う際の主体」の問題を問わなければならないと注目しているが、残念なことに氏はこれ以上触れておらず、象山においては「技術に限定されない政治的知が「易」を通して描かれて」おり、「「西洋芸術」をいかに活用するのかが「易」によって問われている」と述べるにとどまる（内藤辰郎「幕末儒学における佐久間象山の思想」、衣笠安喜編『近世思想史研究の現在』思文閣、一九九五年）。

(56) 安政元年（一八五四）三月二七日、吉田松陰は友人の金子重輔とともに、日米和親条約の締結のために来日して下田沖に碇泊している米艦に近づき、世界を見聞したいとの願望をペリー提督に伝え、海外渡航を頼もうとしたが、結局ペリーに断られ、密航は失敗に終わった。松陰ら二人は下田奉行所に自首し、検問される際に荷物のなかから師の象山から送られた励ましの漢詩が発見され、それにより象山は連坐され、江戸に半年ほど投獄された後、松代藩で九年間蟄居を命じられていた。なお、吉田松陰の下田密航の詳細については、陶徳民『松陰とペリー：下田密航をめぐる多言語的考察』（関西大学出版部、二〇二〇年）を参照されたい。

(57)「省諐録」、五頁。

(58)「予年二十以後、乃知匹夫有繫一国。三十以後、乃知有繫天下。四十以後、乃知有繫五世界。（予、年二十以後は、乃ち匹夫も一国に繫ること有るを知る。三十以後は、乃ち天下に繫ること有るを知る。四十以後は、乃ち五世界に繫ること有るを知る。）」（「省諐録」、二一頁）とある。

(59)「題孔夫子画像」、安政四年春、『全集』巻一文稿題跋類、七七～七八頁。

(60)同注（26）。

(61)「増訂和蘭語彙序」、嘉永二年八月、『全集』巻一浄稿序、六二頁

(62)「贈永山生」、『全集』巻一浄稿序、五一頁。

(63)「竹村金吾に贈る」、嘉永三年一〇月二一日、『全集』巻三、六〇七頁。

(64)同注（61）。

(65)胡瑗（九九三～一〇五九）、北宋の思想家、教育者。字翼之、安定先生と敬称される。孫復、石介とともに斬新な教育を展開し、「宋初の三先生」の一人に数えられる。とくに「明体達用」の教育理念は有名で、程頤などを育てた（『世界人名大辞典』デジタル「胡瑗」事項参照）。

(66)「先公手沢太宰府都府楼瓦硯記」、『全集』巻一浄稿記、三三頁。

(67)同注（62）。

(68)「贈永山生」、五一～五二頁。

(69)この点については、第七章にて詳細に検討する。

(70)「時政に関する幕府宛上書稿」、三一一～三一二頁。

(71)『四書集注』（『朱子全書』第六冊）「大学章句」、二〇頁。

（72）同前。

（73）庶民の教導についても、象山は「其教へ導き候筋は、孔孟の正道を和げ諭し、悪事をせざる様に致し、農工商賈にても、其才発のものには、別に先窮理の初歩を教へ、其才に応じ諸学科を治めさせ候様に仕り、大に天下刑人の数を減じ、有用の工芸追々興り候様相成候はば、天下の御有益少からず奉存候。」（「時政に関する幕府宛上書稿」、三一二頁）と述べているが、ここの「窮理の初歩」について、やはり「窮理」のみを指していると理解するのは不適切で、「窮理」と「居敬」とが表裏一体の関係にあるということも、朱子学の学問方法としての基礎知識となろう。

（74）吉田忠氏によれば、江戸時代では「科学」にあたる言葉として「窮理」が使用され、西洋伝来の科学が「窮理」「窮理学」と称せられ、とくに蘭学においていちじるしいという。氏は杉田玄白「和蘭実測究理の事共は驚き入りしことばかり」（「蘭学事始」）や三浦梅園「西洋の学畢竟窮理の学也。（中略）此窮理の字も性の字も宋儒の所謂と同じきにも非ざれども、西洋の学は能くものの理を推し極め物の性を尽す」（「帰山録」）など数多くの事例を挙げながら、日本最初の蘭日辞書『ハルマ和解』では、オランダ語の natuurkunde（natuur 自然＋ kunde 学）を「窮理学」と訳していることにも注目している（吉田忠「江戸時代の科学思想――科学知識の継受」、『日本思想史講座　近世』ぺりかん社、二〇一二年）。そもそも「格物窮理」を用いて西洋の「哲学」や実証的な諸学問を理解するという捉え方は、中国の明末清初、マテオ・リッチ（利瑪竇）をはじめとするイエズズ会士たちの著訳書にすでにみられるもので、「実証諸学を意味するタームとして、格物窮理や格致の語が当時かなり広く用いられていた」（吾妻重二『朱子学の新研究』創文社、二〇〇四年、第三篇第二章「格物窮理のゆくえ――朱熹以後における二つの方向」、三九〇頁）。また、一九世紀後半期の清末中国では、西洋近代科学はもっぱら「格物学」や「格致学」と呼ばれていた。

（75）象山の「東洋道徳、西洋芸術」論に関する最新の研究論文でも、「象山のような「格物窮理」に基づく科学的解釈（「実験的科学を奨励」）をするような「理」の概念の「解釈の革新」あるいは「解釈の創造」は、朱子学の世界においては全く認められてはいなかった」や、「幕末期の日本で朱子学における一元的な「理」の概念をもって西洋科学を理解し取り込もうとする理論を展開した数少ない事例とされるのが、「東洋道徳・西洋芸術」思想を提唱した佐久間象山であった」（坂本保富「「東洋道徳・西洋芸術」思想の構造と特質――佐久間象山の東西学術を統合した思想世界」、『平成法政研究』二八（一）、平成国際大学法政学会、二〇二三年、一六三頁）と論述されているように、依然として象山における「格物窮理」を一方的に評価し、それを象山の最大の特徴としている。また、前掲吉田忠氏は洋学の視点より「窮理と西洋科学との同一視の典型例は佐久間象山であろう」（吉田忠前掲論文）と指摘しているが、象山における「窮理」は外面にある「物」の理だけでなく、内面の「心」の理をも対象としている点は、すでに本書の第一章で考察したところである。

第三章　佐久間象山における琴学の全体像

はじめに

象山は、朱子学の学習において、理気二元論や心性修養論をはじめとするいわゆる哲学的な面のみならず、朱熹の『家礼』や『琴律考』などに代表されるような、儒教儀礼や礼楽思想も含めた朱子学全般に対して関心をもっていた。音楽学習に関する活動としては、象山は中国から渡来した七絃琴を実際に習っていた。琴を弾くだけではなく、彼は琴学について著述や編纂活動もしており、また、『礼記』「楽記」篇に基づいて「楽」と「心」、「楽」と「礼」、そして「礼楽」思想と政治とのつながりについても説いている。

七絃琴は「徽」と呼ばれる音程を測るための印が一三あり、左手で絃を押さえながら右手で弾く楽器である。中国では「右書左琴」といわれるほど君子の修養上欠いてはならない楽器であり、楽器中においてもっとも高尚なものとされている。(1)日本に渡来したのは奈良時代といわれ、平安中期より廃れたが、江戸初期に明の東皐心越禅師(2)によって再興され、人見竹洞(3)や荻生徂徠（一六六六〜一七二八）をはじめ、儒者や文人を中心に伝承されていた。

象山の琴学に関連する先行研究としてはつぎの二点が挙げられる。一つは土屋正晴氏[4]による象山と彼の琴の師であった活文禅師（一七七五～一八四五）との交遊を中心に検討したものであり、もう一つは岸辺成雄氏[5]『江戸時代の琴士物語』のなかにある象山の琴学に関する記述である。土屋氏は象山と活文禅師との親交に限って検討し、象山の琴学そのものではなく、活文禅師との交流が象山の生涯にいかなる影響を与えていたのかについて考察している。岸辺氏は江戸時代から明治初期にかけて日本に存在していた琴士をすべて考証し、その系譜を明らかにし、日本国内所蔵の琴についても実地調査を行っている。できるかぎり多くの琴士を網羅して考察しているため、象山の琴学については断片的に言及する程度である。したがって、これまで象山の琴学は本格的に研究されているとはいえず、いまだ不明な点が多い。

そこで、本章では象山における琴学の習得状況を考察したうえで、彼の琴学に関する著述と琴学資料の蒐集活動を検討し、また、琴学から象山の礼楽思想について論じることとする。このような考察を通して、象山における琴学の全体像を明らかにする。

一　象山における琴学の習得

1　象山の琴学師承関係

象山の琴学の師にあたる人物は禅僧の活文と旗本の仁木三岳の二人である。仁木三岳については『象山全集』において天保四年（一八三三）に象山が第一次江戸遊学をした際に、漢詩人梁川星巌[6]の紹介で仁木三岳に入門したこと、仁木三岳から琴の秘譜を受けたこと、また梁川星巌の紹介で琴士の野村香雪と知り合って、香雪所持の古琴を鑑定したことなどが記述されており、これまでの研究においても言及されている。(7) しかし、象山の琴学の師という点についてはこれまで見逃されていたところがあるため、ここであらためて考察したい。

象山の最初の琴の師は、上田地域に隠居していた禅僧活文であった。しかし、活文禅師から琴を学んだが、象山は活文を自分の琴の先生であるというよりは中国語の先生であると意識していたと考えられる。(8) それはまず象山の「鳳山禅師文稿序」という序文から推測できる。天保元年（一八三〇）、象山が活文禅師を訪問した際に、活文から自作の文稿三巻が示され、その文稿に序文を作成することを頼まれる。象山は序文を作成し、そのなかで「鳳山禅師、吾華音之師也。（中略）昔者寓居于長崎、与清客陳氏之徒交。妙通華音、又善鼓琴。可謂偉人矣。（鳳山禅師は、吾が華音の師なり。（中略）昔者《むかし》長崎に寓居し、清客の陳氏の徒らと交わる。華音に妙通し、又た鼓琴を善くす。偉人と謂うべし。）(9)」と記述し、活文禅師が弾琴に長ずることを記しているものの、活文禅師と自分との関係については「吾が華音（中国語）の師」とのみ述べていることがわかる。

象山におけるこのような意識は彼の「東遊紀行」からもうかがえる。天保一〇年（一八三九）すでに仁木三岳に入門して琴の秘譜まで受けた象山は、第二次江戸遊学のために松代から江戸へ赴く途中、上田にある活文の草庵に立ち寄り、活文や諸友と交流した。その際に書いた「東遊紀行」のなかで、活文について象山は、「文師字鳳山、別号竹菴。鼓琴善華音、隠於上田城南之常田村。予嘗学華音於師、最蒙愛遇。是夕、投宿其廬、師大喜。（文師、字は鳳山、別号は竹菴なり。琴を鼓《かな》で華音を善くし、上田城南の常田村に隠す。予嘗て華音を師に学び、最も愛遇を蒙る。是の夕、其の廬に投宿し、師大いに喜ぶ。）(10)」と記述している。つまり、天保元年の序文と同じように、ここで活文について象山は中国語を学んだことだけを記している。

象山が活文に対して自分の琴の先生であるという意識が薄い点は、彼の『琴録』編纂からも確認できる。象山は第二次江戸遊学の前年の天保九年（一八三八）に『琴録』一〇篇三冊を編纂した。編纂の詳細については後述に譲るが、ここで象山は『琴録』編纂のことを仁木三岳に報告したのに対して、活文には報告しなかったことが注目される。このことについて、象山は仁木三岳の死後に書いた碑文のなかでつぎのように述べている。

> 後四年、再遊於江都、即日往造之。先生喜執啓臂曰、吾又見子、殆将忘食矣。啓在郷日、考訂琴説、著書十篇、名曰琴録。便挙其要以質焉。先生又喜曰、子之新功、可謂不負四年之別也。[11]
>
> 後四年、再び江都に遊び、即日往きて之に造《いた》る。先生喜びて啓《わたくし》の臂を執りて曰く、吾又た子《なんじ》を見、殆ど将に食を忘れんとす、と。啓、郷に在るの日、琴説を考訂し、書十篇を著し、名づけて琴録と曰う。便ち其の要を挙げて以て焉《こ》れを質す。先生又た喜びて曰く、子の新功、四年の別に負かずと謂うべきなり、と。

　ここから、象山は第一次江戸遊学後の帰藩中に琴に関する諸説を考察・訂正して『琴録』を編纂し、第二次江戸遊学時に江戸に着くと、師の仁木三岳を訪問して編纂した『琴録』を呈示し、三岳に称賛されていたことがわかる。しかし、前述したように象山は江戸に赴く途中、活文の草庵に立ち寄り交流し、「東遊紀行」を書き残していた。にもかかわらず、彼は「東遊紀行」のなかで『琴録』について一言も触れていない。この点は象山が江戸に着いてすぐに仁木三岳を訪問して『琴録』をみせたことと好対照をなしている。つまり、象山は仁木三岳に対しては自分の琴の先生であると意識し、いち早く自分の琴学に関する業績を師にみせて認めてもらったのに対して、活文に対しては琴学の関係で交流しようという意識が弱いといえよう。象山は、活文禅師との交流、さらに活文の草庵で知り合った人々との交流においては、詩文や学問を内容としたものが圧倒的に多く、活文禅師について琴を学んだ実態の具体的記録や活文門下のほかの琴士との交流についての記録が見当たらないことからもこのことがうかがえるのである。[12]

2　琴士としての自覚

活文は隠居生活を送っている禅僧であったが、旗本の仁木三岳は「江戸時代琴楽の祖、東皐禅師の琴譜の五十数曲をほとんど弾じた[13]」といわれるほど、琴学の集大成者といえる人物である。象山も三岳に入門後、友人宛の書簡のなかで、「亦余程名曲も多く、以前学び候とは懸絶に御座候。[14]」とまでいい、活文禅師門下での琴学習得とは違っていたことを実感していたのである。象山が仁木三岳を自分の琴学の師であると意識し、三岳から三二曲の「琴曲伝来」書を与えられたことによって、彼は琴を単なる趣味として習っていただけではなく、自分自身を一人の琴士として、東皐心越禅師をはじめとする江戸時代琴学の系統を引いていると自認する心境に至ったと思われる。

この点は象山が心越禅師を祭る一事にも反映されている。江戸後期になると、琴士の間に東皐心越を祭るための琴会が開催されていた。岸辺氏の研究によれば、これらの琴会は心越禅師の祭日にあたる九月に行われ、参加者は香火を設け、一人一曲ずつ弾琴するというかたちで心越禅師を祭り、心越禅師の肖像画を掲げてそれに面して琴を弾く場合もあった。[15] 象山がこれらの琴会に参加した記録は残っていないものの、彼には「祭心越禅師文（心越禅師を祭る文）」という作が残っている。この作によれば、心越禅師が日本で廃れた琴を再興した功績に象山は感心し、追悼の念を尽くすために、心越禅師の肖像画を掲げて（「掲遺影」）、自ら琴を弾く（「我拂朱絃」）ことを通して心越禅師を偲び、さらにこの哀悼と祭祀を心越禅師祭日の秋に行っていたことがわかる。[16] つまり、象山はプロの琴士らによる各地の琴会と同じ形式で心越禅師を祭っていたのである。

また、象山はほかの琴士と同じように自ら琴を製作していた（象山自製七絃琴は巻頭口絵参照）。江戸時代の琴士のなかには琴を実際に製作した人が少なくない。心越禅師の「正伝」系統に属す浦上玉堂（一七四五～一八二〇）とその門人である児島百一（一七七八～一八三五）が琴の多作家として知られている。[17]象山も実際に七絃琴を自ら製作し、岸辺氏の研究によれば合計三張を作ったという。そのうちの一張について象山は、「先達中相願候手製之琴、此度御取戻良便に附し御送被下、千万感銘不知所謝奉存候。此琴手製にて格別宜しくも無之候得共、先年筑摩河原にて敗舟の材を獲、かの軽野の事など存じ合せ、古法に依り候て製作候ものに付、俗間に沈淪候も可惜事に存じ、御苦悩をも相願候処、偏に御厚情にて此器本主に帰り、大慶不過之候。[18]」と記述し、千曲川の川船の廃材で古の作法に従って一張の琴を手作りし、その琴が何らかの事情により手元を離れたため、琴が「俗間に沈淪」するのを惜しんで、同じ松代藩士の小林柔介に頼んで琴を取り戻してもらったということが読み取れる。

これらのことから、象山は明確に自分を一人の琴士として自覚していることがわかる。そもそも江戸時代において琴士の身分と職業はさまざまであり、儒者や僧侶のような「琴」に馴染みやすい人に限らず、実際大名や武家のなかにも琴士がいた。ただし、一般的に大名や武士のほうは琴を単なる一つの趣味にとどめる人が多い。[19]それに対して、象山は琴を単なる文人趣味として嗜むだけでなく、自分は一人の琴士であると自認していたのである。この琴士としての自覚が、後に象山が『琴録』を編纂する立脚点にもなったのではないかと推測される。

二　象山における琴学資料の蒐集と『琴録』の編纂

1　象山の琴学蔵書

ここでは、筆者が調査した長野県真田宝物館所蔵の「近山家旧蔵佐久間象山関係資料」のなかにある象山の琴学蔵書三種を通して、象山がいかなる琴学資料を蒐集していたのかをみることとする。

〈1〉 **象山自筆とされる『古琴辨』の筆写本**[20]

「古琴辨」はそもそも宋の趙希鵠[21]が編纂した『洞天清録』のなかにある古琴に関する部分である。象山はかつて琴士の野村香雪に依頼されて、香雪所持の古琴を鑑定したことがある。この「古琴辨」は象山の古琴鑑定の知識源の一つとして考えられよう。

〈2〉 **『春渚紀聞』巻八の筆写本**[22]

これは宋の何薳[23]が編纂した『春渚紀聞』巻八の「雑書琴事」から抜粋・筆写されたものである。「辨広陵散」、「六琴説」、「古琴品飾」、「古声遺製」、「叔夜有道之士」、「明皇好悪」、「蔡嵆琴賦」、「撃琴」、「有道」、「聞弦賞音」、「琴趣」、「焦尾」、「雷琴四田八日」の短編より構成されており、おもに古曲に関する考証、古琴や琴士名人の逸事、琴曲の鑑賞などに関する内容である。ここで注意したいのは、本来『春渚紀聞』巻八の「雑書琴事」は、琴に関する雑説のみならず、最後に「墨」に関する記述も付されていることである。しかし、象山の筆写本では「墨」の内容の部分が省略されて「琴」の部分のみが採録されている。版本伝来の問題もあるため厳密にはいえないが、象山が意図的に「琴」関係の内容のみを筆写した可能性もなくはない。つまり、象山は『琴録』の編纂のために文献を蒐集し、「琴」を意識したうえで筆写したため、「墨」の部分を捨象したことも考えられる。

〈3〉 **「和旋律の表」**[24]

この資料は音律に関する図を載せた縦綴り六丁のものである。真田宝物館の収蔵品目録では「日本の音楽に関するものか」となっているが、実際は唐の武則天の勅命により編纂された『楽書要録[25]』巻六の律呂に関する図の抜粋である。後述するように、象山は特別に律呂を重視しており、この意味においてこの『楽書要録』の抜粋は象山の楽理知識の情報源として重要な位置を占めているといえよう。

2　『琴録』の編纂

天保九年（一八三八）象山は『琴録』一〇篇三冊を編纂した。本節においては、象山における琴学の全体像を知るために、彼が『琴録』を編纂した意図や『琴録』の篇構成について概説するだけにし、『琴録』に関する詳細な検討は次章に譲る。

『琴録』の編纂意図について、象山は友人の山寺源大夫宛の書簡のなかにおいて、「御承知之通、琴家は彼我共風韻を専と致し候事故、蕭散閑遠之致を宗とし、音律の事は多分粗略に致候。今之世古楽之彷彿を可窺もの、琴に踰候は無之候所、夫を唯風流家の玩物に致置候事遺憾に候故[26]」と述べている。すなわち、象山は当今の琴士たちが「琴」を単なる趣味として楽しみ、音律をおろそかにし、琴を通して古楽の様子を探ることができず、「琴」はただ「風流家の玩物」となったことを遺憾至極に感じ、そこで『琴録』を編纂したという心境を表明している。

『琴録』の内容については、象山は『琴録』の序文のなかで、「講誦之暇、竊取経伝及諸子史雑書所載。有係於琴者、類別條疏、以為此録。（講誦の暇、竊かに経伝及び諸子史雑書の載する所を取る。琴に係る者有れば、類別條疏し、以て此の録を為す。[27]）」と説いており、経や伝をはじめ、諸子・史書・雑書をも参考にして広い範囲で「琴」に関連する論述を選択・抜粋したうえで、それを分類し箇条書きをする方法で『琴録』を編纂したと記述している。同じ山寺源大夫宛の別の書簡のなかにおいても象山は、「近来琴書一部致拙著候が早速其内に補入可仕難有奉存候（中略）管子之絃度、淮南子、司馬氏之楽書等祖述致し、原体声律度調理致訣記之十門を分ち編次仕候得共、僻境書に乏敷、意に不満事勝に御座候、併校正之上浄写いたし候はゞ可供電矚候。[28]」と書いており、『琴録』を編纂する際に参考した「琴」関係の典籍の具体例として、『管子』や『淮南子』、司馬遷『史記』の「楽書」を挙げている。そして、編纂する際に『琴録』を「原・体・声・律・度・調・理・致・訣・記」の一〇篇に分けたことがわかる。

この一〇篇の関係について、象山は『琴録』の「後序」のなかでつぎのように示している。

凡物之興、無不有其原。故首之以琴原。物生焉、必有体。故次之以琴体。有体者必有用。故次之以琴声。声者琴之用也。用之行不可無法。故次之以琴律。律各有分度、故次之以琴度。物度、然後可和也。故次之以琴調。調而翫之、可以観其理焉。故次之以琴理。観其理矣、而後其致可楽也。故次之以琴致。得致必在知要。故次之以琴訣。載要訣者、莫若記籍。故次之以琴記終焉。（中略）十者備矣、然後可以言琴。[29]

凡そ物の興る、其の原有らざること無し。故に之れを首むるに琴原を以てす。物焉こに生ずれば、必ず体有り。故に之れに次ぐに琴体を以てす。体有る者は必ず用有り。故に之れに次ぐに琴声を以てす。声は琴の用なり。用の行わるるは法無かるべからず。故に之れに次ぐに琴律を以てす。律には各《おのおの》分度有り。故に之れに次ぐに琴度を以てす。物度《はか》りて、然る後に和すべきなり。故に之れに次ぐに琴調を以てす。調えて之れを翫すれば、以て其の理を観るべし。故に之れに次ぐに琴理を以てす。其の理を観て、而る後に其の致楽しむべきなり。故に之れに次ぐに琴致を以てす。致を得ることは必ず要を知るに在り。故に之れに次ぐに琴訣を以てす。要訣を載する者は、籍を記すに若くは莫し。故に之れに次ぐに琴記を以て焉れを終う。（中略）十者備わりて、然る後に以て琴を言《かた》るべし。

すなわち、物が新たに生ずるにはそれなりの「もと」があるため「琴原」を首とし、物が生ずれば「体」ができるため「琴体」をそのつぎとし、「体」があればかならず「用」もあるためそのつぎに「琴」の「用」として

「琴声」を挙げる。「琴声」を行うためにはそれなりの規則を知らなければならないため、「琴律」をそのつぎとし、さらに「律」の「分度（どあい）」としては「琴度」、「度」の和順した効果としては「琴調」をそれぞれ順番に挙げる。「琴」を翫《がん》すれば（味わえば）「琴」の「理」を知ることができて、そして「琴理」を知ってはじめて「琴」の「興致」（おもむき）を楽しめるようになり、「琴」を楽しむためには弾琴の「要訣」があり、その要訣を記録したものはほかならぬ琴関係の典籍である。象山においてこの一〇篇の内容が揃ってはじめて、「琴」について語ることができるのである。

三　琴学からみる象山の礼楽思想

1　象山の「琴理」——中国礼楽思想の継承

「楽」について、象山は「古者教法、六芸不可闕一。而移風易俗、以善民心、楽之教最為急焉。（古者《いにしえ》の教法、六芸一も闕くべからず。而れども風を移し俗を易え、以て民心を善くするは、楽の教へ最も急と為す。）(30)」と述べている。象山において、「楽」は古から「六芸」の一つとして欠いてはならない存在であり、とりわけ社会の風俗をよくし、民心をよい方向に導くには「楽」の教えはもっとも率先して行うべきものである。象山のこの「楽」に対する捉え方は、中国の礼楽思想を継承したものであることはいうまでもない。つまり、「楽」は単なる技芸や娯楽の一つだけではなく、人心を感化する効果があり、政治的効果も期待されるものである。

しかし、「遭秦焚書、楽経先亡。漢晋諸儒、掇拾煨燼、摸倣形迹、器数失真、大雅絶響。其遺声之存于今者、惟琴而已矣。（秦の焚書に遭い、楽経先に亡ぶ。漢晋の諸儒、煨燼《わいじん》を掇拾《てっしゅう》し、形迹を摸倣するも、器数真を失い、大雅響きを絶つ。其の遺声の今に存する者は、惟だ琴のみ。[31]」と象山が述べているように、始皇帝の焚書で『楽経』が失伝されて以来古楽の様子がわからなくなり、漢晋の儒者が古楽の復元に努力したがその真髄をえられず、当今において古楽の精神を表現できるのは、ただ「琴」のみであると彼は指摘している。したがって、象山は「琴」を「衆楽之統」として認め、「琴」を単なる一つの技芸として楽しむにとどまらず、「琴」を通して真の古楽の精神を守ろうとしているのである。

「琴」により体現されたこの古楽の精神は、象山においてはほかならぬ「琴理」そのものである。彼は「琴賦」のなかにおいて、つぎのように説いている。

通于神明、協乎四気。潔静而盪邪、中和而養志。夫妻以至、燕饗以成、祭祀以備。天下棄之則淫、尚之則治。（中略）楽之統也、器之重也、人心待之而後能正也。天下待之而後有慶也。純古澹泊而至美也。夫是之謂琴理。[32]

神明に通じ、四気に協う。潔静にして邪を盪《あら》い、中和にして志を養う。夫妻以て至り、燕饗以て成り、祭祀以て備わる。天下之れを棄つれば則ち淫れ、之れを尚べば則ち治まる。（中略）楽の統《す》ぶるなり、器の重《おも》んずるなり。人心之れを待ちて而る後に能く正さるるなり。天下之れを待ちて而る後に慶有るなり。純古澹泊にして至美なり。夫れ是れを之れ琴理と謂う。

すなわち、「琴」は神明に通じて春夏秋冬四時の気に適う楽器であり、その性質が「潔静」で邪気を払うことができ、その音が調和していて志を養うことができる。このように人心を正しく導き、心を修めて気質をよくするという個人修養上の効果だけではなく、「琴」を通じて夫婦が成り立ち、燕饗ができあがり、祭祀が万端よくなるとあるように、婚礼、郷飲酒、祭祀の儀礼に「琴」で演奏された「楽」が欠けてはならず、「礼」が正しく行われるためには同時にそれに符合した「楽」が必要となり、「琴」の礼楽的役割が期待されるものである。もちろん、

「琴」の礼楽的役割を通じてまた「人心」が正され、「天下」が治まるという政治的役割も望まれることはいうまでもない。象山はまさにこのような「琴」の礼楽的・政治的役割を「琴理」として捉えていたのである。

ここで前述した象山が編纂した『琴録』の「琴理」篇の位置を想起したい。つまり、象山において「琴致」「琴訣」「琴記」は「琴理」のつぎにあるべきもので、要は琴を楽しむ趣味や弾琴の要訣、琴に関する記録・逸事は「琴理」を明らかにしたうえで臨むべきものなのである。しかし、かかる大事な「琴理」さえ、『琴録』においては「琴」の「声・律・度・調」という「律呂」（音律）関係四篇のつぎに編纂されているのである。要するに、『琴録』各篇の順序自体も象山の琴学思想そのものを反映するもので、「琴原」「琴体」のような「琴」の存在自体を打ち出すために最初に述べるもの以外、象山がもっとも重視するのは「律呂」ではないかということがうかがえる。

2　律呂重視の意味

日本における琴学の伝来について、象山はつぎのように考えている。

我朝中葉以後、伶官失職、譜録湮没。古器雖存、声歌無用。迨寛文中、明僧心越氏者帰化、始能興起廃墜、琴道復行於世。然其所伝、又皆騒人墨士之技。而定声苟簡、高下無節。是以学者徒務布爪之巧、而争以蕭散清雅為高。其於古人定律精微之法、概乎未有討究。則其間亦有稍渉於楽律之論而紀述焉者。率咸因仍簡陋、無足取也。嗟乎、彼好新声以助欲者、固已不足言、其覚非而求古者、亦猶如是、則大雅之音、其終不可以明於世也歟。(33)

我が朝中葉以後、伶官職を失い、譜録湮没せらる。古器存すと雖も、声歌用うること無し。寛文中に迨り、明僧心越氏なる者帰化し、始めて能く廃墜を興起し、琴道復た世に行わる。然るに其の伝うる所は、又た皆な騒人墨士の技なり。而して声を定むること苟簡《こうかん》にして、高下節無し。是こを以て学ぶ者徒《ただ》に爪を布くの巧みに務むるのみにして、争うに蕭散清雅を以て高しと為す。其の古人の定律精微の法に於いては、概にして未だ討究有らず。則ち其の間亦た稍《やや》楽律の論に渉りて焉れを紀述する者有り。率ね咸因仍簡陋《みないんじょうかんろう》にして、取るに足る無きなり。嗟乎《ああ》、彼の新声を好みて以て欲を助くる者は、固より已に言うに足らず、其の非を覚りて古を求むる者も、亦た猶お是くの如ければ、則ち大雅の音、其れ終に以て世に明らかなるべからざるか。

すなわち、心越禅師来日以前は物としての「琴」があっただけで琴曲が伝わらず、心越禅師の帰化にしたがって廃れた「琴道」はふたたび復活したが、文人墨客が楽しむ技芸としての「琴」だけが伝わるようになり、声・調・律を定めることがなおざりにされたため、琴の学習者はひたすら弾琴の技術に務め、清雅の情調を演出することばかりを追求している。古人の「定律精微の法」がまともに研究されておらず、楽律の論述もわずかにあるもので、変わりばえのしない簡略で粗陋なものが多くて取るに足りない。このままでは世の中では「大雅の音」の再興が期待できない。

心越禅師が伝えたのは技芸としての「琴」であるのに対して、象山は自分の琴学の志については、「師風流文雅、弾琴尤優。後之学者多宗之。予亦嘗伝其譜。但師所伝、騒人墨士之技。而予則因以審明律呂耳。（師は風流文雅たり、弾琴尤も優る。後の学ぶ者多いに之を宗ぶ。予も亦た嘗て其の譜を伝う。但だ師の伝う所は、騒人墨士の技なり。而して予は則ち因りて以て律呂を審明するのみ。）[34]」と、「律呂を審明」することにあると明白に表明する。これこそ象山が琴学を通して追求したものであり、さらに、象山は「律呂」を基礎教養として「士大夫」にも要求しているのである。彼は『琴録』の序文のなかでつぎのように説いている。

今之士大夫、問以五音六律、莫有能知其説。而不自知其為闕也者亦多矣。（中略）大抵審法制、定度分、協律

呂、正声調、以為之主。（中略）庶幾律呂声調、猶足以知其説。而於古楽移風易俗之意、亦可以得其梗概矣。(35)

今の士大夫、問うに五音六律を以てすれば、能く其の説を知るもの有ること莫し。而して自ら其の闕為るを知らざる者も亦た多し。（中略）大抵法制を審らかにし、度分を定め、律呂に協い、声調を正し、以て之れを主と為る。（中略）律呂声調、猶お以て其の説を知るに足るがごときを庶幾《ねが》う。而して古楽の移風易俗の意に於いて、亦た以て其の梗概を得べし。

すなわち、象山は五音六律の音楽における基礎知識が「士大夫」（武士階級）の基本教養であるべきにもかかわらず、この素養をもっていないことさえ知らない人が多いと考えている。このような思考の出発点によって、象山は『琴録』の編纂に携わるようになるのである。したがって、『琴録』の編纂において象山が主とするのは、度分・律呂・声調をはじめとする楽理知識であり、このような編纂方針を通して、象山が期待するのは「士大夫」に律呂・声調の知識を普及させることであり、古楽の礼楽的役割を梗概でも伝えることなのである。琴を一つの趣味として楽しむよりも、琴を通して表現された律呂・声調の理論を核心とすること、象山においてこれこそ一琴士としての役目であったといえよう。

おわりに

以上、本章では象山における琴学の全体像についてみてきた。象山は単なる一つの趣味として「琴」を習ったのではなく、彼は明確に自分を一人の琴士として自認し、中国の伝統的な礼楽思想を継承し、古楽の精神を守ろうとしていた。象山は漢詩においてもしばしば「琴」の表現を愛用しており、たとえば、三〇歳のときの詩で、

「一張清琴万巻書、従容自適見真腴。（一張の清琴、万巻の書、従容として自適し真腴《しんゆ》を見る。）[36]」と述べ、高雅な趣味を保つ志向を「琴」の表現を通して表明している。また蟄居中（四四歳〜五二歳）の作に、「新篁伝玉色、浅瀬帯琴音。（中略）壮心未全灰、時学梁父吟。（新篁玉色を伝え、浅瀬琴音を帯ぶ。（中略）壮心未だ全くは灰《ほろ》びず、時に梁父の吟を学ぶ。）[37]」とあるように、「琴」は隔離された身の慰め、救済となっていた。このように、象山は琴を学習し、『琴録』を編纂し、自分の礼楽思想を表明するとともに、「琴」によって支えられ、出世意識を持ちつづけていた。「琴」は象山の生涯を通して大切な存在なのであった。

注

（1）七絃琴に関しては上原作和・正道寺康子編著『日本琴学史』（勉誠出版、二〇一六年）概説第一部「琴の文化史」を参考にした。

（2）心越（一六三九〜九六）、明代の曹洞宗の僧、号は東皐、浙江杭州の人。一六七七年長崎に来航、一時幽閉された後に水戸光圀に招かれ、詩文・書画にすぐれ、七絃琴に巧んだ（『日本国語大辞典』デジタル「心越」事項参照）。

（3）人見竹洞（一六三七〜九六）、江戸前期の儒学者、漢詩人、字は時、別号鶴山。林鵞峰に学び、幕府に仕え、詩文・楷書に長じた。著に『君臣言行録』など（『日本国語大辞典』デジタル「人見竹洞」事項参照）。

（4）土屋正晴「佐久間象山論――活文禅師の交流とその展開」（『東洋研究』四七、大東文化大学東洋研究所、一九七七年）。

（5）岸辺成雄『江戸時代の琴士物語』（有隣堂、二〇〇〇年）。

（6）梁川星巌（一七八九〜一八五八）、江戸後期の漢詩人、美濃国（岐阜県）の人。名は孟緯、字は公図、また伯兎、通称新十郎、星巌はその号。妻の紅蘭と足かけ五年に及んで西遊し、各地の名士と交わり、天保三年（一八三二）江戸に玉池吟社を開いた。後に京都で勤王の志士と交わり尊王攘夷を唱えた。著に「星巌集」「春雷余響」

など（『日本国語大辞典』デジタル「梁川星巌」事項参照）。

（7）前掲岸辺成雄『江戸時代の琴士物語』、また、山寺美紀子「藤沢東畡と七絃の琴――その琴系及び弾琴、琴学、琴事の実像について」（『関西大学東西学術研究所紀要』四九、二〇一六年）参照。

（8）活文は松代藩士森久米七の二男として生まれ、字は鳳山、法号は活文、越前の永平寺等に学び、長崎の大徳寺でも修行し、修行中清人の陳景山らについて中国語を学んでいた。帰郷してから信定寺の住職となり、後に隠居し、遷化するまでに禅学や詩文、経文を弟子に教える生活を中心に暮らしていた。琴について活文は江戸で琴学の頭領児玉空々から学んでいたとされている（前掲土屋、岸辺両氏の論述参照）。象山は天保五年（一八三四）に「竹葊文公壽序」のなかにおいては、「予嘗就公於巌門、学華音、受琴操。而其見愛遇太懇也。」（「竹葊文公壽序」、『全集』巻一浄稿序、六八頁）と記述し、活文禅師については中国語とともに、琴も学んだことを記しているが、活文禅師について琴を学んだという記録はここに限る。なお、象山と活文禅師との出会いについて、土屋氏は文政一一年（一八二八）象山一八歳のときとするが、『象山全集』所収の「象山年譜」では、象山と活文禅師に関する記述が天保元年（一八三〇）が初出となっている。

（9）「鳳山禅師文稿序」、『全集』巻一文稿、一三八頁。

（10）「東遊紀行」、『全集』巻二象山先生詩鈔上、九～一〇頁。

（11）「三岳仁木先生碑」、『全集』巻一象山浄稿墓碑、二〇四～二〇五頁。

（12）活文の草庵をめぐる交流の例を挙げてみれば、天保七年（一八三六）象山は初めて活文の草庵で上田藩医の林大輝と出会った際に、「丙申初夏、竹庵師許始見林君大輝。大輝延余致其堂。誼如旧知。及夜、八木上野高瀬絲我諸君、相尋而来。其楽不可言。乃賦詩記事。」（『全集』巻二詩稿、一五頁）という文を作り、活文の草庵で林大輝と知り合ったこと、そして林大輝を通じて上田藩士の八木（八木剛助）らと知り合い、歓談し親交を深めたことを記述している。また、前述した「東遊紀行」のなかで、象山は「是夜、八木山田二兄来会、有致知格物鳶飛魚躍之論。笑言達旦。臨去、用壁間之韻、賦一詩留別子成（後略）」（「東遊紀行」、一〇頁）と記録し、詩文や学問をめぐる交流の実態を記している。

（13）前掲岸辺成雄『江戸時代の琴士物語』、一一頁。

（14）「立田楽水に贈る」、『全集』巻三、三三二頁。

(15) 象山と同時代の琴会は、天保四年（一八三三）児玉空々琴社の高足である山本徳甫が主催した「心越忌辰琴会」と天保一五年（一八四四）僧侶の鳥海雪堂の招待で大阪で行われた「東皐禅師百五〇年忌琴会」が挙げられる。前者については、梁川星巖の詩「心越禅師詩。為山本徳甫賦。徳甫伝師琴法者、以九月晦為師之忌辰設香火、招琴友各弾一曲、歳以為例。」（『梁川星巖全集』第一巻「星巖丙集」巻九、梁川星巖全集刊行会、一九五六年）によれば、心越禅師祭日の九月晦日に弾琴を通じて心越禅師を祭るという形式が以後定例となったことがわかる。後者については、雪堂の門人で泊園書院の開設者でもあった藤沢東畡の「琴会記」によれば、心越禅師の肖像画に面して、四〇人ほどの琴士が弾琴したというやや大規模の琴会であったという（琴会の詳細については、前掲岸辺氏著書、山寺氏論文参照）。ただし、これらの琴会の参加者の名簿が残っていないため、象山が出席したか否かは判断しかねる。
(16) 「祭心越禅師文」には「嗚呼越公。帰我而留兮興此廃音、弘厥伝兮恵後之人。我思公兮不禁、掲遺影兮致悃忱。秋風咽兮鬱問砢之宨林、瀬浅浅兮石鳴、虫啾啾兮哀唫。俯而聴之兮若聞公之琴。道之同兮異方且親、心之契兮曷云幽明之古今。我払朱絃兮写茲心。魂髣髴兮其降臨。」（「祭心越禅師文」、『全集』巻一象山浄稿祭文、一一三頁）と記述されている。
(17) 岸辺氏の考察によれば、浦上玉堂は琴を一三張作り、現存を確認できるのが九張であり、児島百一は「生涯のうちに百一張」の琴を作ることを志して自ら百一の号をつけたとされているが、実際作った琴の数が不明で、そのうち一六張の所在が確認されている（前掲岸辺成雄『江戸時代の琴士物語』）。
(18) 「象山先生寄畏堂七絃琴之翰」（真田宝物館所蔵「近山家旧蔵佐久間象山関係資料」、資料番号：近山52）、同「小林柔助に贈る」（『全集』巻三、四五三頁）。
(19) たとえば、象山と同じ松代藩でも、八代藩主真田幸貫は琴に関心があり、琴を楽しむ趣味として臣下を通じて琴造り師に琴を作らせることもあった（前掲岸辺成雄『江戸時代の琴士物語』）。
(20) 真田宝物館所蔵「近山家旧蔵佐久間象山関係資料」、請求記号：近山27。
(21) 趙希鵠、生没不祥、諸曁の人、嘉定一六年（一二二三）の進士、著に『洞天清録』一巻（李国玲編『宋人伝記資料索引補編』第三冊、四川大学出版社、一九九四年、一六〇七頁参照）。
(22) 真田宝物館所蔵「近山家旧蔵佐久間象山関係資料」、請求記号：近山28。
(23) 何薳（一〇七七～一一四五）、字は子楚、浦城の人、何去非の子、著に『春渚紀聞』（昌彼徳・王徳毅ほか編『宋

人伝記資料索引』第二冊、鼎文書局、一九七四年、一二六七頁参照)。
(24) 真田宝物館所蔵「近山家旧蔵佐久間象山関係資料」、請求記号：近山37F。
(25)『楽書要録』は中国では散逸したが、声・律・調を含んだ楽律理論の専門書であり、現存しているのは巻五、六、七のみである(詳しくは高瀬澄子「『楽書要録』の研究」、東京芸術大学音楽学部楽理科博士論文、二〇〇六年参照)。ただし、象山はどのようにして『楽書要録』を蒐集していたのかについては不明である。
(26)「山寺源大夫に贈る」、『全集』巻三、六一頁。
(27)「琴録序」、『全集』巻一象山浄稿序、八〇頁。
(28) 同注(26)。
(29)「琴録後序」、『全集』巻一象山浄稿序、八〇～八一頁。
(30)「琴録序」、七九頁。
(31) 同前。
(32)「琴賦」、『全集』巻一象山浄稿賦、一六～一七頁。
(33)「琴録序」、七九～八〇頁。
(34)「跋心越禅師金沢八勝詩巻」、『全集』巻一象山浄稿題跋、一七六頁。
(35) 同注(27)。
(36)「都下有人、恵今春所刷印、記都下諸名家字号、与二三子閲之、賤名亦収在其中、戯題三詩。」、『全集』巻二詩稿、八六頁。
(37)「無題三首」、『全集』巻二、象山先生詩鈔下、五五頁。

第四章　佐久間象山における『琴録』の編纂および象山の楽律思想

はじめに

前章では象山における琴学の全体像についてみてきたが、本章においては、これまでまったく研究されてこなかった象山が編纂した『琴録』を取り上げて詳細に検討したい。具体的には、現存する二つの『琴録』の写本情報を整理し、それぞれの写本の特徴を明らかにし、『琴録』の編纂形式と内容についてみたうえで、象山の案語(文章に対してつける注釈や評語のこと)を中心に、彼がいかに琴を通して自分の楽律思想を主張しているのかについて考察する。最後に、象山が編纂した『琴録』が、それまでの琴学著作のなかにおいていかなる特色があり、いかに位置づけられるのかについて、江戸時代における琴学の代表作である荻生徂徠(一六六六〜一七二八)の『琴学大意抄』と対照してみることとする。

一　『琴録』の写本について

1　現存が確認できる『琴録』の写本

〈1〉京都大学附属図書館所蔵『琴録』[2]

京都大学附属図書館所蔵『佐久間象山遺稿』（以下『遺稿』）のなかに『琴録』（以下京大本『琴録』、巻頭口絵参照）が収録されており、四つ目綴の冊子本で、上・中・下の三冊に分かれている。上冊の冒頭に「琴録序」と「琴録後序」が付されており、つづいて「琴原」「琴体」「琴声」「琴律」の四篇が、中冊には「琴度」「琴調」「琴理」「琴致」の四篇が、下冊には「琴訣」「琴記」の二篇が収められている。『琴録』の編纂は、経・伝・子・史・雑書等の中国の典籍から琴や楽律に関連する論述を採録し、典籍の原文をそのまま抜粋して羅列する形式を取っている。そして、「琴声」「琴律」「琴度」「琴調」の四篇と「琴記」の一篇に、「啓曰」というかたちで象山の案語がつけられている。案語以外に、象山自身による解説や注釈はみられない。

この京大本『琴録』は象山の門人である北沢正誠が筆写したものと思われ、本文のなかに墨書校訂されたところがあり、筆跡からみれば、この校訂は正誠によるものではないかと筆者は考える。そして、上冊の「琴律」と中冊の「琴理」の後にともに正誠の案語（「正誠案」）がついており、内容は同じく清朝の考証学者である銭大昕（一七二八～一八〇四）の著作『潜研堂文集』よりの抜粋で、それぞれ「恵士奇伝」のなかにある「琴笛理数考四巻其略云」部分と「江先生永伝」のなかにある「論黄鐘之宮」の部分であり、いずれも「律呂」に関する内容である。そのほか、上冊では本文の上方に付箋がつけられていることがあり、付箋の面に誤字の朱筆校訂が書かれている。このような付箋による誤字の校訂は上冊のみにみられ、中冊と下冊にはみられず、筆跡も本文と違うため、正誠以外の第三者によってつけられたものと考えられる。また、上冊のなかには付紙一枚が挟まれており、「註ノ結如何」と書かれている。

北沢正誠は天保一一年（一八四〇）に生まれた信州松代の藩士であり、真田家の藩士北沢正忠の長子として、正忠の逝去後一〇歳にして家督を継ぎ、文久元年（一八六一）に象山に入門した。正誠は象山から漢学と洋学とを学び、幕末当時において国事に奔走することも多く、儒者の安井息軒（一七九九～一八七六）や塩谷宕陰（一八〇九～六七）らと交流があり、後の明治啓蒙思想家として有名な中村敬宇（一八三二～九一）とも親交があった。元治元年（一八六四）七月に象山が京都で暗殺された後、正誠はその事後処理にあたり、象山の残した資料と遺品を保護した。維新後、正誠は政府の地理寮修史局や外務省、宮内省に勤務し、東京地学協会の設立にかかわるなどを経て、死去したのは明治三四年（一九〇一）、享年六二歳であった。二年後にその遺品が遺族より京都大学附属図書館に譲渡され、「北沢正誠旧蔵資料」となる[3]。

『遺稿』は「北沢正誠旧蔵資料」のなかに入っている史料の一つで、正誠が慶応二年（一八六六）から編著したものである。『遺稿』は四つ目綴の冊子本で一番から二四番まであり（二〇番は欠番）、内容はおもに象山の詩や日記、著作物、上書を中心とし、なかに象山自筆と思われる原稿類も含まれている[4]。この『遺稿』の内容の大半は後に『象山全集』のなかに編纂されたが、『琴録』は『全集』のなかには収録されなかった。その理由については後述する。

〈2〉　東北大学狩野文庫所蔵『琴録[5]』

東北大学の狩野文庫にも『琴録』（以下狩野本『琴録』、巻頭口絵参照）が所蔵されているが、上冊の一冊のみである。狩野文庫の所蔵目録[6]によれば、『琴録』の情報は「上一冊　写本　佐久間啓編　校訂本」となっている。

狩野文庫は明治の思想家・哲学者で京都帝国大学の初代文学部長でもあった狩野亨吉（一八六五〜一九四二）氏の収蔵品によって成立した和漢古典を主体とする膨大なコレクションであり、「古典の百科全書」や「江戸学の宝庫」といわれている。(7)狩野本『琴録』に「狩野氏図書記」の蔵書印が押されており、狩野亨吉の旧蔵書であることと判断される。さらに、東北大学の受入印も二か所押されており、「東北帝国大学図書館」と「荒井泰治氏ノ寄附金ヲ以テ購入セル大学博士狩野亨吉氏旧藏書」(8)とある。東北大学は大正元年（一九一二）から昭和一八年（一九四三）にかけて計四回にわたって購入と寄付によって狩野文庫を成立・完備させ、そのうち、大正元年の第一回は仙台市出身の貴族院議員荒井泰治の寄付によって図書の納入が実現できたという。(9)ここから、『琴録』は大正元年第一回の納入時に狩野文庫に収納されたことがわかる。そのほか、「仁木氏図書」の蔵書印も二か所みられ、これは象山の琴学の師である仁木三岳とかかわる可能性が高い。

狩野本『琴録』は上冊のみであるが、京大本『琴録』の上冊と同じく、「琴録序」と「琴録後序」につづいて「琴原」「琴体」「琴声」「琴律」を内容とし、両写本は内容上において異同はみられない。狩野本『琴録』本文の上方に書き込みによる誤字の訂正が三か所（「琴原」「琴声」「琴律」各一か所）あり、本文のなかにもみせ消ちが多くあり、それらは筆写者と異なる第三者によるものかと判断される。そして、おもに「琴律」篇に集中しているが、本文の上方には頭注、本文のなかには記号や傍書の書き込みがあり、その内容はおもに楽律の知識、とくに日本の雅楽と中国の古楽との対照に関するもので、狩野本『琴録』を読んだ人の書き込みかと推測される。(10)

2　京大本『琴録』と狩野本『琴録』との比較

以上京大本『琴録』と狩野本『琴録』との基本情報をみてきたが、つぎに両写本を対照しながら検討を進めたい。両写本を比較すると、まず文字の配置や改行の位置をはじめ、その基本形式が同様であることに気づく。ここでは、両写本における文字の異同を中心に比較対照し、その結果を【表1 京大本『琴録』（上）と狩野本『琴録』（上）との対照表】にまとめた。

この表1において、京大本では本文において墨書校訂された箇所と、付箋で訂正された誤字の箇所に着目したい。本文で墨書校訂されているのは「後序」一丁表の「次之以琴致、得致必在知要」、「琴声」篇三丁表の「啓曰、縦横無常名、経緯近無形」（筆者注：表記記号の使用は表1の凡例に従う、以下同）、四丁裏の「變徴生清宮、故在二絃七絃」、一〇丁裏の「羽声自腎交于髄、而通耳于」と「徽出于舌、羽于出唇」、「琴律」篇九丁裏の「若以五声之位、得絃度之長短」、一〇丁表の「四絃属商、五絃属角矣」、一三丁裏の「大呂者建丑之律也、是謂陰律之始」であり、付箋で訂正されているのは「琴原」篇七丁表の「秦高山流水」（付箋「秦奏誤」）（写真1－1参照）、八丁裏の「然論其功身可行者」（付箋「功切誤」）、「琴体」篇一丁表の「成以壓桑之絲」（付箋「壓檿誤」）、一丁裏の「先繻謂伏羲蔡邕以九」（付箋「繻儒誤」）、「琴声」篇三丁裏の「故崔陳之倫、各有所當」（付箋「倫論誤」）である。これら京大本の訂正箇所を狩野本で確認すると、表1からもわかるように、文字の挿入や入れかえ、付箋での誤字修正は狩野本において全部訂正されているのがわかる（写真1－1、2－1の例参照）。かつ両写本の基本形式が一致していることを考えれば、狩野本は京大本を写している可能性も出てくるが、はたしてそうであろうか。このことについて、つぎの箇所に注目したい。

まず京大本「琴体」篇三丁裏の「清晴而雨濁」（写真1－2参照）は、狩野本では「晴清而雨濁」（写真2－2参照）となっている。すなわち、京大本の「清」と「晴」との入れかえの箇所を、狩野本ではもともと正しく写しているにもかかわらず、かえって入れかえの記号を用いて不要な修正をしている。つぎに京大本「琴声」篇一一丁裏の「角為天三本」は、狩野本では「角為天三本」（頭注「本木誤」）となっており、京大本にみられない文字の修正をしている。また、京大本「琴律」篇一丁裏の「無射四寸八分八釐四毫八絲」の箇所では「四毫」の二文字を挿入

表1　京大本『琴録』（上）と狩野本『琴録』（上）との対照表

篇名	丁数	京大本『琴録』（上）	狩野本『琴録』（上）
後序	一丁表	「次之以琴致、得致必在知要」	「次之以琴致、得致必在知要」
琴原	一丁裏	（付箋）「可収于理」 「故宮動脾而和正聖、（中略）下以變化黎庶也、」（頭注「此一段可削」）	「故宮動脾而和正聖、（中略）下以變化黎庶也」（頭注「此一段可削」）
	三丁表	「而作者命其曲曰操」 「困厄窮迫」	「而作者令其曲曰操」 「困厄窮迎（迫）」
	三丁裏	「亦曰、八音廣傳」（付箋「亦又誤」） 「夫作五弦之琴」	「亦曰、八音廣傳」（頭注「亦又誤」） 「夫作五強之琴」
	四丁裏	「大為典誥」	「大焉（為）典誥」
	五丁裏	「故大琴必以大琴配之」	「故大琴必以大琴（瑟）配之」
	七丁表	「秦高山流水」（付箋「秦奏誤」）	「奏高山流水」
	七丁裏	「師之不善、琴之羞也」	「師之不善、琴之差也」
	八丁裏	「然論其功身可行者」（付箋「功切誤」）	「然論其切身可行者」
琴体	一丁表	「義削桐為琴、面圓法天」 「成以壓桑之絲」（付箋「壓厭誤」）	「義削桐為琴面、圓法天」 「成以厭《ママ》桑之絲」
	一丁裏	「先孺謂伏羲蔡邕以九」（付箋「孺儒誤」）	「先儒謂伏羲蔡邕以九」
	二丁裏	「臨岳若山岳峻極用棗木」	「臨岳若山岳峻極用棗本（木）」
	三丁裏	「清晴而雨濁」	「晴清而雨濁」
琴声	一丁裏	「必曰長三尺六寸、象朞之日」 「因張弓附案泛其絃而十三徽聲具焉」	「必曰長三尺六寸、象朞（暮）之日」 「因張弓附案泛其絃而十三徽聲其（具）焉」
	二丁表	「始以絲泛桐」 「絃盡則聲滅」	「始以絲泛相（桐）」 「絃盡則聲滅（滅）」

しているが、狩野本ではまったく反映されていないことがわかる。最後に「琴律」篇八丁表の「故第三音為角声分者、不應姑洗也」の箇所は、「也」の文字について京大本では付箋で「也之誤」と訂正されており、狩野本では頭注の部分に同じく「也之誤」と訂正されている。つまり、京大本において付箋で訂正された「也」の誤字について、狩野本では本文中には反映されていないのである。両写本における以上の齟齬からみれば、やはり狩野本が京大本を直接写しているのではなく、京大本と狩野本とは同じ祖本によったと判断するほうが妥当であろう。

篇	丁		
琴声	三丁表	「正副相應一絃含十三種」 「琴含大虚」 「啓曰、縦横無常名、経緯近無形」	「正副相應一絃‖合（含）十三種」 「琴‖含（含）大虚」 「啓曰、縦横無常名、経緯無近形」
	三丁裏	「故崔陳之倫、各有所當」（付箋「倫論誤」）	「故崔陳之論、各有所當」
	四丁裏	「變徵生清宮、故在二絃七絃」	「變徵生清宮、故在二絃七絃」
	九丁表	「以鳴下六字疑衍」	「以鳴下六字疑‖術（衍）」
	九丁裏	「宮声沈厚、粗大而下」	「宮声沈厚‖租（粗）大而下」
	一〇丁表	「自敏調之如清心審照閣」	「自敏謂之如清心審照閣」
	一〇丁裏	「迭則舌柱齒」 「羽声自腎交于髓、而通耳于」 「徽出于舌、羽于出唇」	「迭則舌‖桎（柱）歯」 「羽声自腎交于骨、而通于耳」 「徽出于舌、羽出于唇」
	一一丁表	「至角則案牙而呼、半開半闔」	「至角則案牙而呼、半開半闔（闔）」
	一一丁裏	「角為天三本」	「角為天三‖本」（頭注「本木誤」）
琴律	一丁表	「自七暉至龍齦」 「曰九九八十一、以為宮」 「得五十四以為祉」	「自七暉至蘢齦」 「曰九九八十一、以為‖官（宮）」 「得五十四以為社」
	一丁裏	「無射四寸八分八氂四毫八絲」	「無射四寸八分八氂八絲」
	二丁表	「仲呂六寸五分八氂三毫四絲六忽」 「並用太史公九分寸法約定」 「所以分五声之位」	「中呂六寸五分八氂三毫四絲六忽」 「並用大史公九分寸法約定」 「所以分五声之位」
	二丁裏	「懵不知其所自来、則恕不免有未盡耳矣」 「無乃出於傳會率合之私耶」	「憎不知其所自来則恕不免有未盡耳矣」 「無乃出於傳會率合之私那」
	五丁裏	「闕地為坎盈尺之下」 「而実土埋之」	「‖闕（ママ）地為坎盟尺之下」 「而実土埋‖文（之）」

さらに、両写本におけるつぎの箇所から、京大本も狩野本もそれぞれの底本に忠実に従おうとする意図がうかがえる。「琴原」篇一丁裏の「故宮動脾而和正聖、（中略）下以變化黎庶也」について、京大本も狩野本も頭注に「此一段可削」とある。おそらくこの「此一段可削」（此の一段削るべし）の頭注はもともと底本にもあったもので、京大本も狩野本も底本の表記をそのまま反映させるために、直接本文においてこの一段を削除したのではなく、もとの訂正形式、つまり頭注の文言を保留したと推測される。さらに、京大本では誤字の訂正や書き込み

（琴律）続き

六丁裏	「然明者、觀之以其所異、乗除準望」「一旦臆度、而誦言之」	「然明者、觀之以其所異、哀除準望」「一旦聴度、而誦言之」
七丁表	「啓曰（中略）嘗讀律名正義・琴旨・二書」	「啓曰（中略）嘗讀律名正義・琴旨・二書」
八丁表	「故第三音為角声分者、不應姑洗也」（付箋「也之誤」）	「故第三音為角声分者、不應姑洗**也**」（頭注「也之誤」）
九丁裏	「若^以五声之位、得絃度之長短」	「若以五声之位、得絃度之長短」
一〇丁表	「四絃属商、五絃^属角矣」	「四絃属商、五絃属角矣」
一一丁表	「故平之以六者、即黄鐘之数」「明乎六之平、而陽有六律、陰有六呂」	「故半之以六者、即黄鐘之数」「明乎六之乎、而陽有六律、陰有六呂」
一一丁裏	「所以修潔百物、考神納賓也」	「所以修潔百物、乃神納賓也」
一三丁裏	「大呂^者建丑之律也、是謂陰律之始」	「大呂者建丑之律也、是謂陰律之始」
一四丁裏	「然惟四律以鐘名者」	「終惟四律以鐘名者」
一六丁表	「頗合陰陽消息之道」	「順合陰陽消息之道」
一六丁裏	「蕤賓**上**（下）生大呂、大呂下^生夷則」	「蕤賓上生大呂、大呂下生夷則」
一九丁表	「啓曰、此篇已名以栞律」	「啓曰、此篇已名以栞律」
一九丁裏	「以究律之呂義、如此」	「以究律之呂義、如此」

表の凡例
作表の便宜上、丁数は全冊にわたってではなく、「序」「後序」「琴原」「琴体」「琴声」「琴律」の篇ごとに数えた。『琴録』原文での挿入文字については上付文字にて表示し、「〃」印で見せ消ちされた文字については、左側に二重下線と太字でその文字を示したうえで、（　）のなかにおいて正しい文字を表示する。入れかえの箇所については、原文どおり∽の記号を用いて示す。句読点は各写本のものに従った。

（「琴原」一丁裏の（付箋）「可収于理」）も含めて、ほかのところではすべて付箋で示されているのに対して、ここだけ頭注で示されている。つまり、京大本では底本にあった頭注をそのまま反映させ、誤字の訂正をする際に底本にあった頭注と区別するために、直接頭注をつけるという方式ではなく、付箋をつけるという方式をとったと考えられよう。

つぎは「琴律」篇七丁表の「啓曰（中略）嘗讀律名正義・琴旨・二書」、一九丁表の「啓曰、此篇已名以栞律」と一九丁裏の「以究律之呂義、如此」の三か所に注目したい。この三か所はともに象山の案語で、

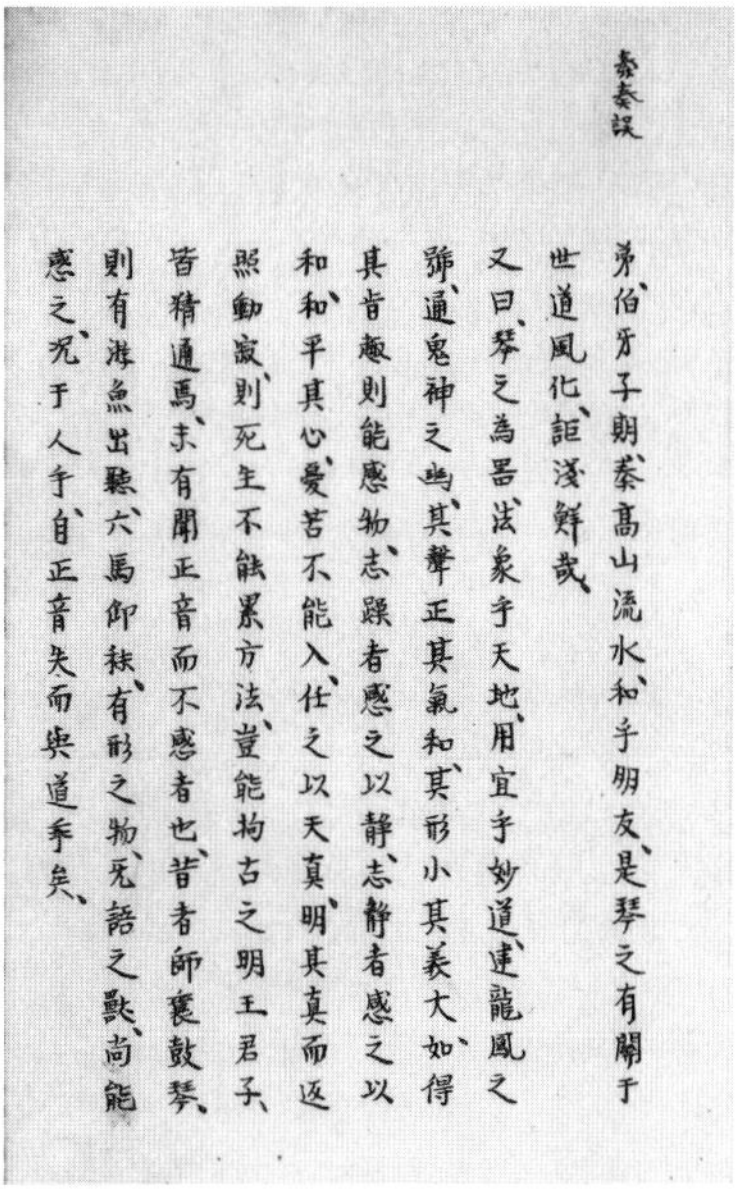
秦奏誤
弟伯牙子期秦高山流水、和乎朋友、是琴之有關于
世道風化、詎淺鮮哉、
又曰、琴之為器、法象乎天地、用宜乎妙道、達龍鳳之
號、通鬼神之幽、其聲正、其氣和、其形小、其義大、如得
其旨趣則能感物、志躁者感之以靜、志靜者感之以
和、和平其心、憂苦不能入、任之以天真、明其真而返
照動寂、則死生不能累、方法、豈能拘、古之明王君子、
皆精通焉、未有聞正音而不感者也、昔者師襄鼓琴、
則有游魚出聽、六馬仰秣、有形之物、无語之獸、尚能
感之、况于人乎、自正音失而與道乖矣、

写真 1-1 京大本「琴原」篇七丁表

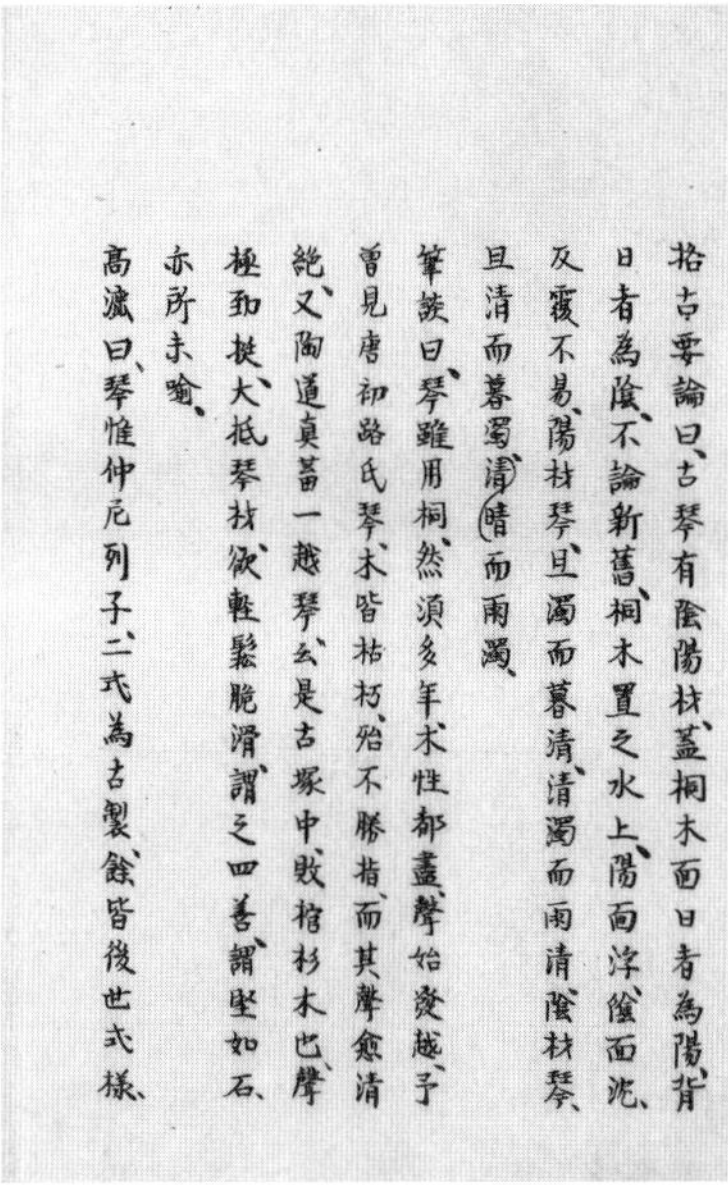
拾古要論曰、古琴有陰陽材、蓋桐木面日者為陽、背
日者為陰、不論新舊、桐木置之水上、陽面浮、陰面沈、
反覆不易、陽材琴、旦濁而暮清、清濁而雨清、陰材琴、
旦清而暮濁、清晴而雨濁、
筆談曰、琴雖用桐、然須多年木性都盡、聲始發越、予
曾見唐初路氏琴、木皆枯朽、殆不勝指、而其聲愈清
絶、又陶道真畜一越琴、云是古塚中、敗棺杉木也、聲
極勁挺、大抵琴材、欲輕鬆脆滑、謂之四善、謂堅如石、
亦所未喩、
高濂曰、琴惟仲尼列子二式為古製、餘皆後世式様、

写真 1-2 京大本「琴体」篇三丁裏

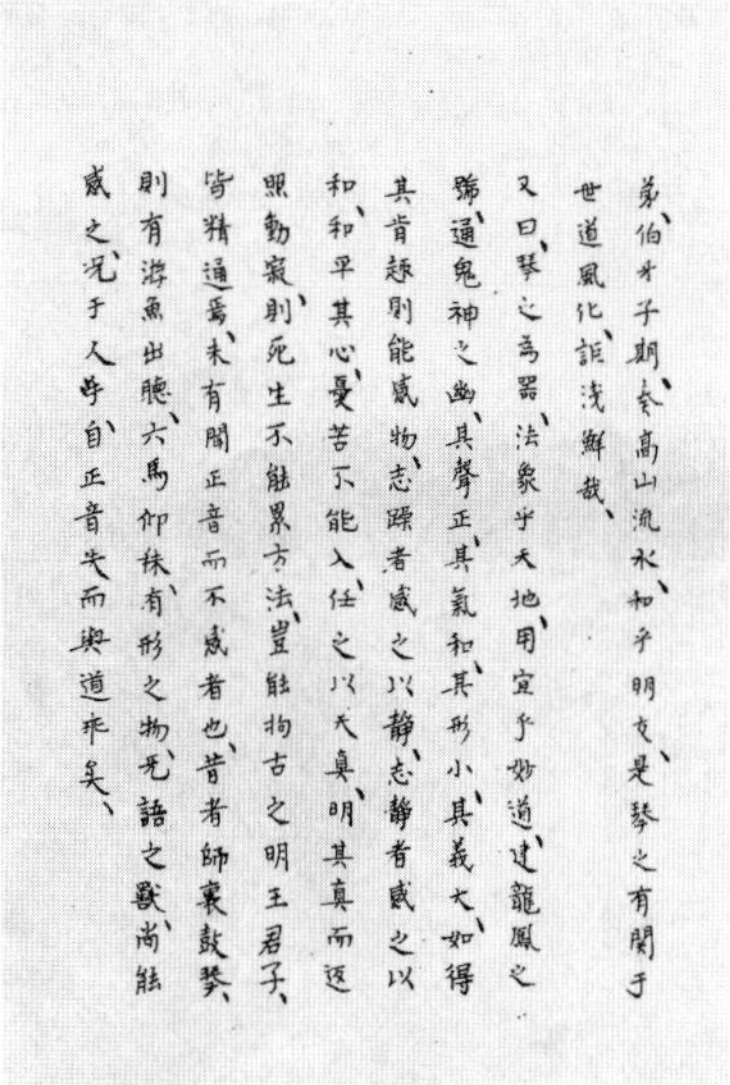
弟伯牙子期秦高山流水、和乎朋友、是琴之有關于
世道風化、詎淺鮮哉、
又曰、琴之為器、法象乎天地、用宜乎妙道、達龍鳳之
號、通鬼神之幽、其聲正、其氣和、其形小、其義大、如得
其旨趣則能感物、志躁者感之以靜、志靜者感之以
和、和平其心、憂苦不能入、任之以天真、明其真而返
照動寂、則死生不能累、方法、豈能拘、古之明王君子、
皆精通焉、未有聞正音而不感者也、昔者師襄鼓琴、
則有游魚出聽、六馬仰秣、有形之物、无語之獸、尚能
感之、况于人乎、自正音失而與道乖矣、

写真 2-1 狩野本「琴原」篇七丁表

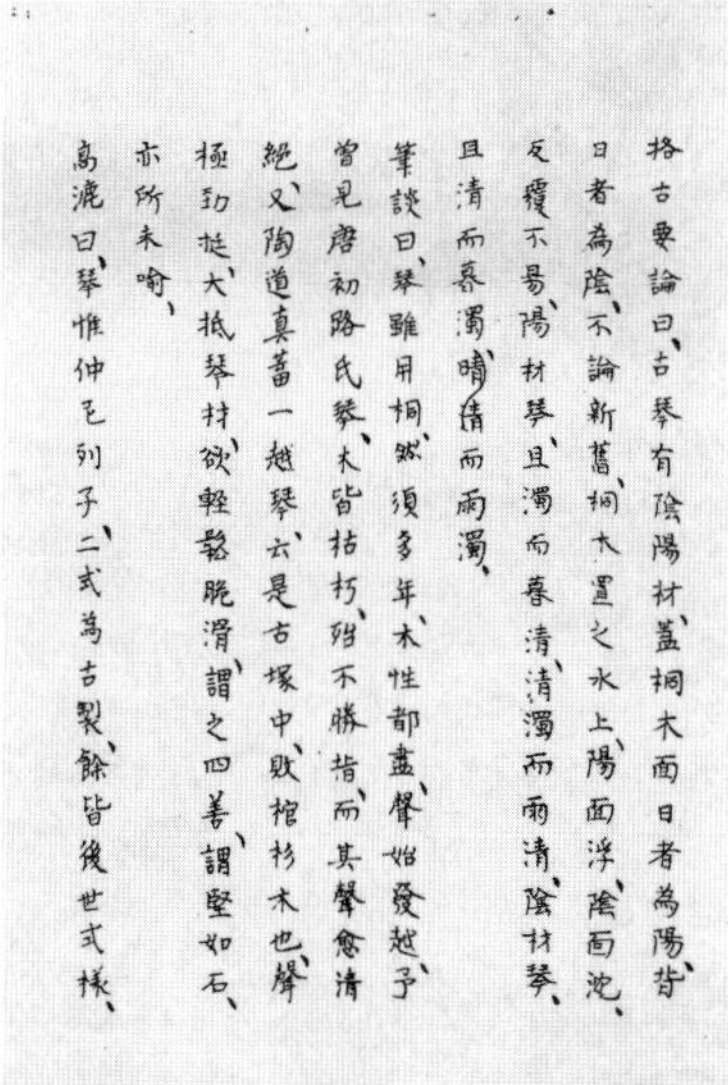
拾古要論曰、古琴有陰陽材、蓋桐木面日者為陽、背
日者為陰、不論新舊、桐木置之水上、陽面浮、陰面沈、
反覆不易、陽材琴、旦濁而暮清、清濁而雨清、陰材琴、
旦清而暮濁、晴清而雨濁、
筆談曰、琴雖用桐、然須多年木性都盡、聲始發越、予
曾見唐初路氏琴、木皆枯朽、殆不勝指、而其聲愈清
絶、又陶道真畜一越琴、云是古塚中、敗棺杉木也、聲
極勁挺、大抵琴材、欲輕鬆脆滑、謂之四善、謂堅如石、
亦所未喩、
高濂曰、琴惟仲尼列子二式為古製、餘皆後世式様、

写真 2-2 狩野本「琴体」篇三丁裏

京大本と狩野本では形式も文字も一致し相異がみられない。まず七丁表の「㕣」と一九丁表の「栞」の文字について、それぞれ「呂」と「琴」の俗字にあたり、「呂」と「琴」の二文字は『琴録』において繰り返し出ている字であるが、ほかのところではすべて正字の「呂」と「琴」で書かれている。つまり、京大本でも狩野本でもこの象山の案語のところにおいてだけ俗字となっているのである。また、一九丁裏の「以究律之呂義」の一句について、これは「以究律呂之義」の間違いかと思われる。律呂とは「音律」の意味で、六律六呂であわせて「十二律呂」があり、奇数番目の六つの音律を「律」、偶数番目の六つの音律を「呂」といい、ここでは「もって律呂の義を究む」のほうが文脈の意味が通ると判断されるが、京大本も狩野本も「以究律呂之義」の間違いである「以究律之呂義」と写していることがわかる。案語は直接象山の考え方を反映できるものであるため、京大本も狩野本もそれに忠実に従おうとし、文字についても元の俗字のかたちをそのまま守り、しかも底本にあった語句の間違いもそのまま守っていたのであろう。

以上の分析をふまえて、狩野本『琴録』は京大本から写したのではなく、京大本と同一祖本に基づいたものと考えられる。両写本はそれぞれの底本に忠実に従おうとしたものの、狩野本は全体的に抄写のミスが多く、総じていえば、狩野本と比べて京大本がより祖本を再現したという印象を受けるのである。

3　信濃教育会における『琴録』所蔵の記録

京大本と狩野本以外に、信濃教育会も『琴録』（以下信濃本『琴録』）の所蔵とかかわる記録があるため、つぎに信濃教育会をめぐる事例について考察しておきたい。

信濃教育会編集の『象山全集』（大正二年）と『増訂象山全集』（昭和一〇年）所収「佐久間象山先生年譜」の天保九年（一八三八）一一月の項に、「此の月琴録十篇三冊を撰す」という記述があり、記述の後に割注で「写本信濃教育会に蔵す[11]」と書かれている。ここから信濃教育会にも『琴録』の写本が所蔵されていたのではないかと推測できる。しかしながら、現在信濃教育博物館においては『琴録』の所蔵が確認できない。同博物館には象山の全集を編纂した当時の関連史料が残されており、佐久間象山関係写本や研究書、手記類、象山会（象山祭、象山の遺品遺墨の展示・出版などにかかわる会）の日誌、配本・会計関係書類などがある。このなかでとくに注目されるのは象山会の日誌で、日誌の明治四五年（一九一二）の項のなかにつぎのような記録が残っている。

十一月十九日　三井円二郎京都へ出張
十二月十四日　三井円二郎　昨夜京都ヨリ帰ル
　蒐集材料左ノ如シ
　琴録　三冊　象山文浄稿ノ内
（中略）
十二月廿日　京大図書館ヨリ借用ノ琴録三冊、韜野日記一冊、書留郵便ニテ返送礼状ヲ添フ

この記録から、象山会の三井円二郎が京大図書館所蔵の佐久間象山関係史料を借用し、そのなかに『琴録』も入っており、借用から一週間ほど後に『琴録』三冊が京大に返送されたことがわかる。大正二年の『象山全集』、そして昭和一〇年の『増訂象山全集』の「象山年譜」を編纂したのは、いずれもほかならぬこの象山会の三井円二郎であった。

「象山年譜」における『琴録』の写本が「信濃教育会に蔵す」との記述から考えれば、明治四五年京大から『琴録』を借用した当初、象山会では京大本『琴録』三冊を写したはずであり、信濃本『琴録』というものが実際存

在したはずである。かりに信濃本『琴録』と京大本『琴録』とが同一の書物であるならば、それはすでに京大に返還されたはずであり、京大から『琴録』を収集した三井円二郎が後に『琴録』の写本について「信濃教育会に蔵す」と書いていることと矛盾する。したがって、京大所蔵の京大本『琴録』とは別に、信濃教育会にも『琴録』の写本があったものと判断できる。

二　『象山全集』の編纂と『琴録』

前述したとおり、京大本『琴録』を収録した『佐久間象山遺稿』は「北沢正誠旧蔵資料」の一つで、その内容の大半は後に『象山全集』のなかに編纂されたが、『琴録』は『全集』のなかに収録されなかった。ここでは、その未収録となった原因について考察をくわえたい。

初版の『象山全集』は大正二年（一九一三）九月に象山五〇年祭記念事業の一環として信濃教育会より二分冊で発行されたが、『琴録』については全集の例言につぎのような記述がある。

一先生の著書、本書収むるところの外に、増訂荷蘭語彙、琴録、文公短牘、邵康節先生文集、春秋辞命準縄、四書経注旁釈、春秋占筮書補正、洪範今解、度学津梁、雨災雑記、琴譜等あり。然れども、春秋占筮書補正以下五書は今逸して伝はらず、其他も頁の都合上此れを割愛せざる可らざるに至りしを遺憾とす。

ここから、全集を編纂する際に分量や頁の都合上、『琴録』が割愛されたこと、そして、『琴録』と同じく省略されたのは、『増訂荷蘭語彙』、『文公短牘』、『邵康節先生文集』、『春秋辞命準縄』、『四書経註傍釈』、『春秋占筮書補正』、『洪範今解』、『度学津梁』、『雨災雑記』、『琴譜』であったことがわかる。そのうち、『春秋占筮書補正』以下五つの書物は散逸して伝わらなかった。残りの六つのうち『琴録』以外の書物について、『増訂荷蘭語彙』は象山がオランダ辞書の『ハルマ』に基づいて新たに編纂したものであり、[12]『文公短牘』と『邵康節先生文集』はそれぞれ象山が朱熹と北宋の学者邵雍（一〇一一～七七）の著作から採録して編纂したもの、『春秋辞命準縄』は象山が『春秋左氏伝』と『国語』とにおける外交辞令を抽出して自分の考え方もくわえて編纂したもの、『四書経註傍釈』は象山が藩命によって四書について注と訓点を施したものである。[13]つまり、『琴録』も含めたこれらの書物は、象山が直接著した著作ではなく、いずれも彼が何らかの意図をもって作成した編纂物であったといえる。象山の原著と比して直接象山の考え方を反映するものではなく、かつ分量的にも紙幅を占めるため、全集には採録されなかったのではないかと推測される。

この大正二年版の『象山全集』は象山五〇年祭にあわせて一五か月の短期間で編纂されたがゆえに、誤植などのミスが多く、昭和九年（一九三四）から一〇年にかけて新たに増補・訂正された『増訂象山全集』が五分冊で同信濃教育会より刊行された。増訂版全集には『琴録』はなおも収録されなかったが、凡例にある未収録の理由が若干変わり、つぎのようになっている。

> 一先生の著書、本書収むるところの外に、増訂荷蘭語彙、琴録、文公短牘、邵康節先生文集、春秋辞命準縄、春秋占筮書補正、洪範今解、度学津梁、雨災雑記等あり。然れども、春秋占筮書補正以下の書は、逸して伝はらざるが如く、其の他も、種種の都合により此れを割愛したり。

この増訂版全集の凡例は大正版全集の例言をふまえていることは確認できるが、ただし、『四書経註傍釈』と『琴譜』が未収録の書物のなかから消えている。前者の『四書経註傍釈』については「大学」の部のみが現存し、前述した京大附属図書館所蔵の『佐久間象山遺稿　一六』となっており、増訂版全集の巻一に写真の影印で新たに収録された。その収録の理由について、「先生の自筆本にて頗る珍とすべきものなるが故に、其真面目を伝へんが為に特に乞うて写真版としたるものなり。」[14]とある。すなわち、象山の自筆本であったため、その影印をあえて収録したのである。一方、後者の『琴譜』については、象山の天保七年（一八三六）に「滄浪漁者」の名で改訂した琴士浦上玉堂の琴譜のことを指していると筆者は推測するが、『琴譜』の記述が凡例から省かれた事情は不明である。

つぎに、増訂版全集で『琴録』を含めた象山の編纂物が割愛された理由に関する記述に注目したい。大正版全集では「頁の都合上此れを割愛せざる可らざるに至りしを遺憾とす」とし、明らかに紙幅や分量など形式の理由を述べているのに対して、増訂版全集では「種種の都合により此れを割愛したり」となり、未収録の理由がぼかされているように読める。この点については増訂版全集の編纂背景からその一端がうかがえる。原田和彦氏の研究によれば、昭和一〇年における『象山全集』の増補・発刊は、同じく幕末期に活躍した松代藩藩士長谷川昭道[15]の全集の刊行と同時に行われ、当時の「国体」教育思想のもとで、「維新開国進取の気運を開導した」佐久間象山と「維新初頭皇道教育の基礎確立に貢献したる」長谷川昭道の思想を彰顕することが、それぞれの全集を刊行する意図であったという。[16]一方、『琴録』は象山の琴学思想や楽律思想を反映するものの、「維新開国進取の気運」という皇国教育の気風とは性格を異にするものであり、かつ象山が直接に著したものではなく、紙幅も占めるため、これらの「種種の都合」が総合的に判断されたうえで省略されたのではないかと推測される。

以上の検討により、全集の編纂方針、すなわち、象山の編纂物は基本的には採録しないという方針のもと、『琴録』が『象山全集』に収録されなかったことが推測できる。くわえて、増訂版全集で『琴録』が「種種の都合」により未収録となった原因には、皇国教育の時代背景が関与していることもうかがえるのである。

三　『琴録』の編纂形式と内容

天保九年（一八三八）象山は『琴録』一〇篇三冊を編纂した。『琴録』編纂の意図については、前章においても明らかにしたとおり、象山は『琴録』の序文において、「庶幾律呂声調、猶足以知其説、而於古楽移風易俗之意、亦可以得其梗概矣。（律呂声調、猶お以て其の説を知るに足るがごときを庶幾《ねが》う。而して古楽の移風易俗の意に於いて、亦た以て其の梗概を得べし。）[17]」と述べ、『琴録』の編纂を通して期待するのは、律呂・声調の知識を普及させること、そして古楽の礼楽的役割を梗概でも伝えることであると明言している。象山はさらに、「則大雅之音、其終不可以明於世也歟。（則ち大雅の音、其れ終に以て世に明らかなるべからざらんや。）[18]」といい、『琴録』を通して世の中において「大雅の音」が再興されることを待望しているのである。

『琴録』を実際にみると、「琴原」「琴体」「琴声」「琴律」「琴度」「琴調」「琴理」「琴致」「琴訣」「琴記」の一〇篇に分けて編纂され、各篇とも注釈をつけずに典籍の原文をそのまま抜粋して羅列する形式を取っている。内容は中国の典籍のみからの抜粋で、漢代以前の時代から清朝にいたるまで、さまざまな典籍から幅広く抜粋されており、日本側の書籍はいっさい参考とされていない。そして、「啓曰」という象山の案語がつけられ、案語はすべての篇にではなく、「琴声」「琴律」「琴度」「琴調」といった律呂関係の四篇と「琴記」一篇だけにつけられている。

ここでは『琴録』の体裁のほうに注目し、一例を通して典籍の抜粋と案語の形式についてみてみたい。たとえば、「琴律」篇ではつぎのような形式を取っていることがわかる。

律呂正義曰、案朱子琴律曰、古之為楽者、通用三分損益隔八相生之法、若以黄鐘為宮、則姑洗之為角、有不可以毫髪差者、而今世琴家、独以中呂為黄鐘之角、故于衆楽、常必高其一律、然後和惟第三絃（後略）

琴旨曰、朱子琴律、又以一絃為宮也、其意曰、一絃為宮、則第三絃為角、一絃之宮、定為黄鐘、則三絃之角、必定為姑洗、夫一絃為黄鐘、其十徽、乃仲呂之位（後略）

啓曰、律寸也、声数也、其長短多寡、素如有異者、然律用九、声用十、則其実未始不同也、愚因謂朱子所以不免於疑者、蓋以其未得一絃属徴、三絃属宮之説耳、非有他也（後略）

附国語周語伶州鳩曰、律所以立均出度也、古之神瞽考中声、而量之以制度律均鐘、百官軌儀、紀之以三、平之以六、成於十二天之道也（後略）

ここでは内容に関する検討をおいて、編纂方式だけに注目すれば、典籍の『律呂正義』と『琴旨』が同じ段の高さで挙げられているのに対して、『国語』が「附」とつけられたうえで一段下げて挙げられ、「啓曰」の象山の案語はさらに低い位置から始まっていることがわかる。つまり、主となる典籍の抜粋が一番上に挙げられているのに対して、副の参考となる典籍が一段下げで「附」と表記されたうえで書かれており、象山の案語がさらに低い位置の四段下げでつけられているのである。この「附」について、ほかの「琴調」篇において、象山は「附李光地曰」の後に、つぎのように案語をつけて説明している。

啓曰、榕村此論、非専為琴而発之也。然其於声調之義、詳悉精到。故取以附焉。(19)

啓曰く、榕村の此の論、専ら琴の為にして之れを発するには非ざるなり。然れども其の声調の義に於いて、詳悉にして精到たり。故に取りて以て附す。

つまり、清朝の李光地（一六四二〜一七一八、号は榕村）の見解は「琴」に対して述べられたものではないが、声調については詳細に論じられているため「附」というかたちを取ったと象山は述べている。直接「琴」に関する内容ではないものの、「琴」の理解に参考となる内容のため、象山は本文の抜粋と区別して一段下げて「附」のかたちで取り入れたことがわかる。

『琴録』一〇篇の内容については、「琴原」篇では「応劭風俗通義曰、雅琴者楽之統也。与八音並行、然君子所常御者、琴最親密、不離於身。」とあるように、おもに「琴」の諸楽器における地位や「琴」の人の修養上における役割について述べている。「琴体」篇は「蔡邕曰、羲削桐琴、面円法天、底平象地、龍池八寸通八風、鳳池四寸象四気。」とあるように、おもに「琴」の由来や構造・尺寸に関する説明、それから「琴」の各部分の名称を儒学の宇宙観にそいながらの説明である。「琴声」「琴律」「琴度」「琴調」の四篇は「琴」の音や琴律に関するもので、おもにほかの楽器と比べての「琴」の発音原理や琴音の特徴、弾琴の技法と琴音との対応関係、三分損益十二律の原理、「琴」の絃長と律呂との対応原理、そして調絃の方法などが書かれている。詳細は次節での象山案語の考察に譲る。

「琴理」篇は、「史記曰、舜弾五絃之琴、歌南風之詩而天下治、南風之詩者、生長之音也、舜楽好之楽、与天地同意、待万国之驩心、故天下治。」とあるように、おもに「琴」と政治とのかかわり、「琴」の礼楽的役割に関する内容である。「琴致」篇では「高濂曰、知琴者以雅音為正、運動閑和、気度温潤、故能操高山流水之音於曲中、得松風夜月之趣於指下、是為君子雅業。」とあるように、おもに「琴」のおもむき、弾琴時の心境に関する内容が採録されている。そして、「琴訣」篇はおもに弾琴の要領や指法に関する内容であり、最後の「琴記」篇では、「家語曰、孔子学琴於師襄。」や「唐人小説曰、白居易、以胡松節支琴。」とあるように、おもに「琴」の歴史や、古の弾琴の名家の逸事に関する内容が書かれている。一〇篇のうち、「琴原」と「琴記」の参考とした典籍の種類がもっとも多いことがいえる。この二篇の内容からみれば、象山のさまざまな典籍の引用を通して、世の中の琴に対する関心を引き寄せるという心境がうかがえるのであろう。

四　『琴録』からみる象山の楽律思想

本節では、『琴録』における律呂関係に関する象山の案語を中心に、彼がいかに琴を通して自分の楽律思想を主張しているのかについて検討したい。

1　琴の音に対する認識と朱熹調絃法の問題点

「琴声」篇では、北宋琴家の崔遵度（九五三～一〇二〇）が著した『琴箋』において「徽、三其節、経也。絃、五其音、緯也。（徽、其の節を三とし、経なり。絃、其の音を五とし、緯なり。）」と主張するのに対して、同じ北宋学者の陳暘（一〇六八～一一二八）は『楽書』において「古人之論琴声、有経有緯有従。宮、商、角、徴、羽、文、武以上、為経声也。黄鐘及大呂、閏徽以上十三声、為緯声也。（古人の琴声を論ずるは、経有り緯有り従有る。宮、商、角、徴、羽、文、武以上は、経声と為るなり。黄鐘及び大呂、閏徽以上の十三声は、緯声と為るなり。）」といい、異なる見解を出している。つまり、崔遵度は一三個の琴徽による琴音を「琴」の「経声」とし、「宮・商・角・徴・羽」という琴絃による琴音を「緯声」とするが[20]、陳暘は真逆の考え方で、「宮・商・角・徴・羽・文・武[21]」という琴絃による琴音を「経声」とし、琴徽による琴音を「緯声」とする。琴で出せる音には、開放絃による「散音」、琴面に触れないように指で絃を押さえて弾く「泛音」、そして指で絃を琴面に押さえて弾く「按音」の三種類があり、琴徽は押さえる位置の目安を示すものである。「経声」「緯声」の争論は「琴」のどの部分による音を基準とするかの問題にかかわり、この争論については、象山はつぎのように述べている。

啓曰、縦横無常名、経緯無近形。従其経而言之、経固為経、而緯固為緯。従其緯而言之、緯亦為経、而経亦為緯。故崔陳之倫、各有所当。明者見其並行而不悖焉、可矣[22]。

啓曰く、縦横に常名無く、経緯に近形無し。其の経従《よ》り之れを言えば、経は固より経為りて、緯は固より緯為り。其の緯従り之れを言えば、緯も亦た経為りて、経も亦た緯為り。故に崔・陳の倫（筆者注：論の誤）、各《おのおの》当たる所有り。明者其の並び行われて悖らざるを見れば、可なり。

ここで象山は、琴の基準となる音を琴絃によるものにするのか、それとも琴徽によるものにするのかについては、明白な答えを出していない。彼は崔・陳二人の論に対して、どちらか一方の意見に賛同するのではなく、「経声」「緯声」の概念自体を相対的に捉えることによって、この争論を無意味にし、崔・陳二人の見解がお互いに並行できることを主張していることがわかる。琴を一つの全体として捉え、琴のある特定の部分による音を特別視せず、琴の「音」自体に等差を設けないという象山の捉え方がうかがえよう。

つづいて琴の七本の絃をいかなる音程関係に調整すべきか（七本の絃をどの音高に張るか）の問題について、象山は「琴律」篇においてつぎのように述べている。

啓曰、朱子之説琴、精審詳密。真三代以後、無此議論也。但以初絃為宮声、是以三絃之角、不応於姑洗之度、而応於仲呂之度、卒与律呂相生之理、不能合也。嘗読律呂正義・琴旨二書、見琴之第一絃、乃管子所謂下徴而其実非宮分、第三絃乃管子所謂黄鐘小素之首、而其実非角分之論。初甚駭焉。徐而思之、始知其言之的確。可信無疑也。[23]

啓曰く、朱子の琴を説くは、精審にして詳密たり。真に三代以後、此の議論無きなり。但し初絃を以て宮声と為すは、是こを以て三絃の角、姑洗の度に応ぜずして、而も仲呂の度に応じ、卒に律呂相生の理と合する能わざるなり。嘗て律呂正義・琴旨二書を読み、琴の第一絃は乃ち管子の所謂下徴にして其の実は宮分に非ず、第三絃は乃ち管子の所謂黄鐘小素の首にして、其の実角分に非ざるの論を見る。初め甚だ駭《おどろ》く。徐《おもむろ》にして之れを思えば、始めて其の言の的確なるを知る。信じて疑い無かるべきなり。

ここで象山は、朱熹の琴律思想を高く評価しながらも、朱熹の調絃法について、その問題点を指摘している。朱熹が『琴律説』において示した調絃法では、琴の第一絃を宮（基準とする音高）とし、そこから琴の散音（開放絃音）や琴徽の按音などによってほか六絃の音を決めていく。[24]結果的には、第一絃から第七絃まで、順次宮・商・角・徴・羽・少宮・少商の七音（現在の階名でいうと、ド・レ・ファ・ソ・ラ・ド^{1}・レ^{1}）に調絃され、黄鐘を宮音とした場合、第一絃から第七絃までは順次黄鐘・太簇・仲呂・林鐘・南呂・黄清・太清となる。この調絃方法については、象山はここでは、『管子』の基準を取り入れた康熙帝勅撰の『律呂正義』と清の学者である王坦の『琴旨』の主張に従い、朱熹の調絃法が中国古代における楽律の算出方法である三分損益法[25]という「律呂相生の理」にふさわしくないことを理由に反対している。

すなわち、三分損益法によれば、黄鐘を宮音とした場合、姑洗が第三絃の角音となるべきであるが、朱熹の調絃法では、仲呂が第三絃の角音となっており、三分損益法にふさわしくない結果となっているのである。ゆえに、象山は、『律呂正義』や『琴旨』の分析に対してはじめは驚いたにもかかわらず、よく考えた結果、その的確さを確信できるようになり、朱熹の琴の第一絃を宮とするという作法のかわりに、琴の第三絃の散音を宮とし、それを基準に決められた七本の絃の音程関係（第一絃から第七絃までは、順次下徵・下羽・宮・商・角・徵・羽となり、現在の階名でいうとソ・ラ・ド・レ・ミ・ソ・ラ）のほうが正しいと思うようになったのである。

2　象山における「吹管定律」調絃法

具体的に調絃する際に、基準となる宮の音高をいかに定めるのかについて、朱熹は『琴律説』において、沈括（一〇三一～九五）の『夢渓筆談』に記載されている律管の音を基準に第一絃の散声を合わせるという「吹管定律」の方法を用いるべきだといっている。[26] 象山も、朱熹の調絃法を批判的にみていたにもかかわらず、朱熹の「吹管定律」を主張する点についてだけは、「但其欲吹管定律、以救世俗苟且之弊、則誠当矣。（但し其の管を吹いて律を定めんと欲し、以て世俗苟且の弊を救うは、則ち誠に当たれり。）[27]」といい、賛同の意を表しているのである。ただし、象山が提唱した「吹管定律」によって調絃する方法には、彼独自の特徴がみられる。象山はつぎのように主張している。

愚因謂□皇朝所有律管、雖不無諸家異議、姑以一越為黄鐘、以定第三絃宮声。以平調為太簇、以定第四絃商声。以下無黄鐘盤渉為姑洗林鐘南呂、以定第五絃角、第六絃徵、第七絃羽。而一絃応於六絃、得倍黄鐘之分。二絃応於七絃、得倍盤渉之分。是為一越調。（中略）琴家能如此而久焉、則応乎音律之学、可漸而通矣。[28]

愚因りて謂もえらく、皇朝に律管有る所は、諸家の異議無くんばあらずと雖も、姑く一越を以て黄鐘と為し、以て第三絃を宮声に定む。平調を以て太簇と為し、以て第四絃を商声に定む。下無、黄鐘、盤渉を以て姑洗、林鐘、南呂と為し、以て第五絃を角に、第六絃を徵に、第七絃を羽に定む。而して一絃は六絃に応じ、倍黄鐘の分を得る。二絃は七絃に応じ、倍盤渉の分を得る。是れ一越調と為ると。（中略）琴家能く此くの如くにして久しければ、則ち音律の学に応《あ》たりて、漸くにして通ずべし。

周知のように、奈良時代ころに日本に入ってきた中国の十二律は、平安時代以後、律名はしだいに日本独自のものに改められた。日本の十二律は、理論上では壱越を起点として三分損益法によって算出されており、中国の十二律である黄鐘・大呂・太簇・夾鐘・姑洗・仲呂・蕤賓・林鐘・夷則・南呂・無射・応鐘にそれぞれ対照するものとして、日本の十二律では壱越・断金・平調・勝絶・下無・双調・鳧鐘・黄鐘・鸞鏡・盤渉・神仙・上無となっている[29]。象山がここで考えている「吹管定律」の調絃法では、まず日本の壱越律管を基準に琴の第三絃の音を合わせ、その結果、第三絃は中国の黄鐘宮に定められ、つぎに、平調律管を基準に琴の第四絃の音を合わせ、その結果、第四絃は中国の太簇商に定められる。同じような方法で日本の律管を用いて、琴の第五絃を中国の姑洗角、第六絃を林鐘徴、第七絃を南呂羽にそれぞれ定め、最後に第六絃を基準に一オクターブ低く調整して第一絃を定め、第七絃を基準に一オクターブ低く調整して第二絃を定める。このような調絃方法を通して、七本の絃を順次下徴・下羽・宮・商・角・徴・羽の音程関係に調整していき、前で述べた象山が賛同する七本の絃の音程関係と合致する結果になることがわかる。

こうしてみると、象山の調絃法は、なかなか興味深いものである。一つは、前述したとおり、朱熹の調絃法では琴の第一絃を宮とし、そこから琴の散音や琴徽の按音などによってほか六絃の音を決めていくのであり、「吹管定律」はあくまでも宮音（第一絃）を決める際に用いるだけである。しかし、象山は、琴を調絃する際に、宮音（第三絃）以外の絃についても、「吹管定律」を用いて定めることを主張しており、「吹管定律」を用いて定めるのは宮音に限らないこととなるのである。

もう一つは、象山が使用しようとする律管は、中国の十二律を基準としたものではなく、日本の十二律を基準としたものである。つまり、象山は、調絃の結果を『律呂正義』や『琴旨』にも記載されていたような正調（第一絃から第七絃まで順次下徴・下羽・宮・商・角・徴・羽）にあわせていくが、調絃の過程においていかなる方法を用いるかは漢籍の記載にこだわらず、日本の律管を採用することで、独自の調絃法を提唱している。「吹管定律」という方法自体を重視し、律管自体についてはかならずしも中国のものにはこだわらないという象山の態度がうかがえるのである。

このような調絃法を通して、象山が期待するのは、「琴家能く此くの如くにして久しければ、則ち音律の学に応たりて、漸くにして通ずべし」と記しているように、琴に携わる人が音律の学にも通じるようになることである。

さらに、象山におけるこのような調絃法は、『琴録』の趣旨にも緊密につながるものである。すなわち、前章においても明らかにしたとおり、彼は現行の琴学については、

> 然其所伝、又皆騒人墨士之技。而定声苟簡。高下無節。是以学者徒務布爪之巧、而争以蕭散清雅為高。其於古人定律精微之法、概乎未有討究。則其間亦有稍渉於楽律之論而紀述焉者。率咸因仍簡陋、無足取也。[30]
>
> 然るに其の伝うる所は、又た皆な騒人墨士の技なり。而して声を定むること苟簡《こうかん》にして、高下節無し。是こを以て学ぶ者徒《ただ》に爪を布くの巧みに務むるのみにして、争うに蕭散清雅を以て高しと為す。其の古人の定律精微の法に於いては、概にして未だ討究有らず。則ち其の間亦た稍《やや》楽律の論に渉りて焉れを紀述する者有り。率ね咸因仍簡陋《みないんじょうかんろう》にして、取るに足る無きなり。

と指摘し、世の中の琴学は、調絃（「定声」）がなおざりにされたため、琴の学習者はひたすら弾琴の技術に務め、清雅の情調を演出することばかりを追求し、古人の律を定める方法がまともに研究されておらず、楽律の論述もわずかにあるもので、変わりばえのしない簡略で粗陋なものが多くて取るに足らないと痛感しているからである。

このような認識のもとで、象山はあえて琴の調絃法を詳細に論じ、楽律の基礎である「吹管定律」を特別に重視するようになったのであろう。そして、彼が重視するのは「吹管定律」や三分損益法の原理そのものであり、道具としての「律管」自体はかならずしも中国のものにはこだわらず、むしろ日本において、より知られている日本基準の律管を使用したほうが、楽律の原理が伝わりやすいと象山が考慮していたといえよう。

五　『琴録』の特色——荻生徂徠『琴学大意抄』と対照して

最後に、『琴録』は江戸時代の琴学・楽律思想のなかにおいて、いかなる特色があり、どのように位置づけられるのかについて明らかにしたい。

周知のとおり、江戸時代における琴学の歴史において、荻生徂徠の『琴学大意抄』は重要な位置を占めている。「楽」は徂徠の礼楽思想の一環として欠かせないものであり、徂徠は中国古代先王の音楽を理想とし、古代の楽律制度を明らかにするために『楽律考』や『楽制篇』、『琴学大意抄』を著し、古楽譜の復元と解読にも努めた。徂徠のこれらの著作は、刊本あるいは写本といったかたちで世の中に流布し、徂徠の門人をはじめ、後世に広く影響を与えており、とくに『琴学大意抄』は、その後の心越琴系を含む琴士たちの必読の琴書となり、徂徠における古楽復元のための実践的著作でもあった(31)。

『琴学大意抄』(32)はただの編纂物ではなく、徂徠が中国の典籍を引用しながら著述したものである。そのため、『琴録』のような抜粋を中心とし、編者の案語をつけくわえるという本文と案語とが形式上で分離された体裁とは異なり、『琴学大意抄』は徂徠自身の考え方を中心に中国の典籍を批評の材料として、一体化させて書かれたものである。

『琴録』と『琴学大意抄』とを対照し、両作の具体的な内容を確認すれば、『琴学大意抄』の「譜ノ文字ノ事」（減字譜の説明）という内容が『琴録』にはまったくみられない点を除いて、各内容の占める分量には差異があるものの、『琴録』と『琴学大意抄』とは内容構成が非常に相似していることがわかる。(33)

両者の各篇の占める分量を具体的にみてみると、『琴学大意抄』は琴の修養上における役割や琴の礼楽的役割に関する内容が少なく、おもに調絃法および弾琴の指法や要訣に関する内容であり、徂徠は琴の構造図も添付しており、琴の実践を重視する一面がうかがえる。それに対して、『琴録』には弾琴の技法に関する内容が少なく、もっとも中心的な内容は「琴声」「琴律」「琴度」「琴調」という琴律関係の四篇であり、写本を筆写した門人北沢正誠の案語も律呂に関する内容のみであった。(34)つまり、両著作に限ってみれば、徂徠が弾琴の指法や琴譜の見方をはじめとする琴学の実践を重視するのに対して、象山は琴律をはじめとする琴学の理論を重視しているといえよう。(35)

また、徂徠は「琴匠ノ事」のなかで「其道ニ精シキ人ハ皆ヨク其器ヲ作レルニヤ」と記述し、琴の製作も重んじているが、象山は自ら琴を製作していたにもかかわらず、『琴録』のなかには琴の製作に関する内容は採録せず、琴の実際の製作も要求していない。この点からも、徂徠の『琴学大意抄』は琴学に志を有し、琴学を一つの専門として入門を目指そうとする人を読み手に想定していたのに対して、本章においても明らかにしたように、象山の『琴録』は「琴」を通して世の中に楽律・声調の知識を普及させ、古楽の礼楽的機能を概要でも伝えることを目的としたものであることが確認できる。

したがって、『琴録』には『琴学大意抄』の影響がみられはするが、象山が独自に展開させたものといえる。そして、古楽の再興を志している点においては、象山と徂徠とは一致しているが、彼ら二人の具体的主張についてみてみると、かならずしも同様のものではない。

そのもっとも異なる点は、徂徠は、中国の古楽が日本に伝来して以来、最初の五調の形式を保ったままであり、上古三代の遺音がかわりなく残されており、この五調と古の琴家の五調とは符合するものであると考えているため、「本邦の楽、周・漢の遺音に周く」と徂徠が述べるように、彼はすでに中国において失われた上古三代の古楽が日本の雅楽と琴に残っていると考えている。(36) それに対して、象山は、日本雅楽十二律の律管を利用して琴の調絃を主張しているが、徂徠の「本邦の楽、周・漢の遺音に周く」のような考え方をもたず、単に中国古来の律呂知識をわかりやすく伝えるために、世の中に知られている日本雅楽の知識を借用したのみであるといえよう。

徂徠以後の日本における礼楽的環境の現状については、江戸後期の儒者塚田大峯（一七四五～一八三二）は、著作『聖道得門』において、日本発祥の神楽は天照大神により作られたもので礼楽的役割も果たしていたが、中世以後、国の「変革」により能楽と変じ、「その歌詞節奏」は「鄙陋」なものとなって「則るべき者莫し」と述べたうえで、(37)「然則今我東方士君子、将孰楽之学焉乎。（然れば則ち今我が東方の士君子、将に孰れの楽を之れ学ばんとするか。）」(38)といい、今代には「士君子」たる者が学ぶ「楽」は存在しないとまで慨嘆している。ここからも当時の音楽・芸能の現状の一端がうかがえ、つまり、徂徠学派に限らず、江戸後期や幕末期において儒学を学問とする人のなかで、「士君子」における礼楽的素養の欠如に問題意識をもったのは、決して象山一人ではなかった。ただし、その対応策として、大峯は「今士君子、雖不必学歌舞節奏也、苟能修和順之徳、以与人相楽、乃是亦可謂学楽也矣。（今の士君子は、必ずしも歌舞節奏を学ばずと雖も、苟しくも能く和順の徳を修めて、以て人と相楽しめば、乃ち是れ亦た楽を学ぶと謂うべきなり。）」(39)といい、「楽」自体に対する学習を完全に放棄し、徳を修めることによって礼楽的素養を養うことを主張していた。(40) それに対して、本章で明らかにしたように、象山は積極的に『琴録』を編纂することを通して、「士君子」にふさわしい七絃古琴の知識や楽律の原理、古楽の礼楽的意味を普及させ、これこそ「大雅の音」が再興される前提であると信じていたのである。

おわりに

本章は佐久間象山の『琴録』を取り上げて具体的に検討することを通して、『琴録』はいかなる著作であるのか、どのように編纂されていたのか、また『琴録』に現れた琴学思想・楽律思想はどのようなものであったのかについて明らかにし、『琴録』の特色を解明した。

現存が確認できる『琴録』の写本は京大本と狩野本との二つであるが、京大本『琴録』は象山の門人である北沢正誠が筆写したもので、狩野本『琴録』は明治時代の思想家である狩野亨吉の旧蔵書である。両写本を比較考察した結果、狩野本『琴録』は京大本を写したものではなく、京大本と狩野本は同一祖本に基づいていることが明らかとなった。両写本ともそれぞれの底本に忠実に従おうとする意図がうかがえるが、狩野本と比べて京大本がより祖本を再現していると考えられる。

『琴録』は、象山が琴学を通して世の中に楽律・声調の知識を普及させ、古楽の「移風易俗」の礼楽的意味を概要でも伝えるという意図のもとで編纂したものである。『琴録』は実際琴を弾くという実践より、琴学の基本知識ないし楽律知識の普及を図るためのものであったため、象山は『琴録』のなかで「琴原」篇と「琴記」篇において大量な典籍を引用して、中国古代の有名人の琴における逸事を列挙することで、世の中の琴に対する関心を引き寄せ、また、「琴声」「琴律」「琴度」「琴調」の四篇というはなはだ多い分量の篇幅を設けて楽律の知識を示したのである。

ただし、注意すべきは、ここでいう「普及」とは、広く世の中にある一般人むけのものではなく、『琴録』が全文漢文で書かれたことからもわかるように、あくまでも一定の範囲内においての「普及」としかいえない。象山が『琴録』の序文のなかで「今之士大夫、問以五音六律、莫有能知其說。而不自知其為闕也者亦多矣。（今の士大夫、問うに五音六律を以てすれば、能く其の説を知るもの有ること莫し。而して自ら其の闕為るを知らざる者も亦た多し。）」[41]と指摘するとおり、五音六律の基礎知識は武士階級（「士大夫」）の基本教養の一つであるにもかかわらず、この素養をもっていないことさえ自覚しないものが多かった。したがって、象山が図っていた琴学・楽律知識の「普及」は、漢文の素養をもつ武士や儒者のような学問に携わる人を対象とするものと推測される。

象山が『琴録』において提起した琴学思想や楽律に関する主張は、江戸後期・幕末期における礼楽軽視の学問的環境という時代の特徴そのものを反映させたものでもあり、それとともに、このような現実に対応するための一つの対応策、しかも象山独自の対応策を示したものと意義づけられよう。

以上の考察を通して、象山の朱子学理解において彼の琴学や『琴録』の編纂をふたたび考えてみれば、とりわけ『琴録』の編纂からみられるように、琴を弾くという技芸上の実践よりも、律呂・声調の知識および古楽の礼楽的役割の普及、そして古楽の再興をもっとも重んじており、これは、個人修養論の延長線において琴学を重要視することを意味するのであろう。要するに、琴学を通して養われる礼楽的な素養は、象山が説く「東洋道徳」の一環として意義のあるものなのである。

注

（1）これまでは『琴録』という書物の実物が、長野県長野市真田宝物館開催の企画展示「佐久間象山の世界」（平成一六年一〇月二〇日から一二月六日まで）で京都大学附属図書館から借用されて展示されたことがあり（同展図録『佐久間象山の世界』真田宝物館・象山記念館、二〇〇四年一一月）、また、原田和彦氏は「佐久間象山関連資料について――京都大学附属図書館所蔵資料を手掛かりとして」（『松代』第一九号、二〇〇五年）という論文のなかで、論文最後の資料付表において『琴録』の存在を挙げたのみである。

（2）京都大学附属図書館所蔵『佐久間象山遺稿1』所収、請求記号：維新／サ／4。

（3）北沢正誠については、岩生成一「忘れられた歴史・地理学者北澤正誠」（『日本学士院紀要』第四二巻第一号、一九八七年）参照。

（4）前掲原田和彦「佐久間象山関連資料について——京都大学附属図書館所蔵資料を手掛かりとして」参照。

（5）東北大学附属図書館所蔵狩野文庫、請求記号：№５-17346-１。

（6）『東北大学附属図書館所蔵狩野文庫目録　和書之部』「第五門　美術・工芸・技芸」（丸善株式会社出版社）、一四一頁。

（7）狩野文庫の詳細については、村上康子「誌上展示会「狩野文庫の世界〜狩野亨吉と愛蔵書」——狩野亨吉生誕150周年記念企画展」（『東北大学附属図書館調査研究室年報』三号、二〇一六年）参照。

（8）前掲村上氏の論文によれば、第一回の納入時だけ荒井泰治がかかわり、そのときに荒井泰治氏寄附による狩野文庫受入印も作られたが、詳細な作成時期は不明であるという。

（9）前掲村上康子「誌上展示会「狩野文庫の世界〜狩野亨吉と愛蔵書」——狩野亨吉生誕150周年記念企画展」参照。

（10）なお、書き込みが残されたのは、「琴原」篇の八丁表（本文に符号）、「琴声」篇の七丁裏（頭注に書き込み）、「琴律」篇の一丁表（頭注に書き込み）、七丁表（本文に書き込み）、七丁裏、八丁裏、九丁表、一三丁表、一三丁裏（ともに頭注・本文に書き込み）、一五丁表（頭注に書き込み、本文に符号）、一五丁裏（頭注・本文に書き込み、本文に符号）、一七丁裏（頭注に書き込み、本文に符号）となる。

（11）「年譜」、『全集』巻一、二二頁。

（12）詳細は杉本つとむ「佐久間象山『増訂荷蘭語彙』の小察」（『日本歴史』第四一五号、一九八二年）参照。

（13）なお、これら象山の編纂物は全集に収録されていないものの、それぞれの序文が『増訂象山全集』巻一に収録されている。

（14）「四書経註傍釈　大学」前注、『全集』巻一。

（15）長谷川昭道（一八一六〜九七）、信濃松代藩士、通称は深美、号は戸隠舎・一峰など。佐久間象山に西洋砲術を学び、江戸で佐藤一斎に学ぶ。藩文武学校設立に貢献。尊王攘夷の立場から佐久間象山と対立し、藩主仮養子事件の嫌疑で嘉永六年から蟄居。元治元年蟄居を解かれ、勤王派の立場で江戸と松代との間で奔走し、藩論を勤王に統一した。著に『皇道述義』『攘夷独語』など（『日本国語大辞典』デジタル「長谷川昭道」事項参照）。

(16) 前掲原田和彦「佐久間象山関連資料について――京都大学附属図書館所蔵資料を手掛かりとして」参照。

(17) 「琴録序」、『全集』巻一象山浄稿序、八〇頁。

(18) 同前。

(19) 『琴録』「琴調」篇末尾案語。

(20) 琴には、表面に音を取る目安としての「徽」が一三個あり、徽の位置は、琴弦が振動して出る音によって決まるため、徽には「天地自然の節」があると思われていた。陳応時氏の研究によると、琴の徽を「天地自然の節」として捉えるという記述が、崔遵度の『琴箋』に初めてみえるという。陳氏は崔遵度が「自然の節」と呼んでいるのは、「琴弦の振動する節点である」としている（陳応時『琴律学』上海音楽学院出版社、二〇一五年）が、問題は、琴の一三個の徽が振動する節点が三つ以上あるにもかかわらず、崔遵度が琴の「節」を三つのみにしている点である。この点に関しては、崔遵度は『琴箋』において「『易』之書也、偶三為六、三才之配具焉、万物由之而出。雖曰六画、及其数也、止三而已矣。琴之画也、偶六而根於一。一鐘者、道之所生也。在数為一、在律為黄、在音為宮、在木為根、在四体為心、衆徽由之而生。雖曰十三、及其節也、止三而已矣。」といい、彼の琴に対する認識は、天・地・人の「三才」より世の中に万物が生じるという彼の『易経』理解につながるものであることがわかる。

(21) 琴の調絃は「宮・商・角・徴・羽」の五声音階により行われるため、琴絃の命名にも「宮・商・角・徴・羽」が使われていた。第一絃より第五絃まで順次宮絃・商絃・角絃・徴絃・羽絃と命名され、第六絃は文絃、第七絃は武絃（周の文王と武王から命名）と命名された（詳細は前掲陳応時『琴律学』一九頁参照）。

(22) 『琴録』「琴声」篇三丁表〜三丁裏案語。

(23) 『琴録』「琴律」篇七丁表〜七丁裏案語。

(24) 朱熹の調絃法の詳細については、山寺三知「朱熹『琴律説』における調絃法について」（『國學院雑誌』一〇六（一一）、二〇〇五年）参照。

(25) 三分損益法とは、ある律管の長さを三分の一減らすことにより五度上の音を得る三分損一と、三分の一増やすことにより四度下の音を得る三分益一を繰り返すことによって、楽律を算出する方法である。起点である黄鐘九寸から算出した十二の楽律を管長逓減で並べると、黄鐘・大呂・太簇・夾鐘・姑洗・仲呂・蕤賓・林鐘・夷則・南呂・無射・応鐘となる（『日本音楽大事典』「三分損益」項目、平凡社、二〇〇五年参照）。

(26)「沈氏筆談拠唐人琵琶録、以為調琴之法、須先以管色合字定宮絃、乃以宮絃下生徴、徴上生商、上下相生、終於少商。凡下生者隔二絃、上生者隔一絃取之。凡絲声皆当如此。但今人苟簡、不復以管定声、故其高下無法、出於臨時。按：沈氏所言、可救流俗苟簡之弊。」（『晦庵先生朱文公文集（四）』、『朱子全書』第二三冊、巻六六「琴律説」、三二四六頁）とある。

(27)『琴録』「琴調」篇一丁裏〜二丁表案語。

(28)『琴録』「琴調」篇二丁表〜二丁裏案語。

(29)『日本音楽大事典』「十二律」項目参照。

(30) 同注（17）。

(31) 荻生徂徠の音楽思想については、山寺美紀子「荻生徂徠の楽律研究：主に『楽律考』『楽制篇』『琴学大意抄』をめぐって」（『東洋音楽研究』八〇、東洋音楽学会、二〇一四年）、同「藤沢東畡と七絃の琴――その琴系及び弾琴、琴学、琴事の実像について」（『関西大学東西学術研究所紀要』四九、二〇一六年）、陳貞竹「荻生徂徠における古楽の復元論についての一試論――楽律論・楽制論・琴学および江戸音楽文化批判の検討を通して」（『芸術研究』二一・二二、広島芸術学会、二〇〇九年）、同「荻生徂徠における礼楽論の展開：朱熹礼楽論の受容と変容をめぐって」（『東洋音楽研究』七七、東洋音楽学会、二〇一一年）などを参照した。

(32)『琴学大意抄』については、川島絹江「荻生徂徠著『琴学大意抄』翻刻」（『東京成徳短期大学紀要』第三七号、二〇〇四年）、あわせて山寺美紀子「荻生徂徠著『琴学大意抄』注釈稿（一）」（『國學院大學北海道短期大学部紀要』第三四巻、二〇一七年）を使用した。

(33) 具体的には、『琴録』「琴原」篇の内容が『琴学大意抄』の「琴ノ名義ノ事」に、「琴体」篇の内容が「琴ノ各所ノ事」と「軫ノ事」に、「琴声」篇の内容が「三ノ声ノ事」に、「琴律」・「琴度」篇の内容が「徽ノ事」・「絃ノ事」に、「琴調」篇の内容が「琴ノ調様ノ事」と「琴七絃十三徽ノ定位ノ事」に、「琴理」篇の内容が「琴ノ名義ノ事」に、「琴致」篇の内容が「琴ヲ弾セシ人ノ事」に、「琴訣」篇の内容が「指ノ名ノ事」・「右指法ノ事」・「左指法ノ事」・「附 品絃」に、「琴記」篇の内容が「琴ノ起リノ事」・「琴ヲ弾セシ人ノ事」・「琴匠ノ事」に、それぞれ該当する。

(34) 京大本『琴録』にある北沢正誠による二か所の案語（「正誠案」）が、いずれも「律呂」に関する内容であり、正誠のこのような意識は、『琴録』のもっとも中心的な内容が「琴声」「琴律」「琴度」「琴調」という琴律関係の四篇であることと通底し、さらに象山における『琴録』の編纂意図、つまり「士大夫」に律呂・声調の知識を普及させ、古楽の礼楽的役割を伝えることと一致するものであるといえる。正誠は、師の象山の律呂を重視する態度を十分理解したうえで、師の思想を忠実に後世に伝えるために『琴録』を筆写したと考えられよう。

(35) ただし、これは徂徠が楽律を重視しないということを意味するのではなく、徂徠は『楽律考』や『楽制篇』において楽律や楽制度について詳細に論じているため、『琴学大意抄』は単独的に存在するものではなく、徂徠諸楽律著作の一環として楽律の実践的役割を担うものとして存在しているといえよう。

(36) 徂徠における古楽復元思想については、前掲山寺美紀子「荻生徂徠の楽律研究――主に『楽律考』『楽制篇』『琴学大意抄』をめぐって」を参照されたい。

(37) 「我が東方に於いては、則ちまた固より一種の楽在る有り。国史にこれ有り。大古の時、天照氏慍を発して、天窟に入り、磐扉を閉ぢて以て幽居す。ここに於いて、六合黯黮として、昼夜を知らず。この時に方りて、群神金玉の具を設け、乃ち磐扉の前に会し、以て歌楽と蹈舞し、以て天照氏を出すことを得たり。爾より以来、神楽なる者有りて、しかして廟朝従り閭巷に至るまで、奏して以て礼節と為せり。しかして後かの神楽なる者は、徒らに闍巫の手に没して、蔑焉として有ることなきが如し。しかるに復国俗変革するに及びてや、乃ちかの神楽転移して、更に中楽なる者興り、蚤く既に嘉礼の具と為る。然れどもこれその歌詞節奏、鄙陋則るべき者莫し。」（『聖道得門』「成楽門第七」、『大系47』、一五三～一五四頁）とある。

(38) 「聖道得門」「成楽門第七」、一五四頁。

(39) 同前。

(40) 塚田大峯の礼楽思想については、拙稿「江戸後期の礼楽論に関する一考察：塚田大峯『聖道得門』を中心に」（『関西大学中国文学会紀要』四四、二〇二三年）を参照されたい。

(41) 同注(17)。

第二部

佐久間象山の政治思想

――「東洋道徳、西洋芸術」の実践のために

第五章　佐久間象山における『家礼』受容

――『喪礼私説』に着目して

はじめに

序章で述べたように、これまでの象山の政治思想に関する研究は、ナショナリズムの論理への解明など、近代化の立場に立脚して検討をくわえたものが多い。そのため、象山の思想のなかにおいて近代化論と齟齬がある一面が、象山思想の「限界」としか評価されてこなかったか、あるいは看過されて検討されていないままになってきた。なかでも本書でとくに注目したいのは、象山の儒教儀礼への関心という点である。[1]

文久二年（一八六二）九月幕府宛の上書のなかで、象山は幕府の文久改革項目に対してさまざまな批判をくわえ、公武合体の立場に立脚して、西洋の「天文・地理」から「砲兵の技・商法」まで、先進的な科学知識と技術を取り入れると同時に、内政面では「漢土聖人の模訓に従」って「上下尊卑の秩序」を強化するといった富国強兵策を唱えた。そのなかで、日本の国力が西洋諸国に匹敵できない理由の第一として、序章でも触れたとおり、象山は仏教徒のなかから「遊民」が多く出て国の財政を無駄に消耗することにあると考え、その対策として儒式の葬喪制度を設けることを提起した。具体的にいかなる儒式喪礼が実施されるべきかなどについては、象山は朱熹の『家礼』に基づいて著した『喪礼私説』という著作のなかで示している。

このように、『喪礼私説』は象山の政治思想において重要な位置を占めているにもかかわらず、これまでは石川教張氏[(2)]が象山の仏教観を論じる際に触れており、吾妻重二氏[(3)]が『家礼文献集成　日本篇』の編集において『喪礼私説』の影印を載せ、簡潔な解説を通して『喪礼私説』の作成背景や象山の洋学者・考証学者としての一面などに注目しているのみである。それ以外、管見のかぎり『喪礼私説』についての具体的検討はみあたらない。そこで本章では、佐久間象山の『喪礼私説』はどのような著作であるのか、いかに朱熹の『家礼』に基づいて作成されているのか、江戸時代のそれまでの儒礼著作と比べていかなる特色をもっているのかについて詳細に検討することとする。

一　『喪礼私説』の全体像

1　『喪礼私説』の著述と構成

文久元年（一八六一）、象山は母荒井氏の逝去をきっかけに、朱熹の『家礼』「喪礼」に基づいて『喪礼私説』を著した。ここでは、『喪礼私説』の目次と『家礼』「喪礼」の目次とを対照し、その結果を【表1『喪礼私説』目次と『家礼』「喪礼」目次との対照表】にまとめた。

【表1】から、象山が作った儒式喪礼のこのマニュアル書は、基本的に『家礼』の喪礼次第を継承していることがわかる。ただし、象山は死者の最期の前に「養疾、行祷」という死者生前の看病に関する作法、「假満」という

表1　『喪礼私説』目次と『家礼』「喪礼」目次との対照表

『喪礼私説』目次	『家礼』「喪礼」目次
養疾、行祷、疾病	
初終	初終（「治棺」を含む）
治棺	
誌石	※「治葬」で言及
沐浴、襲斂、入棺	沐浴、襲、奠、為位、飯含
	霊座、魂帛、銘旌
	小斂、大斂
成服	成服
朝夕奠	朝夕哭奠、上食
弔奠賻	弔奠賻
聞喪、奔喪	聞喪、奔喪
治葬、穿壙	治葬（「穿壙」、「作主」を含む）
作主（題木主を含む）	
遷柩、朝祖	遷柩、朝祖、奠、賻、陳器、祖奠
載柩、発引	遷奠、発引
及墓（祠后土を含む）、下棺（成墳を含む）	及墓、下棺、祠后土、題木主、成墳
反哭	反哭
虞祭	虞祭
卒哭	卒哭
祔	祔
假満	
小祥	小祥、大祥
禫	禫
忌日	※『家礼』「祭礼」で言及
返葬	※「治葬」で言及
居喪雑儀	居喪雑儀
墓碑	※「成墳」で言及
影像	

■印は『喪礼私説』にあり、『家礼』「喪礼」にない項目を表す
※印は『家礼』「喪礼」の他の項目や「祭礼」で言及されていることを表す

日本社会特有の規定、また篇尾に「影像」という「近代的」な事項をくわえるなど、『家礼』にはない内容も取り入れている。一方、「養疾、行祷」は『礼記』に基づいた作法で、「假満」は幕府服忌令に由来した規定であり、また「影像」は象山の洋学受容に関連する見方だと考えられる。このように、象山は『喪礼私説』を著述する際に、『家礼』に限らず、幅広い儀礼作法や法令規定をも参考としたことがうかがえる。

『家礼』のほかに象山が参考とした書誌資料はおおまかに二種類に分けることができる。一つは『儀礼』や『礼記』を代表とする儒教の儀礼書である。[4]『儀礼』のほかに、唐礼を詳細に記載する『通典』、宋の『温公書儀』、明の『大明集礼』『大明会典』などが挙げられる。たとえば、木主尺寸について、象山は「今諸家の説を通じ考ふるに、何休が公羊伝の註に、主状正方、穿中央達四方。天子長尺二寸、諸侯長一尺と見え、漢書礼儀志に木主尺二寸と見え、通典に晋武帝大康中制大廟神主、尺一寸と見え、又通典に大唐之制、長尺二寸、趺方一尺、厚三寸と見ゆ[5]」といっ

たように列挙し、これまでの木主事例について儒学典籍を通して幅広く調べて、比較し斟酌しているといえる。また成服時の「受服」の礼について、象山は「古礼に受服てふことあり。（中略）然るに唐の開元礼、明の集礼会典に至るまで、練服禫服の制は見ゆれど、受服の制遂に見えず。[6]」といい、『礼記』にみられる「受服」の礼がすでに唐の時代から行われなくなったことに対して注意を払っていることがわかる。このように、象山は中国の儒教経典を幅広く参考にして喪礼の具体的作法を確認する一方、古からの儒式喪礼の変遷についても留意しているのである。[7]

『喪礼私説』の著述にあたり、象山がもう一つ参考としたのは、日本古来の儀礼制度や幕府の儀礼規範に関する書籍である。その一端は彼の当時の書簡からうかがえる。松代藩家老恩田頼母宛の書簡のなかで、象山は「御約束の貞丈雑記全部三拾二本箱のまゝ御持せ御恵借被成下、（中略）此節筆記仕居候私説中へも必ず採用可仕義可有御座奉存候、先暫く拝借仕度奉冀候。[8]」といい、有識故実書である『貞丈雑記』を借閲し、参考となる内容を『喪礼私説』の著述に採択しようとする意を表している。また、家老望月主水宛の書簡のなかで、象山は「昨年中群書類従の内数部入用の義有之、内々頼母殿へ乞願、御側御納戸御預の御書物拝見間を合せ候義御座候ひき。此節本朝葬祭の義取調べ候に付、類従中散見の條々をも採用仕度、さし向き武家類と申廿五巻ばかりを拝見仕度奉存候。[9]」といい、日本の葬祭のことを調べるために『群書類従』の「武家部」を閲覧する希望を出している。また、望月主水宛の別の書簡のなかで、象山は「熊沢の喪祭はいかにも粗なる事に御座候。跋文認め候悔斎蕡と申は御承知に御座候哉。これはころも藩の儒者にて、後に奸邪の家老を打果し、自尽致し候男に御座候。年齢本多茂一郎などと相しくものに候へば、哀敬編取立に相成候頃、本多と共に力を入れ候ものにも可有之と被存候。[10]」と記述しており、熊沢蕃山（一六一九〜九一）の喪祭主張を批判し、師佐藤一斎（一七七二〜一八五九）の『哀敬編』にも言及している。[11]ここから、象山は江戸時代の儒者の喪礼著作をも参考にしたことが確認できる。

２　日本の風習を重要視する喪礼次第

具体的な喪礼次第について、象山は江戸時代以来の儒者と同様に、『家礼』の次第作法をそのまま採用したのではなく、日本の通例や風習にあわせて修正・調整している。ここでは具体的に三つの作法を通して『喪礼私説』と『家礼』とを対照しながらみていく。

〈１〉『家礼』の「復」礼と臥棺について

『家礼』では死者の衣服をもちながら屋根に上って死者の魂を呼びもどすという魂よばいの「復」礼が行われることが記述されているが[12]、象山は「復」礼は「古礼とは雖《いえども》児戯に近し。なす可《べか》らず[13]。」と主張している。江戸時代初期と中期の儒者がほぼ抵抗なく「復」礼を取り入れて実践していることに対して[14]、象山はこれを断固として拒絶していることがわかる。

「復」礼のかわりに、象山は「今の世の習はしとして、多く坐棺を用ふれば、この時に於て、大やう半坐半臥の姿に取繕ふべきなり[15]。」といい、座棺の準備を勧めている。周知のように、臥棺に遺体を納める中国と異なって、江戸時代の日本では座棺が普通であったと思われる。一方、江戸時代の儒者のなかでは伝統儒式作法に従い臥棺を主張する人も少なくない[16]。そして座棺を認める儒者も実際、やむをえず世俗に合わせなければならないと感じる場合が多い[17]。それに対して象山の場合、臥棺を使用できないことを遺憾とするどころか、むしろ積極的に日本の風習に従って座棺への納棺に備えて遺体を処理することを主張しているのである[18]。

〈２〉『家礼』の「南首」、「奠於戸東」について

象山は『家礼』の遺体の首を南にすることについて、「本朝の屋作り異朝と同じからず。今又古と殊なり。必し

も泥む可らず。[19]」という態度を取っており、日本と中国、「今」（象山の時代）と「古」（『家礼』の時代）とにおける事情の差異を根拠に、方位という些細な点にこだわる必要はないとしている。したがって、それに関連する「始死奠」の方位についても、象山は遺体の東に奠を設けること（「奠於尸東」）は単なる「尸の南首に就いてその右傍をいふ[20]」のみであると考え、「東」という方位を相対的に捉えている。そして、「東」のかわりに象山は「右」を主張し、「右傍に奠するは、その飲食に便りよからんようにとなり。死につかへまつること、生につかへまつるが如しといふこゝろなり[21]。」と、死者生前の生活習慣にあわせた仕方こそが『中庸』第一九章の「事死如事生、事亡如事存、孝之至也。（死に事うること生に事うるが如くし、亡に事うること存に事うるが如くするは、孝の至りなり。）」の教えに符合し、もっとも「孝」の気持ちを体現した作法であると主張しているのである。

〈3〉『家礼』の「易服不食」、「倚廬寝苫」について

『家礼』では「成服」（喪服をつける）まで妻子と妾室は冠と上服を脱ぎ去り、被髪し、男子は襟を扱い、裸足になり、服喪する人はすべて装飾品を外すという「易服」の作法がある。[22]これについて、象山は日本の状況を考慮したうえで、「男子は肩ぎぬ羽織を去り、紅粉を洗ひ去り、佩ものを解き、襪を脱ぎ、浴せず、月代そらず、髪結はずしてあるべし。」、「婦女は櫛笄をおろし、紅粉を洗ひ去り」、「衣服も紅紫の華やぎたるは皆脱ぎ換ふべきなり。[23]」というかわりの作法を提起している。これは日本人普段の衣服衣装にあわせた提案であり、とりわけ月代を剃らないことは幕府服忌令に由来した作法だと看取される。[24]「被髪」についても象山は、「本朝に被髪の制な」いことを理由に「麻緒にてゆふ」ことを主張し、「漢土にしては成服の時[25]」に行われる麻糸で髪を束ねる作法をここでまねして採用しているのである。

『家礼』の「不食」という孝に基づく礼に対して、象山は「本朝の礼この制見えず[26]」と知りながらも、理解を示

している。それは象山が「孝子哀痛の余り、飲食さへに思はざるは、彼我古今同じこゝろなるべし。[27]」と述べているように、彼は日本と中国、今と昔とを問わず、人情の共通性に着眼しており、さらに、彼は「聖人の教に志さむ人は、この礼制を考へ合せて、斟酌しておのれの志を行ふべきなり。[28]」と、儒者が聖人の教えを貫徹することを期待しているからである。これらの理由により、「不食」の礼に対して象山は基本的に『家礼』に述べられたような、『温公書儀』に由来した「力を量りて行う」原則に従っているのである。

そしてこの原則はまた象山に『家礼』の作法を相対的にみる根拠を提供している。この点は『家礼』の「倚廬寝苫」の礼に対する象山の態度からうかがえる。『家礼』では「大斂」する際に斬衰の人は「土くれを枕にし、苫の蓆に寝る[29]」という作法があるが、象山はこの礼に対して、「その力を量らず、そを行はんとして、父母の遺体に疾を受くる程ならば、却て罪深きわざなるべし。[30]」と批判している。つまり、自分の限界を知ったうえで適度に礼法に従えばよいが、さもなければ体調を崩したならば、自分の体＝「父母の遺体」を壊すことになってしまい、かえって孝の趣旨に違背することになるというのである。したがって、象山は「男子は表の居間に居宿して、故なければ奥に入らず。婦人はたやすく表に出でず。坐するに褥を用ひず。臥すに布衾を用ふるをもて、倚廬寝苫の礼に換ふべし。[31]」といったような代用の作法を提起しているのである。

以上三つの例から、象山は『家礼』の作法にこだわらずに日本の世俗風習を重要視する姿勢を取っていたことがうかがえよう。この点は象山が『家礼』の作法を大幅に省略した一事からも読み取れる。「哭」礼、「沐浴」、「飯含」、「魂帛」、「銘旌」を省略したことや、「斂」を「小斂」のみとしたこと、「奠」についての記述も簡略化されたことなどが挙げられる。つまり、『喪礼私説』において象山はつねに「本朝殊に簡易を尚ぶの俗[32]」に従い、儒式喪礼がよりよく日本で実践できるように工夫しているのである。さらに、象山は、江戸時代の初期と中期における多くの儒者と異なって、『家礼』に忠実に従えないという現実的苦悩を克服するための次善策としてではなく、積極的に日本の礼法を取り入れているのである。「奠於尸東」や「倚廬寝苫」の例により示されたように、象山は『家礼』の作法を批判する際に、「孝」に依拠する場合が多い。次節ではこの点に着目して考察したい。

二　『喪礼私説』の特色

1 「事死如事生」に基づいた『家礼』への批判

象山は『喪礼私説』のなかでしばしば『中庸』の「事死如事生」に依拠して『家礼』の作法を批判的にみている。『中庸』にいう「孝」を貫徹しようとする象山の態度がうかがえるものである。

たとえば、『家礼』では「沐浴」すなわち湯灌について詳細に記載されているが、死者を「沐浴」させることについて、象山は、

沐浴は、古礼今俗みな為す所なりと雖も、人情に求めて甚だ快からず覚ゆるなり。いかにとなれば、生時裸体もて人に見ゆることなし。死して後、人にまかせて浴せしむる、もし知ることあらむに、あに快しとする所あらむや。(33)

という見解を示している。ここで象山は死者の遺体をきれいにすることより、湯灌するために死者を裸体にすることのほうに注意を払っていることがわかる。彼は人を裸体にすることは「人情」に符合しない行為であり、人に不快の念を起こすことであるといい、この行為について「もし死者が知ったならば」とまで想像している。象

山のこの考え方と彼の鬼神観とは連動している。象山は基本的に朱熹の鬼神観に賛同し、「吾之此身、即祖考之遺体。（吾の此の身は、即ち祖考の遺体なり。）[34]」、「子孫求之、而祖考来格。是理之当然矣。（子孫之れを求むれば、而《すなわ》ち祖考来格す。是れ理の当然なり。）[35]」と、われわれは祖先と同一の「気」をもち、われわれの身体自体が祖先の「遺体」であり、祭祀を通じて祖先の「来格」を招くことができると考えている。つまり、象山にとって、人はいまこの時点でリアルに生きている身体と感覚とを大事にし、自分の感覚を通じて死者と感応して、死者の気持ちを推し量って配慮する気持ちで逝去した親や祖先を扱うことこそ、『中庸』の「事死如事生」に符合したものであり、「孝」に従った作法なのである。さらにこの点は象山においてただちに「人情」という要素を通して表現されており、「人情」に依拠していう際に象山がもっとも強調したいのは「孝」であるといえる。

この「事死如事生」の「孝」を強調するという象山の態度が、『家礼』の「左衽」に対する彼の考え方からもうかがえる。彼はつぎのように述べている。

異朝本朝とも、襲する時の衣を左衽すべしといふものあり。これ、士喪礼乃襲三称の鄭註に、凡衣死者、左衽不紐といへるに、誤り拠れるにてゆゝしきひがごとなり。抑々左衽は夷狄の俗なり。孝子は死につかへまつること生につかへまつるが如しといへり。さるを、親のうせ給ひていまだその日をも竟へずして、忽ち夷狄の俗とし、衽を左にしまゐらせむこと、これをしもしのぶべくば、いづれをかしのぶべからざらむ。はたしてしかあらむには、死者にして知ることあらば、よく愧憾することとあらざらめや。聖人終を慎みたまふの礼に、かゝるまさなきことあるべくもあらず。[36]

中国にも日本にも死者を襲斂する（死者に衣装をつける）際に左前（左襟を先に肌につける）の習慣があるが、象山はこれはそもそも夷狄の風習から由来した作法であると捉え、この作法に反対しているのである。ここでは象山が反対する理由のほうに注目したい。

まず象山は「左衽」を夷狄の風習として捉えていることが挙げられる。つまり、象山は聖人により大事にされた喪葬の「礼」のなかに「礼」を知らない夷狄の風習のような「まさなき」ものが混じっているはずはないと考えている。ゆえに、彼は夷狄の風習まで容認できるならば、すべてのことが容認できることになってしまうとまでいって、厳しい語句でこの「左衽」の作法を非難しているのである。

もう一つはかかる非難は象山が「孝子は死につかへまつること生につかへまつるが如しといへり。」と明言したうえで打ち出したという点である。夷狄の風習で親の喪礼を行うことは許容されないばかりか、それは死後の親にとっても恥ずかしくて遺憾であると象山は断言する。この「死者にして知ることあらば」という一句からも、前述した象山が自分の感覚を通じて死者の気持ちを配慮して奉仕することを強調していることが確認できる。したがって、象山は「はじめ襲するをりには、衣帯をも常の如くに[37]」することを主張しており、彼にとってこれこそ「孝子」たる作法なのである。象山は『中庸』の「孝」に立脚して『家礼』の作法を再検討していることが明白にうかがえよう。

2　洋学知識の合理性による『家礼』への修正

洋学も積極的に摂取していた象山は、本書の第一部において明らかにしたように、西洋の自然科学に対して「近来西洋所発明許多学術、要皆実理。（近来西洋の発明する所の許多の学術は、要するに皆実理たり。[38]）」と評価し、西洋諸国が新たに発明した学問は「実理」であって優れていると考えている。このような「理」という側面から洋学を評価する象山は、儒式喪礼を考える際も洋学の知識に依拠するところが少なくない。ここでは三つの例を通して検証することとする。

〈1〉『家礼』「治棺」における松脂の使用等

『家礼』の「治棺」では、「瀝青」[39]つまり松脂で棺を塗り、水や虫、遺体の腐敗を防止するための措置が施されている。これは程子により提起された作法である。程子は「雑書有松脂入地、千年為茯苓、万年為琥珀之説。蓋物莫久於此。故以塗棺。（雑書に松脂地に入りて千年茯苓と為り、万年琥珀と為るの説有り。蓋し物此《これ》より久しきは莫し。故に以て棺に塗る。）[40]」とし、松脂の長もちする性質から棺に塗る物質に選んだのである。

これに対して、象山は「程子の、棺を裹《つつ》むに松脂もてするの説は誠によし。[41]」と述べ、松脂の使用について賞賛すると同時に、程子が依拠する原理に対して、「たゞ雑書の、松脂地に入ること千年茯苓となり、万年琥珀となるの言を引かれしは、いと浅はかなり。茯苓あに松脂の変ずる所にして、琥珀豈茯苓の化する所ならむや。[42]」と指摘し、物質の生成に対する程子の知識の不合理性を批判しているのである。[43]このように、象山は『家礼』の作法に対してつねに「理」に符合するか否かという基準で判断している。

さらに、後儒が棺の隙間を塞ぐに「銀珠漆」を使用することに対して、象山は、これは「理に暗き論なり[44]」と指摘し反対している。具体的に彼は、銖漆が「湿気を吸収するは、その質に気眼ある故なり。気眼の内湿気を含めば、その質やがて軟化して、遂に剥脱せざることを得ず。[45]」という理由を提示し、銖漆の性質からその変質の原理を説明している。結局象山はこの知識を根拠に、「漢人多く窮理にうとく、その言杜撰臆説多し。択ばずはあるべからず。[46]」と述べ、「窮理[47]」に不案内なゆえに漢人の作法は信用できないと結論づけたのである。

〈2〉 医学知識による批判

『家礼』には死後三日目になってから遺体を「大斂」するという作法が記述されている。この作法は『礼記』の記載をふまえたものであり、『礼記』では「三日而后斂者、以俟其生也。三日而不生、亦不生矣。孝子之心亦益衰矣。（三日にして后に斂するは、以て其の生きんことを俟つなり。三日にして生きざれば、亦た生きざるなり。孝子の心亦た益ます衰う。）[48]」となっている。しかしこれについて、象山は「むかし人身の窮理に至らず、医術もいまだ明ならず、假死を認めて真死とせるものありしによりて、聖人のかゝる制をしも立て給ひしなるべし。[49]」と考えているのである。つまり、象山は、むかしは医術が発達しておらず、人体の構造や死亡を確認する方法がわからないため聖人がこの礼を制定していたのみであると理解しているのである。

これと類似した例として、危篤になった病者の居場所を移動することに対して、象山は「疾の革なる時遷居正寝といふこと、温公書儀・文公家礼にあれども、甚だ危きわざなり。尤も従ひ難しとす。[50]」と説いており、『家礼』にも『温公書儀』にも記載されているこの作法は、実際「死を促」すことになるだけであると考えているのである。象山は「人身の窮理」など西洋医学の原理に基づいて従来の作法を再検討し、儒学の経典を絶対視せずに、先進的な知識を武器としてその「不合理性」を突き詰めるという態度をもっているのである。

〈3〉 写真使用の主張

象山は洋学を取り入れる際に、書物から知識を獲得するにとどまらず、硝子の製造、馬鈴薯の栽培、鉱石の探査、種痘を試みることなど、さまざまな分野において自ら実験をしていた。写真機の製造もそのなかの一つである。象山はショメル[51]の百科全書に書かれた写真機とレンズの製法を独学し、写真機の自製と写真の実写にも成功した（象山自製の写真機については、巻頭口絵参照）。『喪礼私説』では象山はこの経験を生かし、喪礼のなかで写真を使用することを唱えている。

まず写真と同じく人の姿が映る影像について、象山はつぎのように説いている。

影像の設ありて、歳時の祭祀に一たびそを披けば、としつきの久しきを経ぬるも、儀容さながらこゝにいますが如く、思慕のこゝろもこれによりて又ます〳〵深かるべし。さらば影像ばかり追孝の助となるべきものはあらじ。心あらむ人は、廟墓神主と同じく、こゝろして設けたき祭の折〳〵、神主のうしろに掛くべし。[52]

すなわち、象山は影像は人の容貌を記録して長く保存できるものであるため、影像を見ることで死者への追悼の意が深まると信じ、影像は「孝」を尽くす一助となると考えている。具体的な作法として、彼は影像を神主（位牌）の後ろに掛けるべきであると主張していることがわかる。しかし、彼は同時に漢土の画法で描かれた肖像は「その形神多くは缺けて、いける人の面貌に似ず。（中略）写す所果してその人に似ることなくば、いかでかその人として祭祀の誠をば尽すべき。[53]」といい、伝統の画法で描かれた肖像は人の面貌をリアルに描けないため、祭祀の「誠」を尽くすに障碍をもたらすと、従来の肖像の問題を指摘している。そこで彼が考えたのは、西洋発祥の写真を喪礼に取り入れることである。

西洋の人の如きは、むかしより絵の事に巧にして、かつ理学器学に老いたり。その写真に用ふるの具、すでに闇室明室の両器あり。その真を写さむとするものは、必ずこの両器に就いてうつすなり。故にその伝ふる処、骨骼の起伏、皺紋の隠現、こと〴〵く用筆の間にあらはれて、その形神のいける人に遠からざる、迥に漢人の為す所の上に出づ。近頃創製せる留影鏡に至つては、人の一筆を煩さずして、写りぬる影のまに〳〵、そのかた長くこゝに留まることとなれば、一髭一髪を残さず、その神気を并せて生人と毫釐の異なる所なし。まことに天地造化のたくみを奪ふといひつべし。程・馬諸公をして今の世にして遭はしめば、などかはこの真影を取られざるべき。(54)

写真機の原理についても少しだけ触れているが、象山がここで紙幅を惜しまずに論じたのは、撮影はどれだけ優れた技術で、どれほど漢人の絵画をうわまわって元の人の姿をリアルに実写できるかという先進的技術に対する評価のほうである。このような当時における「先端技術」が象山を驚かせたことはたしかであろう。さもなければ、彼はそれを「天地造化のたくみ」が奪われると驚嘆したように、写真という技術が天地の造化に匹敵するほどの巧みさをもっているとまで受け止めなかったと思われる。さらに彼は、儒式喪礼を唱えていた中国の儒者がこの世に生きているのであれば、間違いなく写真を使用するであろうとまで想像し、「西洋」の技術を「東洋」の伝統喪礼に適用できる喜びを明確に表しているのである。

3　仏儒折衷の主張および武士の立場による火葬批判

『家礼』では「不作仏事(55)」と記述し、仏式作法が基本的に拒絶される対象となる。しかし江戸時代では寺檀制の導入と浸透にともない、武士階級をはじめ庶民層まで仏式作法が普及されつつあり(56)、儒式喪礼を主張する儒者たちもやむをえず仏式と儒式作法との折衷・融合を図りはじめていた(57)。

象山も仏式作法に対して穏便な態度を取っている。彼は題主する際に神主の後面に「諱氏生卒釈号(58)」を記入することや、「及墓」項目のなかで世俗にあわせて「必ず柩を仏寺に舁き入れ、寺僧の誦念(59)」が終わった後に「墓所に至る(60)」こと、「祠后土」の奠について「墓地狭くして為し難くば、寺院内にて為すべし(61)」などを主張し、世俗の仏式作法を抵抗なく取り入れているのである。

しかし注意すべきは、仏儒折衷を主張したこれまでの儒者と異なって、象山が仏式作法を認めるのは、「実践のため[62]」よりも「孝」を尽くすためという点である。それは仏名を唱える一件に対する象山の態度からうかがえる。彼はつぎのように述べている。

仏名を唱ふること、儒者はあるまじきこと、して殊に戒め禁ずれども、一概にはいひ難かるべし。仏教この邦に行はるゝこと年久しく、既に人の骨髄にいりつ。かつ当代に至つて更に貴賤を問はず、貧富を択ばず、死後は必ず仏寺に託するの掟となりぬ。されば、その父母の平日仏道に帰依せざることを保つべからず。もし、父母常に深く仏道に帰依あらむに、大事の際に及びて其唱名を禁ぜば、こゝろやすくは終り給はじ。常々その帰依の心にまかせつる程ならば、唱名はさらなり、打磬もまた禁ずべからず[63]。

ここから象山は仏式作法が儒者によって排斥されるにもかかわらず、日本に取り入れられてから久しく、しかも寺檀制度も「貴賤」「貧富」を問わず武士から一般庶民まで浸透しており、人々の骨髄にまでしみ込んでいると認識していることが確認できる。ただし、象山がここで強調したいのは、寺檀制度という既成事実ではなく、「父母」の事情なのである。つまり、寺檀制のもとで父母は生前仏教に帰依しなければならないならば、死後も父母の「帰依の心」に従い、「唱名」や「打磬」といった仏式作法を保留しようという象山の意見である。象山のこの姿勢は、前述した彼が一貫して述べている『中庸』の「事死如事生」の「孝」に符合する作法でもあることはいうまでもない。

このように、象山における仏儒折衷は儒式喪礼をよりよく実践させるための措置として考えられるとはいえ、象山自身としては、寺檀制度に従わざるをえないという思いを払拭し、『中庸』の「孝」を実現させるための一環として仏式作法を捉えて、それを喪礼に取り入れることを積極的に主張しているのである。

仏式作法に対して穏便に捉えているものの、火葬に対してだけ、象山はそれまでの『家礼』受容の基本姿勢を継承し、親の「御身を疵つけ傷らむには、大逆無道の誅のがるべからず。[64]」という態度を取っており、厳しく反対しているのである。[65]ただし、従来の儒者と異なって、象山は一武士の立場に立ってこの点を主張しているのである。彼はつぎのように述べている。

釈氏火化の説、久しく世に行はれ、習慣して常となり、見るもの嘗て怪みを為さず、たゞ市井の細民これを行ふのみならず、士大夫もまたこれをなすものあり。昔先王孝道に依りて礼を制し給ふ。士大夫そを奉じ、身を立て、推して民を化せむとす。これをいかんぞ便易に就いてその礼を棄つるや。たゞ礼を棄つるのみならず、その親を挙げてこれを棄つ。浅ましといふもおろかなり。[66]

すなわち、象山は火葬を単なる一般庶民が行う一つの喪葬慣習としてのみならず、「士大夫」つまり武士階級まで火葬にかかわる一事を敏感に政治的課題として意識し捉えている。象山にとって火葬行為は先王が「孝」道に従って作った「礼」に対する挑戦となり、「礼」を廃棄することとなる。一方、武士は「礼」を奉じて、身をもって実践して後に「民」の教化に臨むべき存在である。ゆえに、武士こそ便宜上火葬を行い、「孝」をおろそかにし、「礼」を粗末に取り扱ってはならない。象山は火葬行為について、「民」の教化にあたる武士階級から廃止するよう期待をほのめかしていることが読み取れよう。このように武士としての自覚をもったうえで、為政者階層の立場から儒式喪礼を主張する象山は、明らかにそれまでの儒者たちの立場と相違していると考えられる。

三　象山における儒式喪礼に対する態度の転換

母荒井氏が逝去した当初、象山は儒式で喪礼を行うことを主張したが、蟄居中のゆえに、結局「並方の葬礼苦しかる間敷筋」を認め、妥協せざるをえなかった(67)。母の葬式を儒式で行えなかったという無念さを著作『喪礼私説』に託すという象山の心境がうかがえよう。ただし、ここで看過できないのは、象山は最初から儒式喪礼を主張し、儒者のように儒式作法に執着していたわけではないことである。彼はそもそも喪式を含め儒式の儀礼全般に対してそれほど関心を示していなかったのである。この点は、師佐藤一斎宛の書簡から確認できる。それについてみてみたい。

天保五年（一八三四）象山は一斎の『言志後録』を読んで、「度々反覆仕候内追々疑惑之筋も出来仕候(68)」ため、疑問点を「一斎先生言志後録に付存念申述候案」としてまとめて一斎に送った(69)。そのなかで象山は儒礼に関する箇条について、つぎのように述べている。

> 邦俗喪祭云々。在吾輩則自当用儒礼と御座候が申上候も恐多く候得共、在吾以下の九字なにさま不平穏の筋も聞え可申や。拙者迚も喪祭仏に依り候がよしと申所存には勿論無御座候得共、是も当時は天下御大政の第一にもなり候て、御互に七年に一度は寺証文へ印形も致し候義、兎に角此節と相成候ては、親の大事を送り候にも仏を逃れ候事、此邦に在るが最後出来かね候勢に候得ば、假令吾輩に御座候て儒礼を斟酌致し、竊に是を用ふるにも仕れ狎出し、自当用儒礼とは少々申兼候義かと奉存候(70)。

ここで象山は一斎の「吾が輩に在りては、自ら当に儒礼を用うべし。[71]」という主張に対して「不平穏の筋」を感じたことがわかる。喪祭について象山は「天下御大政の第一」ともなる幕府の寺檀制度を挙げて、寺請証文の提示が実際に要求されるという具体例を打ち出して、仏式喪礼を無視できないと強調している。ゆえに、象山は仏式喪礼のほうがよいとはいえないものの、儒者だからといって儒式で喪礼を行うのが自明のことではないと述べる。一斎の「自ら当に儒礼を用うべし」といったような儒者の面目躍如たる考えと異なって、当初象山は儒式喪礼そのもの自体に対しても消極的な態度を示しているといえよう。

そもそも一斎は『家礼』どおりの儒式喪礼を主張していたのではなく、彼は「而るに漢土の古礼は、今行ふべからず。須らく時宜を斟酌して、別に一家の儀注を創むべし。喪祭は、余嘗て哀敬編を著はす。[72]」といい、日本の時勢と事情とにあわせて新たな儒式喪礼の作法を考案して、『哀敬編』を著している。しかし、それに対して同じ書簡のなかで象山はつぎのように批判をくわえている。

第一当節大朝を奉始御取用ひに相成候礼儀を廃し、別段一家の儀注を創制致し候事は、恐らく聖賢の御趣意にも御座あるまじく存候、兎に角愚に於ては邵子之今人敢て古衣を服せずと申され候が難有事に奉存候。[73]

つまり、この段階の象山は幕府の儀礼制度に対して何の不満も抱いておらず、まして現状の儀礼作法を廃止して新しいものを設ける必要がないといっている。そして象山において新たな儒式喪礼を創作すること自体が「聖賢の御趣意」に符合しないこととなり[74]、彼は「今人は無理に古人の儀礼を実践する必要がない」という邵子の言説に賛成しているのである。[75]儒式喪礼に対する象山のこのような態度は、象山が父から夭逝の子女までの葬式をいずれも儒式で行わなかったという、彼自身における葬式実施の実体験からもうかがえる。

すなわち天保三年（一八三二）父の葬式、弘化二年（一八四五）長女、同三年長男の葬式、そして嘉永五年（一八五二）三男の葬式が松代藩の蓮乗寺で世俗の仏式で行われたのである。[77] しかしながら、文久二年母の葬式にあたって、象山は「手厚く埋葬しようとして譲ら[78]」ずに儒式喪礼を積極的に主張し、さらに実践しようとする意志を強く表明するようになった。それが実現できなかった後に、彼は『喪礼私説』を著して、自らかつて「聖賢の御趣意」に符合しないとみなされる著述行為を行った。しかもこの著述行為は象山が儒学に没頭していた時期ではなく、洋学を摂取しかつ一洋学者としても名を上げた後のことである。

なぜこの時期に象山は儒教の儀礼に関心をもつようになり、かえって儒式喪礼に執着するようになったのか。彼におけるこの態度の転換は、『喪礼私説』の政治的意義ともかかわるため、本書の第七章において詳細に考察することとする。

おわりに

本章では『喪礼私説』の全体像を明らかにしたうえで、そこに書かれている喪礼次第を具体的に検討することで『喪礼私説』の特色を明らかにした。そして、『喪礼私説』の著述、構成および象山の儒式喪礼に対する態度の転換について考察してきた。

これまでみてきたように、象山は『喪礼私説』において、日本の風習にあわせて『家礼』の作法を取捨選択して修正をくわえていた。彼は儒式の喪礼を日本に導入しようとすると同時に、日本本土の喪葬風習をも重視し、喪礼の作法上における仏儒折衷の姿勢を示すなど、江戸時代のそれまでの儒者による『家礼』受容の特徴を継承する一面がみられる。一方、吾妻重二氏が『家礼文献集成』のなかで『喪礼私説』を「洋学系」として取り上げるように[79]、写真の使用などの例にみられる象山が洋学の知識に依拠して『家礼』を見直したところも少なくない。

しかしながら、「事死如事生」という『中庸』の「孝」に立脚して『家礼』の作法を詳細に検討したこと、当時の寺檀制度に従わざるをえないという思いを払拭し、この「孝」を実現させるための一環として積極的に現実の仏式作法を取り入れたことこそが、『喪礼私説』の重要な特色だといえる。さらに注目すべきは、火葬反対の例からも感じ取れるように、武士身分の象山は、単なる一儒者の立場により儒式喪礼に注目するのみならず、彼はつねにそれを政治的課題として捉えていることである。この点は『喪礼私説』の最大の独自性といえよう。

最後に、母の逝去が象山の『喪礼私説』を著述するもっとも直接的なきっかけであったが、彼はもともと儒式儀礼にはさほど関心がなかった。彼において儒式喪礼に対する態度の転換といったものがみられるが、われわれが問わなければならないのは、いったいなぜそうなってきたのか、象山の思想的転回に何が起こっていたのかについてである。これは、この時期の象山がしばしば「天下の御為」、「国家の御為」という文言を用い、「申上まじき筋を申上候とて重き御咎を蒙り候迄も、御国恩を報じ候はむ為に上書仕度[80]」といった気持ちを表明し、蟄居中という状況を憚らずに政治発言をつづけていたことと切り離して考えることができない。この点をさらに深く追究すれば『喪礼私説』の政治的意義とかかわるため、本書第七章での考察に譲ろう。

注

(1)　本書で用いる「儒教」「儒学」という用語は、儀礼にかかわる事項の場合は「儒教」、学問論や政治論にかかわる事項の場合は「儒学」といった慣用に従い、それ以外に特別な区別を設けていない。

（2）石川教張「佐久間象山の仏教観と日蓮観」（立正大学史学会創立六〇周年記念事業実行委員会『宗教社会史研究Ⅱ』雄山閣、一九八五年）。

（3）『喪礼私説』解説、吾妻重二編『家礼文献集成　日本篇（七）』（『関西大学東西学術研究所資料集刊』二七（七）、二〇一八年）。

（4）礼学はおおむね「経学」と「礼制」との二つの方面に分けることができ、そのうち、「三礼」（『儀礼』『周礼』『礼記』）の注釈書（『十三経注疏』など）は「経学」の領域に属し、儀礼実践の「礼制」はさらに「通礼」、「儀注」、「名物」に分けることができる。そのうち、「通礼」は「三礼」に基づいた儀礼実践を述べたものであり（朱熹・黄榦『儀礼経伝通解』、秦蕙田『五礼通考』など）、「名物」は儀礼実践に用いた道具や服装などを考証したものである（聶崇義『三礼図集注』など）。「儀注」は儀礼実践のマニュアル書であり、さらに国家レベルと個人レベルとに分けることができ、『四庫全書総目』によれば、唐の『大唐開元礼』や宋の『政和五礼新儀』、明の『明集礼』などは「政書」に分類され、朱熹『家礼』や司馬光『書儀』のような「私家儀注」は「雑礼書」に分類されている（礼学文献の分類については、吾妻重二「『東亜「家礼」文献彙編』総序」、呉震・吾妻重二・張東宇編『東亜「家礼」文献彙編』上海古籍出版社、二〇二四年を参考にした）。ここでは、象山が中国と日本両方の文献を参考にしたことを論じるにとどまるため、儀礼書のなかにおける詳細な分類に基づく分析を省く。

（5）『喪礼私説』（『全集』巻二所収）「作主」、五四頁。

（6）『喪礼私説』「成服」、三三一～三三三頁。

（7）この点について、吾妻重二氏は象山が「清朝考証学の研究」までくわえていると指摘している（前掲吾妻重二『喪礼私説』解説、三五四頁）。

（8）「恩田頼母に贈る」、『全集』巻五、三二七頁。

（9）「望月主水に贈る」、『全集』巻五、三二八頁。

（10）「望月主水に贈る」、『全集』巻五、三二〇頁。

（11）竹村悔斎（一七八五～一八二〇）、名は賁、字は伯実、通称は海蔵、江戸後期の儒者、三河挙母藩医。林述斎・佐藤一斎に学ぶ。著に「奚所須窩遺稿」（『日本人名大辞典』デジタル「竹村悔斎」事項参照）。本多茂一郎（一七八一～一八四一）、江戸後期の儒者、号は思斎、佐藤一斎門で渡辺崋山の学友（別所興一訳注『渡辺崋山書簡集』

（東洋文庫878）平凡社、二〇一六年、三五九頁注参照）。なお、佐藤一斎の『哀敬編』については後述する。

（12）「復。侍者一人、以死者之上服嘗経衣者、左執領、右執要、升屋中霤、北面招以衣、三呼曰：「某人復。」畢、巻衣、降、覆尸上」（『家礼』「喪礼（初終）」、六八頁）とある。

（13）『喪礼私説』「初終」、六頁。

（14）たとえば、江戸初期の儒者林鵞峰（一六一八～八〇）『泣血餘滴』では「遣一人持其所曽経服上衣、左執領右執腰、余代□家君焚香読其詞。（割注：古礼升屋行之、今於戸傍為之）。」（『泣血餘滴』、吾妻重二編『家礼文献集成日本篇（一）』、一二頁）とあり、鵞峰は母の喪のために実際に「復」の礼を行ったが、『家礼』のように屋根に登らず遺体のそばで実施した（詳細は吾妻重二「日本における『家礼』の受容――林鵞峰『泣血余滴』、『祭奠私儀』を中心に」、『東アジア文化交渉研究』三、関西大学東アジア文化研究科、二〇一〇年を参照されたい）。「復」礼の記述は江戸初期の儒者中村惕斎（一六二九～一七〇二）『慎終疏節』、江戸中期の儒者若林強斎（一六七九～一七三二）『家礼訓蒙疏』などにもみられる。

（15）同注（13）。

（16）田世民氏に指摘されたように、林鵞峰『泣血余滴』にも水戸藩『喪祭儀略』にも臥棺の図が載っている（田世民『近世日本における儒礼受容の研究』ぺりかん社、二〇一二年、二四二頁）。

（17）たとえば、江戸初期の儒者浅見絅斎（一六五二～一七一一）が座棺を認めることについて、田世民氏は「知識人はやむを得ず世俗に従って坐棺を使用せざるを得ない」と指摘している（前掲田世民『近世日本における儒礼受容の研究』、二四二頁）。

（18）象山の「復」礼と座棺に関する見解には師佐藤一斎の『哀敬編』からの影響もみられる。「復」礼について、一斎は「本邦ニテモ古ハコノ礼アリトキク。今為サヽレハ、俗に従テ可ナリ。」（『哀敬編』、吾妻重二編『家礼文献集成　日本篇（七）』、一一三頁）とし、今の世俗にこの作法がないことを理由に「復」礼にこだわらないという態度を取っている。また、棺の形については、「臥制ハ本邦ノ近者常ニ造リナレス、倉卒ノ際ニ口授ナレハ、錯誤シ易シ。又臥制ニテハ壙墓場取リテ、僧寺湫隘ノ域ニ容レ難ク、偶コノ制ノ壙墓アレハ、後或ハ人ニ蹈マル、患アリ。然レハ、瓦棺ニテ坐制ニスルノマサルニ如カス。」（『哀敬編』、一一六頁）とし、日本の職人が臥棺の作りに慣れていないこと、臥棺がスペースを取るため、狭い仏寺には入りにくいこと、臥棺が人に踏まれやすいことの三点を理由に反対しており、座棺を勧めているのである。ただし、一斎が座棺の材質について瓦を勧めている点は象山と異なる。象山の棺に関する考え方については、次章において詳しく検討することとする。なお、佐藤一斎の『哀敬編』についての考察は、吾妻重二「佐藤一斎『哀敬編』について――日本陽明学者の新たな儒教葬祭書」（原田正俊編『アジアの死と鎮魂・追善』（アジア遊学245）勉誠出版、二〇二〇年）がある。

(19)『喪礼私説』「初終」、七頁。
(20)同前。
(21)同前。
(22)「妻子婦妾皆去冠及上服、被髪。男子扱上衽、徒跣。餘有服者、皆去華飾。」、『家礼』「喪礼（初終）」、六九頁。
(23)『喪礼私説』「初終」、一〇～一一頁。
(24)「月代停止令」については林由紀子『近世服忌令の研究』（清文堂、一九九八年）第七章「服忌令の適用と幕府服忌令の意義」に詳しい。
(25)『喪礼私説』「初終」、一一頁。
(26)同前。
(27)同前。
(28)『喪礼私説』「初終」、一二～一三頁。
(29)「斬衰、寝苫枕塊、不脱絰帯、不与人坐焉。非時見乎母也、不及中門。」、『家礼』「喪礼（大歛）」、八八頁。
(30)『喪礼私説』「初終」、一四～一五頁。
(31)『喪礼私説』「初終」、一五頁。
(32)『喪礼私説』「襲斂　入棺」、二五頁。
(33)『喪礼私説』「沐浴」、二三～二四頁。
(34)「再与山口菅山」、『全集』巻一象山浄稿書、一一四頁。
(35)「再与山口菅山」、一一八頁。
(36)『喪礼私説』「襲斂　入棺」、二五～二六頁。
(37)『喪礼私説』「襲斂　入棺」、二六頁。

(38)「贈小林炳文」、『全集』巻一浄稿序、五一頁。
(39)「瀝青」に関しては、吉野政治「瀝青の語誌――聖書漢訳と近代鉱物学による語義の拡大」(『同志社女子大学総合文学研究所紀要』第三三巻、二〇一五年)を参照した。
(40)『家礼』「喪礼(初終)」、七一頁。
(41)『喪礼私説』「治棺」、一八頁。
(42)同前。
(43)象山はさらに松脂だけでは剥げやすいと考え、西洋書物の記載を参考して、純粋な松脂五分と黄蝋二分と猪脂半分とを細かく切り、混ぜてから弱火で溶かし沸騰させたものをむらなく棺に塗りかけ、さらにその上に石灰をふるいかけ、釘を下した後、棺の隙間に対して同様の仕方で塞ぐという仕方を提起している。象山の治棺に対する具体的な工夫については、次章で詳細に考察する。
(44)『喪礼私説』「治棺」、一九頁。
(45)『喪礼私説』「治棺」、二〇頁。
(46)同前。
(47)ただし、注意すべきは、象山がここでいう「窮理」は、科学的知識としての洋学を指しており、方法論である「居敬・窮理」の「窮理」とは異なることである。象山は方法論の一つとしての「窮理」に対しては批判するどころか、それを応用させることで洋学の受容ができたということについては、すでに本書の第一部で明らかにしたところである。
(48)『礼記』巻三五「問喪」、三頁。
(49)『喪礼私説』「襲斂　入棺」、二八頁。
(50)『喪礼私説』「初終」、四頁。
(51)ヌール・ショメル(Noël Chomel、一六三二〜一七一二)、フランスの宣教師、著述に二冊の『日用百科事典』*Agronome français dictionnaire économique* がある。後にオランダ語に訳されたものが『*Huischou delijk woordenboek*』と題し、幕府が文化七年(一八一〇)にこれを購入した。さらに幕府の命で天文方である高橋景保(一七八五〜一八二九)らの蘭学者により日本語に翻訳され、江戸時代最大の翻訳事業の成果として「厚生新新編」事項参照)。

編」と題して一三五冊以上の膨大なものとなった。当時は刊行されずに秘書とされたが、写本が伝わり、蘭学の発達と普及におおいに貢献した(『国史大辞典』デジタル「ショメル」事項、『日本大百科全書』デジタル「厚生新編」事項参照)。

(52)『喪礼私説』「影像」、八一頁。

(53)『喪礼私説』「影像」、八一〜八二頁。

(54)『喪礼私説』「影像」、八二頁。

(55)『家礼』「喪礼(霊座　魂帛　銘旌)」、七八頁。

(56)江戸時代における仏式の葬祭が浸透していく時期について、松川雅信氏は「およそ十八世紀前後」の元禄期だとしている(松川雅信『儒教儀礼と近世日本社会――闇斎学派の『家礼』実践』勉誠出版、二〇二〇年、第五章「寺請・寺檀体制下の『家礼』実践――中村習斎と尾張崎門派」)。

(57)前掲松川雅信氏が検討した尾張崎門派のほか、同じ闇斎学派であるが、儒者稲葉黙斎(一七三二〜九九)の例が挙げられる(前掲松川雅信『儒教儀礼と近世日本社会――闇斎学派の『家礼』実践』第六章「反徂徠」と『家礼』実践――稲葉黙斎と上総道学」)。

(58)『喪礼私説』「作主」、五五頁。

(59)『喪礼私説』「及墓」、五七頁。

(60)同前。

(61)『喪礼私説』「及墓」、五八頁。

(62)たとえば、稲葉黙斎の場合について、松川雅信氏は「実践のための儒仏併用」と指摘している(松川雅信前掲書第六章、二三二頁)。

(63)同注(13)。

(64)『喪礼私説』「返葬」、七六頁。

(65)江戸時代では儒者が火葬に反対することが多くみられるが、例外もある。火葬を容認する儒者の一人として、熊沢蕃山が挙げられ、彼は土葬の用地や棺を作る木材が使い切れるという資源制限論から考えている(前掲田世民『近世日本における儒礼受容の研究』第一章「熊沢蕃山の儒礼葬祭論と『葬祭辨論』」に詳しい)。

(66) 同注(64)。

(67) 象山は安政元年(一八五四)吉田松陰密航事件に連座して江戸伝馬町の獄につながれた後、文久三年(一八六三)までの九年間、松代藩で蟄居していた。母の逝去後、象山は門人萱鉄太郎宛の書簡のなかで、「夜前御用番礼葬と申事を何か、事々しく唐礼にて用ひ候事にも候哉に被思候様御話御座候(中略)其並方の葬礼苦しかる間敷筋は、昨日御書取被下候通の筋合に有之候。」(「萱鉄太郎に贈る」、『全集』巻五、三一四〜三一五頁)と書いており、一般の仏式と別途に儒式喪礼のような「厄介」なことをあきらめたことの一端がうかがえる。この書簡の注に「八月七日母歿す。藩にては深夜密かに葬るべく命ぜしを萱鉄太郎周旋の末、法の如く蓮乗寺に式を行ひ、般若寺に埋葬せりと云ふ。」(『全集』巻五、三一五頁)との記述もみられる。

(68) 「佐藤一斎に贈る」、『全集』巻三、九頁。

(69) この書簡の冒頭に「言志後録御浄写に相成候とて拝見被仰付且存寄も御座候はゞ、無腹蔵可申上旨仰を蒙り、不知所謝、難有奉存候。」(「佐藤一斎に贈る」、『全集』巻三、九頁)とある。

(70) 「佐藤一斎に贈る」、二四頁。

(71) 「邦俗の喪祭は都て浮屠を用ひ、冠婚は勢笠の両家に依遵す。吾が輩に在りては則ち自ら当に儒礼を用ふべし。」(『言志後録』一五六、『佐藤一斎全集』第一一巻、明徳出版社、一九九一年、二一九頁)とある。

(72) 『言志後録』一五六、二一九頁。

(73) 同注(70)。

(74) 象山がここでいう「聖賢の御趣意」は具体的に何を指しているのかは不明であるが、おそらく一般的な意味合いにすぎず、あるいは、彼は当初、『中庸』の「非天子不議礼」といった考えをふまえていた可能性もある。しかしながら、この点について彼はこれ以上触れていない。

(75) 喪礼のみならず、冠婚の礼に対しても象山は同じ態度を取っており、一斎の「冠礼にも亦小著有り。務めて、簡切明白にし、人をして行ひ易からしむるを要するのみ。独り婚礼は、則ち事両家に渉れば、勢ひ意の如くなるを得ず。当に漸と別とを以て要と為すべし。」(『言志後録』一五六、二一九頁)に対して、「冠婚之礼笠勢二家に遵ひ候事、此義は葬祭仏に依り候とは相違にて、当今武家に於ては誠に相当之筋と奉存候。」(「佐藤一斎に贈る」、二四頁)と指摘している。

(76) 象山年譜によるかぎり、父の逝去に際して象山は「喪に居り礼を尽し、四鄰感動せり。」となっているが、ほかに的確な史料がないため、ここの「礼」は儒式喪礼そのものを指しているとはいいがたい。また宮本仲著の伝記『佐久間象山』では「葬儀を始めとし其他仏事供養怠りなく」（宮本仲『佐久間象山』岩波書店、一九三二年、四八頁）という記述より、象山が世俗の仏式葬礼で父のために「孝」を尽くしたと考えたほうが妥当であろう。

(77) 天保三年象山の父が逝去し、法号は蒼龍院淡水日映居士。弘化二年女菖蒲が夭折し、松代蓮乗寺に葬り、法名は梅香妙雪童女。弘化三年男恭太郎が夭折し、松代蓮乗寺に葬り、法名は賢龍法進童子。嘉永五年、三男惇三郎が夭折し、松代蓮乗寺に葬り、法号は捨権帰本童子である（『全集』巻一「象山年譜」による）。

(78) 前掲吾妻重二『喪礼私説』解説、三五三頁。

(79) 前掲吾妻重二編『家礼文献集成　日本篇（七）』の目録では佐久間象山『喪礼私説』は「洋学系」として編集されている。

(80) 「時政に関する幕府宛上書稿」、『大系55』、三〇〇頁。

第六章　佐久間象山『喪礼私説』の礼式について

――「治棺」・「作主」・「誌石」・「墓碑」を例として

はじめに

前章においては、象山の政治思想において重要な位置を占めている『喪礼私説』という著作を取り上げ、その著述や構成、特色および象山の儒式喪礼に対する態度の転換についてみてきた。象山は『喪礼私説』において、儒式の喪礼を日本に導入しようとする際に、朱熹『家礼』の作法をそのまま取り入れるのではなく、日本本土の喪葬風習に対しても十分な配慮を払っていた。本章においては、象山が『喪礼私説』において、具体的な礼式について『家礼』式のものをいかに取捨選択したのかに注目し、「治棺」、「作主」、「誌石」、「墓碑」の四項目を通して詳細に検討することで、象山が具体的な礼式作法においていかに考案し、どのように工夫したのかについて明らかにする。この四項目の内容は、日本における『家礼』受容の実相を解明する際にも見逃してはならないものであることを、付言しておく。

一　『喪礼私説』における「治棺」

1　棺の材質と寸法

喪礼において棺は死者の遺体を納める道具として非常に重要であることはいうまでもない。象山も「凡そ死を送るの道、たゞ棺のみ身に親しきものとすなれば、孝子の尤も心を尽すべき所なり。[1]」といい、喪式において「孝子」のもっとも心を尽くすべきところが棺であり、棺作りによって子の親に対する「孝」が現れると認識していることがわかる。

しかしながら、人の死があらかじめ予測できないものであるため、初喪の日に速やかにきちんとした棺を作ることは容易ではない。日数をかけて作ると、遺体が腐敗する恐れがあり、とりわけ夏が難しいことは想像にかたくない。象山も「かくては親尸を恥かしむるといふべし。暑月には殊にこゝろを苦しむるなり。[2]」と述べ、棺の制作が遅れて親の遺体に恥をかけることは「孝」に背く行為となることを注意している。

あらかじめ棺を作っておくという方法もあるが、「今の時俗の情に於て、父祖のために凶事をあらかじめするの嫌にわたれば、極めてなし難し。[3]」と象山が語るように、それは日本においては縁起の悪い仕方であるため実行が難しいとされている。そこで象山が考えるのは、棺の材質にこだわったりして棺自体を丁寧に作るよりも、棺をいかに長く保存できるようにするかのほうである。ゆえに、彼は、

　よりて時に臨みやむことを得ざらむには、厚さ一寸の板を用ふべし。一寸板は所在に必ずあるものなり。杉檜松樟、いづれの木にてもよく乾きたるを用ふべし。古礼にかゝはり泥めるひとは、薄きに過ぎて用ひがた

しともおもふめれど、今良法を得て、松脂もて裹《つつ》めば、いにしへ用ひし厚材にまさること遠かるべし。(4)

という案を提起している。ここでわかるのは、一つは象山が棺自体を丁寧に作ることにはこだわらず、棺の厚さをわずか一寸とし、よく乾いた木材を用いれば別段木材の種類を問わないこと、もう一つはこのように作られた棺が薄すぎると思われたら、別途に松脂で棺を塗りつければ、厚材で作られたものよりもはるかに丈夫であると彼が主張していることである。

『家礼』では棺の厚さについて具体的には明示していないが、「司馬公曰、棺欲厚。然太厚則重而難以致遠。（司馬公曰く、棺は厚からんことを欲す。然れども太《はなは》だしく厚ければ則ち重くして以て遠きに致し難し。）(5)」とあるように、司馬光『書儀』の記述を引用して、棺は厚いほうがよいとしつつも、厚すぎると重いため、運搬の都合上ほどよい厚さにすべきだとしている。(6)棺の材質についてみてみると、『家礼』では「油杉為上、柏次之、土杉為下。（油杉を上と為し、柏は之れに次ぎ、土杉を下と為す。）(7)」とあり、材質にこだわることが明白である。

それでは、象山が主張する「一寸の板」はどれほどのものであろうか。彼はつぎのように述べている。

家語に、孔子中都の宰たる時、四寸の棺五寸の槨もて制して、送死の節となし給ひしと見え、墨子の書にいにしへ聖主の埋葬の制、棺三寸と見ゆ。周尺の一寸は、今の曲尺の七分余に当れば、孔子の四寸は曲尺の三寸にちかく、墨子の三寸は曲尺の二寸に余れり。(8)

この記述から、象山が説いている「寸」は古礼の周尺ではなく江戸時代に通行の曲尺（一尺＝三〇・三センチ）を基準とするものであることが読み取れる。周尺の長さについては諸説があり、定説までいたらないようであるが、ひとまず一尺≒二三・一センチと考えてよい。[9]そうすると「孔子の四寸」は約九・二センチとなり、象山がいう「曲尺の三寸」は約九・一センチとなり、ほぼ同じとなることがわかる。墨子の主張する「三寸」は六・九センチであれば、曲尺の二寸である六・一センチより「余れり」となることもいうまでもない。したがって、象山が主張する「一寸」は約三センチとなり、彼はこれをもって棺の厚さとしたのである。

孔子や墨子が主張する棺の厚さに対して、象山も「今棺を造るに、これ等の度に合ひぬる材を用ひんこと、孝子の心に恔《こころよ》くおもふ所なる」[10]と語り、厚めの棺を用意するのは「孝」の現れであると認めている。ただし、「初喪に於てはたやすく求め得がたかるべし。また木を得て新に挽わらせなどせむには、徒にひまどるべく、かつ新にわりたる木はその心おほくは湿気なきこと能はず、棺を造るに不便なり。[11]」と彼がつづいて述べるように、予測できない初喪の日にほどよい厚さの木材を用意することが難しく、あるいは木材が入手できても棺の加工に時間がかかったり、新しい木材に湿気がたまっていて棺を造るに向いていなかったりすることが多々ある。これらの理由により、彼は厚めの木材を用いることをあきらめ、「よりて時に臨みやむことを得ざらむには、厚さ一寸の板を用ふべし。[12]」と主張したと考えられよう。[13]

2　棺を堅実にするための工夫

このように、象山は実行上の困難により、薄めの棺を作ることを主張するが、この薄材の欠点を克服し、棺を堅実にするために考慮したのは、松脂で棺を塗りつける方法であった。松脂の使用は『家礼』にもみられ、「内外皆用灰漆、内仍用瀝清溶瀉、厚半寸以上。（内外皆灰漆を用う。内は仍《なお》瀝清を用いて溶瀉し、厚さ半寸以上とす。）[14]」とあり、棺の内外を灰漆で塗りつけ、棺の内部に「瀝清」つまり松脂を厚さ半寸以上に注入することで防水や防虫を図るという措置である。『礼記』「喪大記」篇にも「君蓋用漆。（君の蓋は漆を用う。）」「大夫蓋用漆。（大夫の蓋は漆を用う。）[15]」

との記述があり、棺の蓋を漆で塗り塞ぐことで棺を牢固にするための取り計らいがなされている。この点について、象山は、

喪大記に、君と大夫との棺を蓋ふに、漆を用ふること見ゆれど、こは唯その縫際を塗り塞ぐまでにて、全棺を塗ること丶は見えず。又漆も水土の気に遇うては、やがてその堅緻の性を失はざることを得ず。（中略）今良材を得ずして一寸の木を用ふるも、松脂もて全棺に被らしむる時は、牢固堅実にして臭気を漏らすの患なく、又水気尸を侵すの恐れなし。[16]

と述べている。つまり、『礼記』「喪大記」篇に記載されている漆を塗りつけることで棺を堅実にするための予防措置は、単に棺の隙間を塗り塞ぐだけで、棺全体に対して行ったものではない。それに、漆は性質により不安定で変質しやすく、水や土に触れたらやがて堅実さを失ってしまうのである。そこで象山が考案したのは、漆のかわりに松脂を用い、棺の隙間だけではなく、棺全体に対して塗りつける方法である。これにより、棺を牢固堅実にすることができ、遺体の臭気を漏らす恐れがなく、外部の水気が棺に侵入することもないと象山が期待していることが読み取れよう。

象山はとりわけ棺を塗りつける物質にこだわる傾向がある。彼は松脂の使用を推奨すると同時に、西洋書の記述に基づいて、純粋な松脂に黄蝋と猪脂とを混ぜ込んで新たな物質を配合したのであり[17]、また、前章でも明らかにしたように、後儒が棺の隙間を塞ぐに「銀硃漆」を用いることに対して、洋学の知識によって批判もしている。

棺の塗料にこだわること以外、象山はさらに『家礼』にある「底四隅各釘大鉄環、動則以大索貫而挙之。（底の四隅に各大鉄環を釘づけ、動かせば則ち大索を以て貫いて之れを挙ぐ。[18]）」、棺底の四隅に棺を動かすための鉄輪を釘でつけ

るという作法に対して、「鉄は朽ちやすく、かつ棺の弱みともなるべければ、しかせざるにしかず。[19]」と、鉄が朽ちやすいため、直接棺に鉄輪をつけたら棺が弱くなると考え、棺を動かすためには別途に【図1 象山が考案した挙牀のイメージ図】のような「挙牀（棺を持ち上げるための台）」を作ることを提案した。[20]

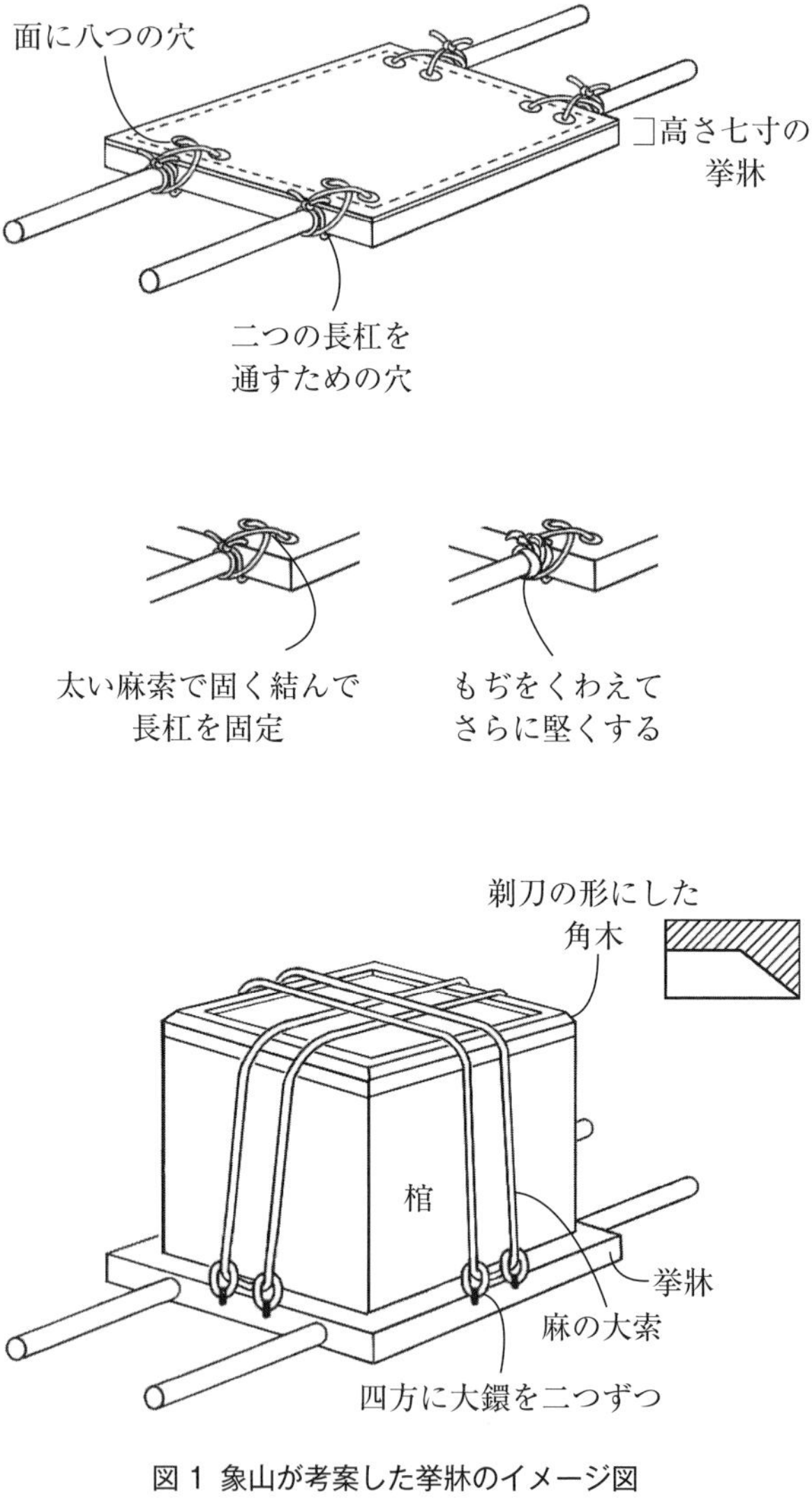

図 1 象山が考案した挙牀のイメージ図

そのほかに棺を堅実にするという象山の主張を反映させたのは、彼の瓦棺の使用に対する批判である。

近ごろ、苟簡の俗に徇ひ、瓦棺の説を唱へて水甕もて棺となすものあれども、快からざるわざにして、かつ送葬の道の程甚だ危し。効ふべからず。市中野外、何れの道を行かむも、逸牛奔馬なきことを保つべからず。もしこれありて、舁夫に触れむに、地に墜さゞる事を得べからず。瓦棺地に墜ちば、必ず砕くべし。棺もし砕け散りなば、いかんとやする。かゝることおほかたはあるべきことにしもあらねど、喪は大事なり。万に一つも悔ゆることのなからむやうに、深く慮をめぐらさずはあるべからず[21]。

要するに、世の中に水甕のような瓦棺を使用する人もいるが[22]、瓦棺は送葬の道程で運搬中に万が一地に落ちたら、かならず破損するため、使用してはならないと象山ははっきりと指摘している。さらに、彼はかかる事故はよく起こるものではないにしても、「喪は大事」であるため、少しの可能性もあれば配慮して避けるべきであると述べている。彼が棺の堅実さをどれほど重視するのかはここでもわかる。

なお、棺の形については、『家礼』では「其制方直、頭大足小、僅取容身。（其の制方直にし、頭大きく足小さくし、僅か身を容るるを取る。）[23]」とあり、「臥棺」となることはいうまでもないが、それに対して、前章でもみたとおり、象山は基本的に「今の世の習はしとして、多く坐棺を用ふれば[24]」と世俗の風習を配慮して世俗の座棺を推奨するが、それと同時に、別の「墓碑」項目において「坐棺ならば趺もてその棺の上をおほふやうにし、臥棺ならば趺をその足の方に安んずべし。[25]」と述べ、臥棺をも許容していることがわかる。ほかには、『家礼』では「七星板」（棺のなかに敷く北斗七星にちなんだ七孔のあいた板）をつける作法もあるが、『喪礼私説』では省略されている[26]。

このように、『家礼』では棺の材質を厳格に選び、棺自体を丁寧に作ると同時に、灰漆や松脂を用いることで防虫や防水措置を取ることを定めているが、それに対して、象山は棺の材質にはこだわらず、棺そのものに対しては簡略にすることを主張し、「一寸の板」で作ることを十分だとしている。これは、日本では一般的に喪礼が仏式で行われ、『家礼』式の棺は容易に作られないという事情への配慮によるものだと考えられよう。

このような材質上の欠点に対して、象山は松脂で棺全体を塗りつけることや、別途に「挙牀」を作ること、瓦棺を止めることなどで対応し、棺を牢固・堅実にすることを強調している。親の遺体を大切に取り扱うという「孝」の点においては、象山は少しもおろそかにはしていないことがうかがえよう。また、棺の形を厳格に臥棺と定めず、座棺を推奨したり、「七星板」の作法を省略したりするなどの措置から、彼は儒式喪礼を日本においてよりスムーズに実践できるようにするために、世俗にあわせるという工夫もしていたことがみられるのである。

二　『喪礼私説』における「作主」

1　木主の材質と寸法

儒教の祭祀儀礼では、木主（位牌のこと、神主もしくは単に主ともいう）は亡き祖先の魂の代替として不可欠な存在とされている。『家礼』「喪礼」の「治葬」にも「作主」の項目があり、木主の作り方について詳細に規定されている。中国の礼制史上に、木主を置くことは元来、天子諸侯をはじめとする上級階層の特権であり、まさしく「礼不下庶人（礼は庶人を下らず）[27]」そのものの現れでもあった。朱子学の定着とあいまって、『家礼』式の木主は急速に普及し、明代から国家礼制に公認されるにいたったという[28]。

象山は『家礼』に基づいて『喪礼私説』を著述し、儒式の喪礼を日本に導入しようと意図したが、喪礼次第上において重要な存在となる木主については、かならずしも『家礼』式のものに従うのではなく、結論からいうと、『家礼』式とまったく異なるものを考案したのである。つぎに、象山が考案した木主について詳しく考察したい。

まず、木主の材質について、『家礼』では栗木を用いると定めているが、象山は「栗材を用ふるは、その質の堅きがためなり。はじめより別に意義あるにあらず。もし栗材なくば、何木にても堅実ならむを用ひてよし。[29]」といい、『家礼』が栗木を主張するのは、単に栗木の丈夫さによるだけで、堅実な材木を用いれば、別に木の種類を問う必要がないと考えている。もちろん、これも儒式喪礼をより実行しやすくするための工夫と考えられることは論を俟つまい。

つぎに木主の寸法について、象山は「木主尺寸の大小、礼経に明文なき故に、古今さま〴〵の説あり。独り伊川程子の式、その義精しとて、文公家礼もその制度を用ひ、有明一代遵用して違ふことなかりき。[30]」と述べ、程頤が考案して『家礼』が踏襲した様式の木主が精良のもので、明代にいたっても遵用されつづけることに対して理解している。しかしながら、彼はまた「されどつら〳〵これを思へば、律度量衡は時王の制をこそ用ふべけれ。さるを、周人にあらずして周尺を用ふる、義にかなへりといふべからず。[31]」と説き、度量衡はその時代基準のものを用いるべきであると主張し、北宋の程頤が周人ではないならば、周尺を用いること[32]は義に合わないこととなるとも指摘している。それでは、象山が考案した木主はいかなる形状・寸法のものであるのかをみてみよう。

(a)今諸家の説を通じ考ふるに、何休が公羊伝の註に、主状正方、穿中央達四方、天子長尺二寸、諸侯長一尺と見え、漢書礼儀志に木主尺二寸と見え、通典に晋武帝大康（筆者注：太康の誤）中制大廟（筆者注：太廟の誤）神主、尺一（筆者注：二の誤[33]）寸と見え、又通典に大唐之制、長尺二寸、趺方一尺、厚三寸と見ゆれば、天子の神主長尺二寸なること明けし。但江都集礼晋安昌公荀氏祠制、神板皆正、長一尺二寸、広四寸五分、厚五分と載す。神板即ち廟の主にして、天子の神主と同長なるは、僭越と云ふべし。(b)楊士勛が穀梁伝の疏に、糜信が衛次仲の言を引きたるに云はく、宗廟主、皆用栗、右主八寸、左主八寸（割注：毛奇齢云、一作左主七寸、誤なり）、広厚三寸、右主謂父也、左主謂母也と。この説何休がいふ所の、諸侯長一尺に殺ぐこと二寸なれば、恐らくは大夫の制なるべし。今荀氏の神板長一尺二寸、広四寸五分と比例するに、その長八寸、広厚三寸と云へる、適合して奇零なし。(c)これ必ず受くる所あるなるべし。よりて、更に通典唐制の、趺方一尺厚三寸を比例して、方六寸六分七釐、厚二寸を得、これをもて士大夫神主の定式となす。杜撰にして考拠なきものに優りぬべし（通し記号と傍線は筆者による）[34]

やや長い引用となったが、ここでは象山は考証学的な手法により、『家礼』以前の木主に関する諸説を比較・考拠したうえで、新たな木主と趺（木主を載せる台）を考案し、それを「士大夫神主の定式」としたことがわかる。具体的には、まず(a)において、象山は後漢・何休『春秋公羊伝解詁』、『後漢書』「礼儀志」[35]、唐・杜佑『通典』にある木主に関する記載を比較・考証し、長さ一尺二寸の神主は天子のためのものであることを明らかにする。そうすると、『通典』に引用されている安昌公荀氏（西晋の荀勗、?～二八九）の「祠制」に、卿・大夫・士の木主に相当する神板の長さを一尺二寸[36]とするのは、天子の神主と同じ長さとなるため、僭越といわざるをえないと象山が指摘している。ここで注意したいのは、『家礼』式の木主も長さが一尺二寸であるため、それは象山からみると、やはり僭越で不適切となるということである。

ゆえに、彼は(b)において、唐・楊士勛『春秋穀梁伝疏』（文公二年「作僖公主」疏）に記載されている、後漢初期の衛次仲が説く漢代の「八寸」[37]の木主に対して、天子の木主が一尺二寸で、諸侯のものが一尺であれば、「八寸」は一尺よりも二寸短いため、大夫の木主にふさわしい長さであると認め、『喪礼私説』では木主の長さを八寸とした。木主の幅と厚さ（奥行き）については、彼自身が認識した荀勗神板の各部分相互間の割合――長一尺二寸、広四寸五分――に基づいて、幅と厚さをともに三寸とした。これにより、象山が主張する木主の寸法は、引用(b)の傍線部に示されたように、長さは八寸、幅は三寸、奥行きは三寸となることが明白である。[38]結果からみると、興味深いことに、象山は『家礼』式ではなく、漢代の直方体型木主を採用したことになったのである。

ただし、前述した象山が「時王の制」、つまりその時代基準の度量衡を用いるべきことを主張するのとあわせてみれば、象山が考案した木主の寸法を曲尺で換算すると、長さは約二四・二センチ、幅と奥行きはいずれも約九・一センチのものとなることがわかる。これは漢尺を基準とする漢代のものと異なることはいうまでもない。

2　木主の形態および趺

象山が考案した木主の寸法は上述したとおりであるが、木主の形態を把握するためには、その細部や周辺についても明らかにしなければならない。

まずは竅《あな》の有無である。漢代の直方体型木主は「穿中央達四方」、中央に孔《あな》をあけ、中まで通しており、『家礼』式の木主も竅をあけている。しかしながら、象山は「神気の憑る所、必しも穿孔の有無に係るべからざれば、孔竅は穿たずして可なり。[39]」とし、鬼神の気の憑りましが孔竅の有無と無関係なため、穿孔はしなくてよいと考えていることが読み取れる。

つぎに、『家礼』では木主に対して上部を円頂にしたり、木主を縦に割って前後の二片にしたり、陥中を作ったり、前面を鉛粉で塗ったりするなどの加工を行うが、これらに関する記述が『喪礼私説』にはいっさいみられず、象山が複雑な作法を省略し、シンプルな形で木主を考案したこともうかがえる。

以上の二点から、一つは象山が世俗慣習の位牌と異なり、新たな儒式の木主をよりスムーズに受け入れられるようにシンプルな形で工夫したことが推察され、もう一つは、このような発想は『喪礼私説』が想定する実践者、より正確にいえば、実践者の身分にもかかわることが考えられるのである。なぜならば、そもそも程頤と朱熹も一般士人や庶民に対して、木主と別途に牌子というものを考え出し、その作り方は基本的に木主に基づいても、陥中を作らないことや竅をあけないことなどで木主から一部の要素を削り落として、格式を下げたものにしたからである[40]。

象山が想定する儒式喪礼の実践者は、士大夫に相当する武士階級だけではなく、一般庶民をも対象としたため[41]、彼が木主を考案する際に、この身分という点を配慮したことが十分に考えられ、かつ「僭越」になることを警戒するという象山の姿勢を想起すれば、彼は礼制上に一般庶民も実行しやすいようにするために、『家礼』からの手がかりであえて木主をシンプルにしたことも推測できよう。

木主を載せる趺の寸法について、象山は前項で引用した史料(c)のなかにおいて、『通典』にある唐制の「方一尺、厚三寸」に比例して、「方六寸六分七釐、厚二寸」に定めたことがわかる。つまり、『通典』では天子諸侯の木主の長さが一尺二寸の割合に、趺の寸法が「方一尺、厚三寸」と定められているため、それに比例するならば、象山が考案した木主の長さが八寸であるゆえ、趺の寸法は「方六寸六分七釐、厚二寸」となるのである。この寸法は過不足なく唐代の趺の三分の二となり、象山が考案したのは大夫・士むけのものであるため、「僭越」にはならないことが明白であろう。なお、象山が考えた趺の寸法を曲尺で換算すると、方（辺長）約二〇・二センチ、厚さ（高さ）六・一センチとなる。

以上の考察により、象山が考案した木主と趺とを図で示すと、【図2　象山が考案した木主】のとおりとなる。より理解できるために、【図3　漢代の直方体型木主】・【図4　『家礼』式木主】もあわせて示しておく。

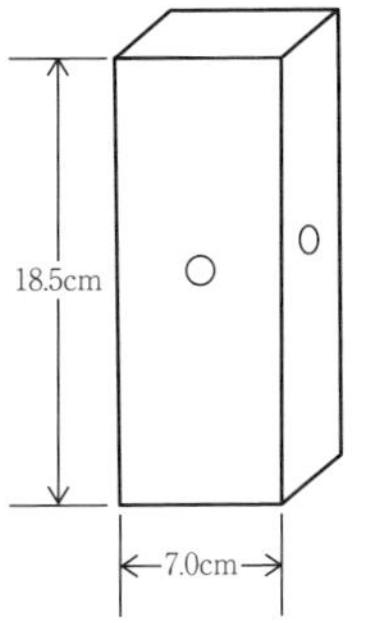

図 3 漢代の直方体型木主

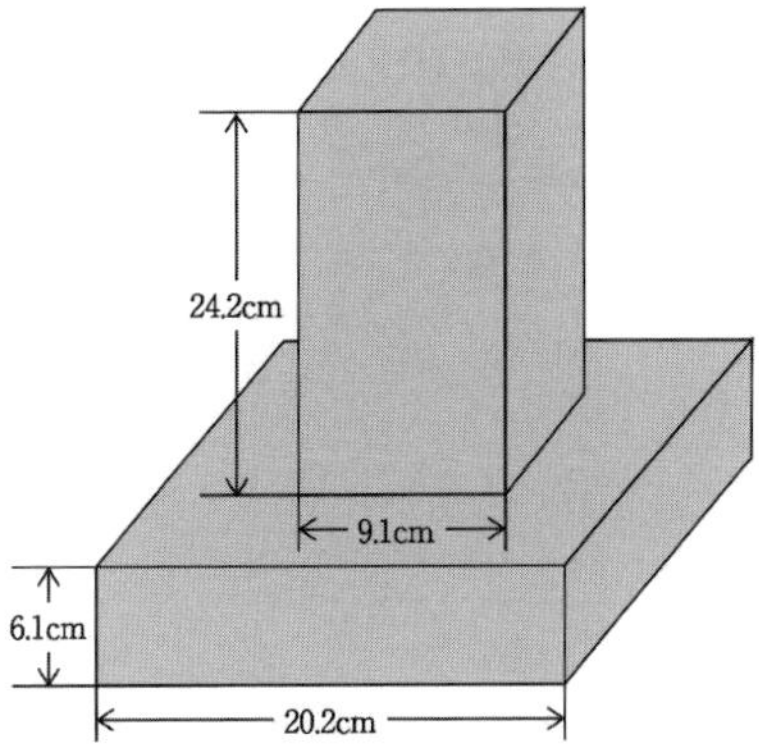

図 2 象山が考案した木主

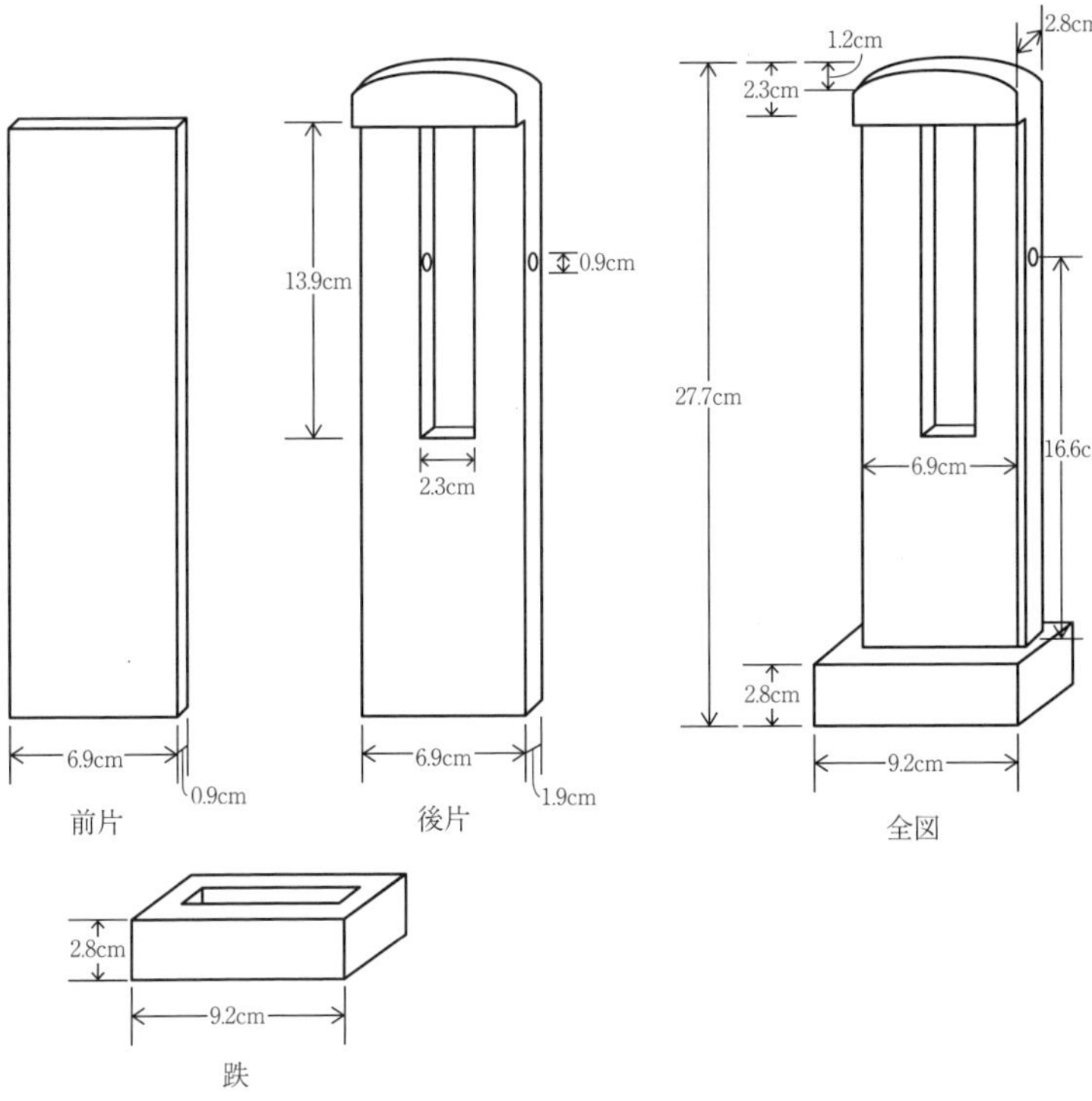

図 4『家礼』式木主
（図 2 は筆者作成。図 3・図 4 は吾妻重二「近世儒教の祭祀儀礼と木主・位牌——朱熹『家礼』の一展開」より引用）

そもそも『家礼』式木主の寸法には、長さの一尺二寸は一二か月、幅の三寸（三〇分）は一か月三〇日、厚さの一寸二分（一二分）は一日一二時といったような象徴的な意味合いがあり、決して適当に決めたものではない[42]。しかし、象山は『家礼』式木主におけるこのような象徴的な意味には触れておらず、周尺を用いる点が「義」に符合しないのと、長さの一尺二寸が「僭越」になるのを理由に取捨選択した結果、ほぼ『家礼』式の木主をあきらめたといえる。この点については疑義の念を抱かざるをえない。というのは、次章においても触れていくが、象山は「成服」項目において、三年の服喪のかわりに一年の服喪を主張する際に、一年の喪でも一年中四季の転換をはじめ天地に変化があったため、もとから自然的規律にふさわしい変通だと明白に発言し、天人相関の思想に依拠していたからである。なぜこの喪礼作法における理解の齟齬があるのかについてはうかがい知れないが、いずれにせよ、象山にとって自分自身が考案した木主はきちんと考証したうえでえた結果であり、「杜撰にして考拠なきものに優りぬべし」と彼が信じるのはたしかである。

3　題主について

最後に、木主の書法について、象山は前面に「先祖考姓名府君神主」や「先考姓名府君神主」、「先祖妣某氏孺人神主」、「先妣某氏孺人神主」とあるように、親族呼称や性別によってそれぞれのものを記し、後面に「諱氏生卒釈号」と記し、旁面に「孝孫某奉祀」、「孝子某奉祀」と記すことを主張する。また、「桑主不文[43]」の原則に従い、木主を作る際には文字を刻まないこととし、「題主」（木主に文字を刻む）の時期を「七々の前日」とした。「釈号」（戒名）も「七々」（死後四九日）も仏式作法によるものであり、象山における世俗の仏式作法を取り入れるという姿勢がうかがえるものであるが、このような『喪礼私説』における仏儒折衷の主張については、すでに前章において考察したため、これ以上立ち入らない。ただし、ここでは象山のつぎの発言について注目したい。

すなわち、彼は「題主」までの間に「桑主不文といへば、文字を題せず。儒葬ゆりたるもの、外は、假りに寺僧よりしるし贈れる追号の片紙を貼し、霊座に安んじ置くべし。[44]」と述べ、儒葬が許されるもの以外、世俗の仏式で喪礼を行う人は、かりに寺僧より贈られた追号（戒名）の片紙を木主に貼りつけたうえ、木主を霊座に置くべきだと主張することである。『喪礼私説』により構想された儒式作法で喪礼を実践できるのはもっとも理想的であるが、実行が困難な場合、世俗の仏式喪礼でもそのなかに儒式の木主を採取することができるではないかという、象山の細やかな期待がほのめかされているといえよう。具体的には、象山が自ら考案した儒式の木主で世俗慣用の位牌を代替するということであろう。

母の喪式を儒式で行おうとした象山は、蟄居中のゆえに、一般の仏式と別途に「厄介」と思われる儒式で行うことをあきらめざるをえなかった。この無念さを『喪礼私説』に託すという象山の心境もうかがえようが、何よりも象山が自らの経験から、日本において儒式喪礼を導入するにはどれだけの困難さをともなうのかを痛感しており、少しでも機会があれば、儒式の作法を実行してほしいと期待していることがうかがえよう。

三　『喪礼私説』における「誌石」・「墓碑」

1　象山が考案した誌石およびその特色

『家礼』「喪礼」の「治葬」に「刻誌石」の項目があり、「用石二片、其一為蓋。（石二片を用い、其の一を蓋と為す。）」、「其一為底。（其の一を底と為す。[45]）」とあり、二片の石を用いてそれぞれ蓋と底とし、そのうえに文字を刻み、埋葬の日に墓穴の前の地中に埋めるという作法である。誌石は、墓の所在地や墓の主を示すためのもので、地震などの自然災害による土地の変動や人が誤って地面を掘ったりするなどで墓が暴かれることへの対処でもある(46)。誌石の蓋に「有宋某官某公之墓」、無官の場合は「某君某甫」と刻んで墓の主を明示し、底には簡略な履歴もあわせて刻むことも定められている。

それでは、象山が考えている誌石はどのようなものであるのかについてみてみよう。彼はつぎのように説いている。

誌石は後来発掘の患を防がむとてのはかりごとなれば、なくては叶ふべからず。石の大小は、はじめより定制なし。大やう、両面平かにして大さ棺を掩ふ程なるを択ぶべし。漢土にては石二枚を用ふることなれども、一枚にして事足りぬべし(47)。

ここで象山が誌石は墓が発掘されるのを防ぐためのものであるため、なくてはならないと認識していることがわかる。ただし、彼は誌石の役割から、一枚の石を用いるだけで事足りると主張するのである。誌石の寸法については、『家礼』では規定されていないが、象山は棺を掩う程度のものだとしている。

象山が考える誌石が『家礼』ともっとも異なるところは刻む文字のほうである。彼は「近き頃に至りて其の石の表に仮名文字を取りまぜ、此の所某姓名の遺骸を蔵むと、誰人にも読易きやうにしたゝめ、裏にその歴官生卒を真文にてしるし、その実を伝ふべしといふ説あり。大かた世人の用ふる所なり(48)。」といい、石の表に仮名まじり形式で「此の所某（姓名）の遺骸を蔵む」のような内容を刻み、裏に官歴や生卒を梵文で刻むという世俗の慣習に対して理解を示したうえで、「漢代誌石の書法」を参考にして、「誌表は某姓名墓としるすべし。文字も少く、俗眼にも更に知れやすくしてよかるべし。その裏面の真文は、あらむもなからむも、おの〳〵の心にこそ任すべけれ。ただ年月はある方ぞまさるべき。[49]」という案を提起している。つまり、表には「某姓名墓」と一目でわかるように簡略な文字で刻むだけで、裏の梵文があってもなくてもどちらでもよいとし、年月を刻むことを推奨するというやり方である。

そもそも日本では一般的に墓誌というと、被葬者の戒名・俗名・生没年などを刻んだ墓域に建てられた誌石のことをいい、中国でいう墓中に置かれる誌石とは異なっているという。[50]象山が上述したとおりに誌石の使用を主張するとともに、また「下棺」項目において、棺を下した後、「土もて掩ひ、漸くにこれを築き、地面より二三尺の所に至り、誌石を下し文字の表を仰がせ、平瓦もて掩ひ、また土を実し、堅くこれを築きて墳を成さしむべし。[51]」とも述べているため、彼が主張する誌石は世俗一般の様式のものではなく、墓中に埋めるという中国式のものであることが明白である。

江戸時代では誌石を墓中に置くという中国式の作法を採用する事例も多々あり、その墓誌もまたいくつかの類型に分けることができる。[52]江戸時代における墓誌の類型は多岐にわたり、また、将軍家や御三卿、大名家の墓には石室の蓋石に銘文を記したものが多くみられ、幕臣や藩士の墓誌のほとんどは甕棺の蓋石もしくは木蓋に記されたものであると明らかにされているように、墓誌は身分や階級を表すことも多い。さらに、将軍家の静寛院墓誌や大名墓、儒者の墓に多くみられる誌石のうえに蓋石を被せるという類型が、儒式の墓誌として特徴的であったとされている。[53]

象山の誌石に関する主張からわかるように、彼は儒式喪礼を導入するに際して、墓誌によって身分に区分を設けるという傾向がなく、何より墓誌類型の不揃いを儒式の作法によって規則正しく統一するという姿勢を示しているのみであると考えられる。ただし、象山が儒式の墓誌を主張するにもかかわらず、誌石の上に蓋石を被せるという『家礼』の蓋と底との二片の石を組み合わせる方式を採取せずに、一枚の石を用いるという簡略な作法を取り入れるだけであったことに、注意されたい。要するに、象山は世俗にあるさまざまな墓誌の様式を儒式に統一しようとするが、具体的な作法上では世俗の儒式と異なる様式を取り入れることで、彼独自の特色を示していたのである。

一方、江戸時代において、墓碑も墓誌もほとんど区別なく兼用の形式のものが多いとも指摘されているように[54]、当時においては、墓誌を墓碑と混同して使用することが多かった。象山が『家礼』にいう墓誌（誌石に刻む文）と世俗の墓誌（墓碑に刻む文）とを混同して捉えることはないが、この点は象山が考案した墓碑をみることでいっそう明らかとなるため、後述に譲る。

2　象山が構想した墓碑の形態および書法

それでは、象山が墓碑をいかに構想しているのかについてみてみよう。彼は墓碑を「墓にしるしの石」のことであると指摘し、その形態については、「墓碑も、異朝にては品秩の高下によりて大小の掟あり。本朝には、むかしより定れる制度なし。されどおほやう、闊さ一尺、厚さその三分の二、高さは二尺五六寸より三尺までにて、趺は方二尺二三寸、厚さ七八寸なるべし。[55]」と考えている。

中国では官位によって墓碑の寸法や形状が異なっていたが[56]、日本ではかつてよりそのような定まりがなかったと象山は考え、墓碑の寸法については、高さを二尺五六寸〜三尺（曲尺で換算すると、約七五・八センチ〜九〇・九センチ）、幅を一尺（約三〇・三センチ）、厚さ（奥行き）を三分の二尺（約二〇・二センチ）とし、趺（墓碑を載せる台）の寸法については、辺長を二尺二三寸（約六六・七〜六九・七センチ）、高さを七八寸（約二一・二〜二四・二センチ）としたことが読み取れる。

『家礼』における墓碑の大きさは、「墳高四尺、立小石碑於其前、亦高四尺。趺高尺許。（中略）今按、孔子防墓之封、其崇四尺、故取以為法。用司馬公説、別立小碑。但石須闊尺以上。其厚居三之二、圭首而刻其面、如誌之蓋。（墳の高さ四尺とし、小石碑を其の前に立て、亦た高さ四尺とし、趺の高さ尺許りとす。（中略）今按ずるに孔子防墓の封、其の崇さ四尺とす。故に取りて以て法と為す。司馬公の説を用い、別に小碑を立つ。但し石は須く闊さ尺以上とすべし。其の厚さ三の二に居り、圭首にして其の面に刻み、誌の蓋の如くとす。[57]）」と記述されているように、高さは四尺（周尺で換算すると、約九二・四センチ）、幅は一尺以上（約二三・一センチ以上）、厚さは三分の二尺以上（約一五・四センチ以上）、趺の高さは一尺許（二三・一センチ程度）のものである。両者を比較すればわかるように、象山が主張する墓碑の大きさと『家礼』式のものとは、高さ以外はほぼ一致しており、実際の寸法の違いは度量衡の基準によったものだけなのである。

『家礼』における墓碑の高さは、「孔子防墓の封」に従って墳（盛り土）の高さを四尺にしたことにあわせた結果であるとされており[58]、象山も棺を墓壙に下した後、前節の誌石についてみてきたとおり、「さて土もて掩ひ、漸くにこれを築き、地面より二三尺の所に至り、誌石を下し文字の表を仰がせ、平瓦もて掩ひ、また土を実し、堅くこれを築きて墳を成さしむべし。[59]」と語り、棺を土で覆ったうえ、地面より二三尺のところに誌石を下し、そのうえに平瓦で掩い、最後に土で堅実な墳を作ると主張しているのである。ただし、墳の高さについては明示していないため、『家礼』のように墳の高さにあわせて墓碑の高さを決めることはなかったといえる。

象山が墓碑の高さを二尺五六寸〜三尺としたのは、司馬光『書儀』を参考にしたものと推測される。「墓前更立小碑。可高二三尺許。（墓前更に小碑を立つ。高さ二三尺許りとすべし。[60]）」とあるように、司馬温公は墓前に高さ二三尺ばかりの小碑を立てることを主張していた。なお、墓碑の形態については、『家礼』にある「圭首」[61]のような墓碑の先端を特別な形にするということをせず、とくに記述がないというのは、象山はまたもっともシンプルな形で構想したと考えてさしつかえなかろう。

墓碑の書法について、象山はまず世俗のやり方に対して、つぎのように指摘している。

近き頃に及びて、和漢のまなびあるもの、多くは墓碑のふみ作りて、その功徳を褒賛することなり。されど、その人果して賢ならば、もとよりひとの称頌する所となりてよゝにかくれあるべからず。碑誌のふみを待ちて始めて人にしられなむや。もしその人はたして不賢ならば、たとひ巧言もて強ひてその采飾を極めたりとも、いたづらに譏笑の資とならむのみ。たれかはそをまことゝしうけむ。(62)

つまり、世の中に和漢の学問をなしたことがある人は、功徳を称賛するような文章で墓碑を刻むことが多いが、このような仕方に対して象山は反対しているのである。彼によれば、人の賢と不賢は普段においてすでに現れており、墓碑の文によってはじめて人に知られるわけではない。ゆえに、彼は墓誌によって人の功徳を称賛する必要がなく、とくに不賢と思われる人があえてこのようにすると、かえって笑われてしまうと考えていた。

『家礼』における墓碑文については、墓の正面は誌石の文字の刻み方に従って、官位の有無によって「有宋某官某公之墓」や「某君某甫之墓」と刻み、また墓碑の左面から裏面、右面へとぐるりとまわって死者の世系や行実などを刻むと定められている。それに対して、象山は「墓のしるしには、たゞ某姓名君墓表と題し、その夫婦合葬せるには、某姓名君曁配某氏墓表と刻みて、その賢としからざるとは、世人の知るにまかせたらむこそよかるべけれ。」(63)とし、墓の正面に「某姓名君墓表」、夫婦合葬の場合は「某姓名君曁配某氏墓表」と、墓主を示すための文字を刻むだけにとどめ、世俗で行われている人の功徳を彰顕する文や、家系・行実を刻むことはいっさいしないとした。もっとも簡略なかたちで作法を必要最小限にとどめるという象山の一貫した姿勢がみられるのである。

これで前述した誌石の作法とあわせてみれば、象山が『家礼』にいう墓誌（誌石に刻む文）と世俗にいう墓誌（墓碑に刻む文）とを混同したことは決してなく、彼は世の中の墓誌と墓碑とを兼用する風習を退け、両者をきちんと区別したうえで、それぞれの作法を考案したことが明白にわかる。そもそも中国の礼制上においては、墓誌を墓碑と混同してはならないのは当然のことである。[64] 象山も儒式の喪礼を日本に導入しようとする以上、この原則を遵守しなくてはならないと考えていたのであろう。

おわりに

本章では、象山が『喪礼私説』において、具体的な礼式についていかに『家礼』式のものに基づいて考案・工夫していたのかに注目し、「治棺」、「作主」、「誌石」、「墓碑」の四項目を通して詳細に考察した。

まず、象山が考案した木主に対する検討からわかるように、彼は全体的に『家礼』に基づいて『喪礼私説』を著述しているものの、『家礼』より以前の漢代や唐代の礼式についても非常に関心をもっていた。木主の形態について漢代のものから示唆をえることや、木主の趺の大きさについて唐代のものに比例して定めるなど、象山が考証学的な手法によって喪礼の作法を構想することも多々あった。

つぎに、具体的な儀礼作法において、象山はかならずしも『家礼』式のものをそのまま取り入れたのではなく、さまざまな面において取捨選択をした。なかでもとりわけ注目したいのは、実践しやすくするためにできるかぎり各作法を簡略化にした点と、江戸時代当時の基準である曲尺を採用した点である。この二点から、象山は日本の風習や慣習を十分に配慮したうえで、単に理論的に儒式喪礼を主張するのではなく、もっとも実践可能なかたちで考えていたことがわかる。その背後に、彼が想定する儒式喪礼実践の対象が上層の武士階級に限らず、一般庶民まで包括されていることともおおいにかかわっていると考えられよう。

最後に、看過してはならないのは、象山は無条件にすべての作法を簡略化にしたのではなく、「孝」という儒教の核心的理念が反映されるか否かで取捨選択をしていたことである。この「孝」の原則こそが『喪礼私説』の根幹であり、象山が『喪礼私説』を著述した主旨でもあった。象山において、儒式喪礼の主張は一体どのような意義があり、『喪礼私説』は彼の思想のなかでどのように位置づけられるのかについて、いよいよ次章で解明してみよう。

注

(1)『喪礼私説』(『全集』巻二所収)「治棺」、一五頁。
(2) 同前。
(3) 同前。
(4)『喪礼私説』「治棺」、一六頁。
(5)『家礼』「喪礼(初終)」、七〇頁。
(6) 棺の厚さについては『家礼』には明記されていないが、『礼記』には「夫子制於中都、四寸之棺、五寸之槨、以斯知其不欲速朽也。」(『礼記』巻三「檀弓上」、一三三頁)という記述があり、棺の厚さを「四寸」(約九・二センチ)とすることが一つの作法として参考にできよう。
(7) 同注(5)。
(8)『喪礼私説』「治棺」、一五〜一六頁。
(9) 周尺の基準については、丘光明ほか著『中国科学技術史　度量衡巻』(科学出版社、二〇〇一年)を参照した。
(10) 同注(4)。
(11) 同前。
(12) 同前。

(13)　周知のとおり、儒家の葬祭儀礼を重視するのと異なり、墨家は「節葬」を主張している。たとえば、「故古聖王制為葬埋之法、曰、「棺三寸、足以朽体。衣衾三領、足以覆悪。以及其葬也、下毋及泉、上毋通臭、壟若参耕之畝、則止矣。死則既以葬矣、生者必無久哭。而疾而従事、人為其所能、以交相利也。」此聖王之法也。」（『墨子』「節葬下」）と記述されている。「節葬」を主張する墨子でさえ、棺の厚さを三寸（約六・九センチ）とすることからみれば、象山が主張する「一寸の板」（約三センチ）はかなり薄いものとなり、「治棺」において象山の重点がやはり棺そのものの製作にはないことがわかろう。

(14)　同注（5）。

(15)　『礼記』巻二二「喪大記」、一七〜一八頁。

(16)　『喪礼私説』「治棺」、一七頁。

(17)　「西洋書中に参考して一方を得たり。棺を塗るに用ひてその妙いふべからず。今しるして同道におくる。その方、松脂土芥を雑へざるもの五分、黄蝋二分、猪脂半分、おの〳〵細に砕き、或は切り、片にし、ひとしく銅鉄鍋に入れ、焔の揚らざる漫火に上せ、（割注：必ずかくするは、火の入らんことを恐れ防ぐなり）棍もて手を停めず攪ぜ、よく溶和せしめて、泡立ち沸あがるまでに至り、觜ある器に移し、（割注：俗に片口など云ふもの）一人その器をとり、棺面に傾くるを、両人棺の左右に在りて、幅広き木篦もて、大よそ厚さ一分ばかりに、むら〳〵なく塗りわたし、さて上に白堊の粉を篩もてふるひかけ、箒にて刷き去るべし。しかすれば、物に粘するの患なし。蓋を掩ひ釘を下したる後、その合際には、更に温め能く溶して流し入る、やうにはからふべし。」（『喪礼私説』「治棺」、一八〜一九頁）とある。象山は、この方法に従えば「外気入る所なくして、蛀もまた生ずる」ことがなく、釘の「頭深く松脂の下に沈めて、湿をひき鏽を生ずるの患」もなく、棺に「物に粘するの患」（『喪礼私説』「治棺」、一九〜二〇頁）もないと述べ、洋学の知識を取り入れて改良した作法に自信を示しているのである。

(18)　同注（5）。

(19)　『喪礼私説』「治棺」、二二頁。

(20)　この挙牀のイメージ図は、筆者が象山の「但挙牀を、小方牀の如くに高さ七寸ばかりに作りて、その前後には二長杠をつらぬくべき孔を穿ち、（割注：出棺の時までは杠をば貫かず）面には、杠に跨りて大索を通すべき孔八つあるべし。四方には大鐶二つづつを施し麻の大索を貫き、さて棺をするゑ、（割注：棺を挙牀に据うるには先づ下に紙二十枚ばかりを周くしきてその上に据うるなり）その索を取りて棺を動かすべし。出棺の前に至り、その索もて棺を挙牀に結び附け、更に太き麻索を取り、杠の下より牀面の孔へ引き出し、そを互に取りちがへて固く結び、さらにもぢといふものを加へてその索を堅くすべし。又塗りたる松脂を剥さゞらむためには、かねて方寸の角木の長さ棺と斉しきを取り、その一隅を内へ角に刊り去り、大やう剃刀の形のごとく造りて、その四隅々々に当て、その上に索をかくべし。」（『喪礼私説』「治棺」、一二一頁）という記述に基づいて作成してみたものである。作図の際、棺の形については、後述の象山が推奨する座棺を採用した。

(21)『喪礼私説』「治棺」、一二一頁。

(22)前章において触れたとおり、象山の師の佐藤一斎は瓦棺を主張する一人となる。

(23)同注（5）。

(24)『喪礼私説』「初終」、六頁。

(25)『喪礼私説』「墓碑」、八〇頁。

(26)江戸時代における『家礼』受容において、「七星板」の作法を受け入れて『家礼』の作法を踏襲する例もある。たとえば、林鵞峰『泣血余滴』に「鋪石灰於棺底三寸許、而加紙於其上、而鋪七星板。」（『泣血余滴』、吾妻重二編『家礼文献集成　日本篇（一）』、一四頁）とみえる。

(27)『礼記』巻一「曲礼上」、一九頁。

(28)中国における木主の変遷については、吾妻重二「木主について――朱子学まで」（『アジア文化の思想と儀礼：福井文雅博士古稀記念論集』所収、春秋社、二〇〇五年）、同「近世儒教の祭祀儀礼と木主・位牌――朱熹『家礼』の一展開」（吾妻重二・黄俊傑編『東アジア世界と儒教：国際シンポジウム』所収、東方書店、二〇〇五年）に詳しい。『家礼』式の木主は基本的に程頤が考案したものを継承しており、その具体的な材質・形態・製作方法・題字等については、吾妻氏後者の論文で詳細に考察されているため、参照されたい。なお、筆者の木主についての知識も吾妻氏の論考に負うところが多い。

(29)『喪礼私説』「作主」、五四頁。

(30)同前。

(31)同前。

（32）木主の寸法について、程頤は「用古尺」と注をつけて明示しているが、この「古尺」の基準をめぐって、朱熹とその門人の間で議論が行われ、『家礼』にも「神主用周尺」とあるため、周尺（一尺≒二三・一センチ）とみなされたことがわかる。詳細は吾妻重二「近世儒教の祭祀儀礼と木主・位牌――朱熹『家礼』の一展開」参照。もちろん、象山も程頤と朱熹とが周尺を用いたと理解していることはいうまでもない。

（33）『全集』所収『喪礼私説』では「通典に晋武帝大康中制大廟神主、尺一寸と見え」となっているが、筑波大学附属図書館所蔵写本『喪礼私説』では「通典に晋武帝大康中制大廟神主、尺二寸と見え」とある。それにくわえて、『通典』では「晋武帝太康中制、太廟神主、尺二寸、后主一尺与尺二寸中間。木以栗。」と記載され、「太康」は晋武帝司馬炎の治世に使われた年号であり、「太廟」とは皇帝の祖先を祀る御霊屋のことであるため、「大」は「太」の誤りで、「一寸」は「二寸」の誤りであることと判断される。

（34）『喪礼私説』「作主」、五四～五五頁。

（35）『漢書』の「志」には「礼楽志」しかなく、かつ木主に関する記述がなかったのに対し、『後漢書』「礼儀志」には「桑木主尺二寸、不書諡」とあるため、象山がここでいう「漢書」とは『後漢書』のことであるのがわかる。

（36）吾妻氏の考察によれば、『家礼』より以前では「木主が天子・諸侯クラスの祭器であるのに対し、神板はもっぱら卿・大夫・士のものとされた」（前掲吾妻重二「木主について――朱子学まで」、一五五頁）という。神板の寸法については、『通典』の引用では「安昌公荀氏祠制、神板皆正長尺一寸、博四寸五分、厚五寸八分」とあるが、『朱子文集』では「江都集礼晋安昌公荀氏祠制云、祭板皆正側長一尺二分、博四寸五分、厚五分」（巻六三、「答郭子従」）となっており、この寸法の違いについて、朱熹が『通典』にある引用は誤っていると指摘している。詳細は前掲吾妻重二「木主について――朱子学まで」一五六～一五七頁を参照されたい。一方、象山は「江都集礼晋安昌公荀氏祠制、神板皆正、長一尺二寸、広四寸五分、厚五分」と記し、引用の仕方からみると、おそらく彼が参考としたのは『朱子文集』のほうであろうが、長さのところで一致しないのは象山が誤って引用したからだと筆者は推測する。いずれにせよ、象山が荀勗神板の長さを「一尺二寸」とみなしたのは間違いない。

（37）『穀梁伝』疏に「右主八寸、左主七寸」とみえ、宗廟に並べる父の主の高さと母の主の高さの間に若干の違いがある。象山も割注で「一作左主七寸」と記し、この説に気づいたことを示しているが、彼はまた同時にそれは「誤なり」と判断したことがわかる。

(38)　ただし、象山自身が認識した荀勗神板の各部分相互間の割合について、厚さの部分をも含めて――長一尺二寸、広四寸五分、厚五分――厳密に反映させれば、木主の寸法の厚さが三分あまりとなるはずだが、結果からみると、やはり象山が荀勗神板のような板型のものよりも、幅と奥行きとが同じである漢代の直方体型の木主がもっともふさわしいと判断したといえよう。なお、漢代の木主は、直方体型以外に、立方体型と前方後円型とがあり、詳細は前掲吾妻重二「木主について――朱子学まで」を参照されたい。

(39)　『喪礼私説』「作主」、五五頁。

(40)　たとえば、「問：「程氏主式、士人家可用否」。曰：「他云、已是殺諸侯之制。士人家用牌子」。曰：「牌子式当如何」。曰：「温公用大板子。今但依程氏主式、而勿陥其中、可也」。」、「伊川制、士庶不用主、只用牌子。看来牌子当如主制、只不消做二片相合、及竅其旁以通中。」（『朱子語類』（『朱子全書』第一七冊）巻九〇、三〇四七頁）とみえる。

(41)　『喪礼私説』のなかには、たとえば「襲歛」の道具に「刀」が挙げられるなど、武士階級を象徴する要素がみられる一方、「孔孟之教を以て、忠孝仁義の道を御怠慢なく御訓導有之、喪服の御制度、御更張被為在候はば、天下人民、大凡其向ふ所を存知可申、其所に於て、儒葬の義、情願に任せ候様相成候はば、仏氏は多く入らぬものと可相成候。」（「時政に関する幕府宛上書稿」、『大系55』、三一八頁）と象山が説くように、彼は孔孟の教えや忠孝仁義の道で「人民」を教化すると同時に、儒葬制度を導入することで「人民」を導くことをも図っているのである。

(42)　この点については、前掲吾妻重二「近世儒教の祭祀儀礼と木主・位牌――朱熹『家礼』の一展開」に詳しい。

(43)　吾妻氏の考察によれば、『儀礼』には木主に関する記述がいっさいないため、先秦時代の木主がいかなるものであったのかは不明であるが、『春秋公羊伝』や『穀梁伝』に諸侯の木主に関する記事がみられ、それによると、虞祭（埋葬後に帰宅してから行う忌明けの祭り）の時に一回「桑主」（桑の木で作られる木主）を作るが、この時はいまだ文字を刻まず（桑主不文）、そこから練祭（小祥のこと、亡くなってから一年目、実質一三か月目の祭祀）の時に「栗主」を作り、はじめて死者の諡を刻むという（前掲吾妻重二「木主について――朱子学まで」一四四～一四五頁参照）。象山も「古礼にては、初終の時に重を作りて神を寄せ、虞祭するに及びて桑木もて主を作る。これを虞主といふ。しかる後重を取り去り、練祭するに至りて、又栗木もて主を作り、虞主に易ふ。これを練主と云ふ。宋儒に至り、魂帛祠板をもて、重と虞主とに換へ、小祥に至りて更め栗主を作る。皆煩はしきに似たり。

故に今此の時に於て不易の主を作る、簡省に従ふなり。」（『喪礼私説』「作主」、五三～五四頁）といい、「栗主」をもって「桑主」にかわるという「易主」の礼式を理解しているが、簡略の原則に従って、はじめから「不易の主」を作ることを主張する。

(44)　同注(39)。

(45)　『家礼』「喪礼（治葬）」、一一四～一一五頁。

(46)　「蓋慮異時陵谷変遷、或誤為人所動、而此石先見、則人有知其姓名者、庶能為掩之也。」、『家礼』「喪礼（治葬）」、一一五頁。

(47)　『喪礼私説』「誌石」、二二頁。

(48)　『喪礼私説』「誌石」、二三頁。

(49)　同前。

(50)　石田肇「江戸時代の墓誌」（『群馬大学教育学部紀要　人文・社会科学篇』五六、二〇〇七年）、二九頁。日本の儒者の墓誌についても、氏は「儒学者の文集には墓誌あるいは墓誌銘が散見されるが、実際には刻されなかった場合もあり、刻された場合でも、これらの多くは墓中にあるわけではなく、墓石の周りに刻される例が多い」（石田肇「江戸時代の墓誌」、四四頁）と指摘している。

(51)　『喪礼私説』「下棺」、五八頁。

(52)　石田肇氏は近世の墓誌を「徳川家関係、水戸関係、大名関係、武家関係、儒家・医家・文人関係、文集所収のもの、その他」の順に考察し、近世の墓誌の類型については、「石室蓋石、銅板、石製、短冊型銅板、凸凹状の石製対のもの、甕棺蓋石、甕棺木製蓋」とその大半を示している（前掲石田肇「江戸時代の墓誌」）。谷川章雄氏はさらに石田氏の分類に基づいて、都市江戸の墓誌を「A類　石室の蓋石に銘文を記したもの　B類　棺の蓋に銘文を記したもの　C類　板状のもの　D類　誌石の上に蓋石を被せたもの」という分類案を提示している（谷川章雄「江戸の墓誌の変遷」、『国立歴史民俗博物館研究報告』一六九、二〇一一年）。

(53)　前掲石田肇「江戸時代の墓誌」、前掲谷川章雄「江戸の墓誌の変遷」のほか、石田肇「近世大名墓の墓誌」（『月刊考古学ジャーナル』五八九、二〇〇九年）、池上悟「江戸時代墓誌小考」（『立正史学』一一七、立正大学史学会、二〇一五年）参照。

(54) 石村喜英「墓碑・墓誌」(『新版仏教考古学講座7　墳墓』雄山閣、一九七五年)、石田肇「墓碑と墓誌の混用」(関根達人『石造物研究に基づく新たな中近世史の構築』科学研究費補助金(基盤研究A)研究成果報告書、二〇一九年)。
(55) 『喪礼私説』「墓碑」七九〜八〇頁。
(56) 『家礼』は儀礼作法を士庶人階層までに普及させていったことが画期的であり、墓碑の使用の点においても例外ではない。「宋代の礼制では、五品以上の者が墓碑を、七品以上の者が墓碣を立てることができ、下級官僚や官位のない一般の庶人にそれらを立てるのは、特別な場合を除いて許されていなかった」(吾妻重二「日本における『家礼』式儒墓について：東アジア文化交渉の視点から(一)」、『関西大学東西学術研究所紀要』五三、二〇二〇年、五頁)という宋代の礼制をみるだけでもわかるように、それまでには官位によって墓碑の形状が違ったりして、墓碑の使用自体もかならずしも一般的ではなかった。
(57) 『家礼』「喪礼(成墳)」、一三四〜一三五頁。
(58) 孔子は防というところで母を父の墓に合葬し、封(盛り土)の高さを四尺にした(「孔子既得合葬於防。曰、吾聞之、古也墓而不墳。今丘也、東西南北之人也、不可以弗識也。於是封之、崇四尺。」、『礼記』巻三「檀弓上」、三頁)。吾妻氏は、朱熹はこのような孔子の伝説に基づいて墳の高さを四尺とし、それにあわせて墓碑の高さも四尺にしたと推測している(前掲吾妻重二「日本における『家礼』式儒墓について：東アジア文化交渉の視点から(二)」参照)。
(59) 『喪礼私説』「下棺」、五八頁。
(60) 『司馬氏書儀』(中華書局、一九八五年)巻七「喪儀三」「碑誌」、八〇頁。
(61) 「圭首」については、前掲吾妻重二「日本における『家礼』式儒墓について：東アジア文化交渉の視点から(一)」を参照されたい。
(62) 『喪礼私説』「墓碑」、七九頁。
(63) 同前。
(64) 吾妻重二「『家礼』と崎門派における神主・櫝・墓碑・墓誌」(『関西大学中国文学会紀要』四三、陶徳民先生退休記念号、二〇二二年)、二一一頁。

第七章　佐久間象山の政治思想における儒教儀礼の位置づけ
――『喪礼私説』の政治的意義を通じて

はじめに

前述したとおり、象山は文久二年（一八六二）九月に幕府宛の上書のなかで、幕府の文久改革項目に対してさまざまな批判をくわえたうえで、富国強兵策の一環として、新たに儒式喪礼の制度を制定することを提起していた。この上書において、象山はいかなる政治的発言のなかで儒教儀礼の主張をなしていたのか、彼において儒式喪礼の主張はいったいどのような意義があり、『喪礼私説』は彼の思想のなかでどのように位置づけられればよいのか。本章では、これらの問題に対して詳細に考察することで、これまでまったく研究されてこなかった象山の政治思想における儒教儀礼の主張およびその意義について明らかにしたい。

具体的には、まず、象山の儒式喪礼主張提起の背景として、文久二年の幕府宛上書について注目し、おもに幕府の文久改革に対する象山の批評を中心にみたうえで、彼がいかに儒式喪礼の制度化を主張し、そこからどのような政治的効果を期待しているのかについて検討する。つぎに、この上書に添付してあわせて幕府に提出しようとする『喪礼私説』の「成服」一章について詳細に考察することで、象山の政治的秩序観を明らかにする。これらの検討を通して、象山の政治思想における儒教儀礼の意義を解明する。

そもそも筆者がこの文久二年幕府宛上書に注目するのは、象山がこの上書において体系的に儒教儀礼に対する考え方を表明しているだけではなく、この上書が象山の政治思想においても非常に重要な位置を占めているからである。というのも、この上書を執筆する九月に象山はいまだ蟄居中であり、それがゆえに上書が結局幕府には伝わらなかったにもかかわらず、まもなくの一二月に象山は蟄居処分を解かれ、この上書をふまえて藩主真田幸教（一八三六～六九）宛に意見書を執筆し、そのまま藩の意見に採用されて幕府へ提出された。また、わずか二年後に暗殺されるまでに、象山は後の一五代将軍慶喜（一八三七～一九一三）をはじめ、山階宮・二条関白らの有力公家にも謁見して時事を論じ、自分の政治言説を主張することができた。したがって、文久二年というのは象山生涯の一つの転換点とも捉えられ、彼のそれ以後の政治活動や政治思想をみれば、すべてこの上書につながっていることがわかり、この文久二年の幕府宛上書は象山の成熟した政治的思想の原型を築いていたものであるといっても過言ではないからである。

一　文久の改革項目に対する象山の批評

文久二年（一八六二）六月、勅使大原重徳（一八〇一～七九）は島津久光（一八一七～八七）に擁せられて江戸に到着し、幕政改革の勅命を伝え、これをうけた幕府は、徳川慶喜を将軍後見職に、松平慶永（一八二八～九〇）を政事総裁職に任命し、この両者の指導のもとで改革が進められた。安政の大獄以後処罰された者の赦免のほか、改革は朝廷・雄藩に対する宥和を旨とし、朝廷に対しては、年頭の勅使下向や武家伝奏の血判誓詞提出などの制度が廃止され、諸大名に対しては参勤交代の制度が緩和された。

このころ、象山はいまだ国元松代で蟄居しているにもかかわらず、上書稿を執筆し、改革の一部を批判しながら、幕府の取るべき政治のあり方について論じた。上書稿のなかで、象山は当今「御当家御一代の御栄辱而已に無御座、皇統の御安危にも係り候[1]」という国内外形勢のもとで、自分自身のこれまでの学問的・政治的活動を回顧したうえで、「御国恩聊かも忘却不仕[2]」、「天下の御為」に図った方策について詳細に示していた[3]。

1　貴賤尊卑の「礼」の原則

具体的な政治方策について、象山はまず、幕府の文久改革項目である「諸家様御供連殊の外御減少、御老中様方御登城に僅か三騎五騎位にて、御道具等も無御座候[4]」という、諸藩の大名が外出の際のお供の人数、老中たちが登城する際の馬と槍など身分を標章する道具が大幅に簡略化されたことに対して論じている。彼はつぎのように指摘している。

掃部頭様・対馬守様等の御事は、例外たるべきは勿論の義に候へ共、乱心者・破家者は、いつ何れの所にあるまじと難申候へば、御登城其外御地廻りにも、御高柄並に御役柄丈の御定式御供は御座候方、御当然の御事と奉存候[5]。

象山はこの改革内容に対して反対していることがわかる。その理由は二つあり、一つは前大老の井伊直弼（一八一五～六〇）が桜田門外で暗殺され、前老中の安藤信正（一八一九～七一）が坂下門外で襲撃されたこともあったため、安全を考慮したうえでもお供にそれなりの人数があったほうがよいということ、もう一つは高い役職を担当する人には、その役柄だけのお供が備えられるのが、当然であるということである。

ここでは、後者についての象山の論理をより詳しく浮き彫りにしていきたい。そもそも幕府がなぜこのような制度改革を打ち出したのかについて、象山は「若しくは亜墨利加・欧羅巴諸国の大統領・執政、又は本邦へ渡来のミニストル等の貴人、外出に僅々の従僕を召連れ、多くの人数を要せず候義、御見聞被為及、面白き事に被思召、御本邦にても其風習にせさせられ候方可然など申御事には無御座候哉(6)」と推測している。すなわち、アメリカ・ヨーロッパ諸国の大統領や来日している公使が外出する際のお供が少ないため、日本もその風習を模倣しようとするのではないかということである。

もし本当にそうであれば、それは「寸木之本を揆らせられず候て、其末を岑楼と斉しくせさせられ候とも可申(7)」いわゆる本末転倒の措置であると象山は注意を促している。なぜならば、

皇国と外蕃とは御国体本より同じからず、夫故に又御政体も異ならざる事を得ざる義と奉存候。彼国にては農工・商賈・舟子・漁師・獣医・傭夫の子と雖、其才能学術優長にして、果して衆に出で候時は、登用してミニストルにも、執政にも、大統領にも至り候事に御座候。（中略）皇国当今の御形勢は、全く漢土三代封建の制と同様にて、大朝の御大政を被為執候は、即ち諸侯様に御座候。其被為持候御人数は、平日御扶助の者共に付、内外・御定めの御軍役を被為勤候事、御本分之義に御座候。諸侯様には御高柄の御人数を被為持、常非常共、御自ら御警衛御守禦に被為備候事、固より亦御国体の御当然、まして御大政を被為執候御重職に被為居候御事に付、御登城は勿論御地廻りにも、御体格丈の御儀衛は、固より可有御座筈の御事と奉存候。然るを、御道具も不被為持、僅か三騎五騎にて御登城等被為在候は、仮令御みづから重んぜさせられずとも、

乍恐其職柄に被為対、矢張御不敬之筋にもや当り候はむと奉存候。(8)

と象山が考えているからである。象山によれば、そもそも日本と外国とは国のあり方（「国体」）が違うため、政治体制が異なるのも当然である。具体的には、西洋諸国では貴賤尊卑の等級がなく、商人や漁師、獣医のような日本からみると身分が卑しい人でも、才能さえあれば政治の中枢にも入って、公使になったり大統領になったりすることができる。それに対して、当今の日本では中国上古三代のような封建体制を取っており、実際の政治を行っているのは各地の大名であり、諸大名が身分相応の人数の家来をもちながら、義務としての軍役を務めるのは、本来尽くすべき責務を果たすだけのことである。また、諸大名が常時・非常時ともに家来に自分の警衛をさせるのは、日本の「国体」にふさわしいやり方であり、まして老中のような重職を務める場合には、重職の格式だけの護衛を備えるのも至当な措置である。むしろこのような儀礼を簡略にしたほうが職柄に対する不敬となると象山は考えている。

ここから、象山は西洋諸国と日本とにおける政治体制の違いについて明白に認識し、優劣関係なくそれぞれの国にそれぞれふさわしいものが要求されると理解していることがわかる。象山においては、日本の幕藩体制は西洋諸国のような自由平等の価値観ではなく、貴賤尊卑の等級という原則に基づいて成立されたものであるため、大名や重職を担当する人に身分相応の護衛が備わるのは、日本の「国体」に符合する体制のかたちなのである。(9)

貴賤尊卑の等級について、象山はさらに、

貴賤尊卑の等は、天地自然・礼の大経に有之、侯伯の御身に護衛の儀法御座候も、是又礼文の当然、已むべからざる所と奉存候。別して皇国に於ては、貴賤尊卑之等、殊に厳ならざるを得ざる深意御座候義と奉存候。(10)

といい、貴賤尊卑の等級は「天地自然」・「礼」に由来するものであるため、漢土三代では侯伯に身分相応の護衛が備わるのも、礼制儀文にふさわしい規定であり、皇国日本においてはこの点を改革するどころか、貴賤尊卑の等級をより厳しくすべきであると、「礼」の絶対性を認めるのである。

かかる貴賤尊卑の「礼」を堅持する象山は、「此節御大政に被為預候御方様と雖、多くは御綿服を被為召候と承り候。(11)」という、大名などの身分が高い人が綿服を着用することについても、同じく「衣服之制上下法象ありて、尊卑を標顕し候は、政治上欠くべからざる大典と奉存候。(12)」と主張し、衣服の制度における上下等級の掟も、貴賤尊卑を示し表すものであるため、政治上においては欠いてはならない規定であると指摘している。

象山においては「礼は序なるのみ」であり、具体的な社会実践において「礼」とはほかでもなく秩序を意味していることは、すでに第一章において明らかにしたところである。象山におけるこのような「礼」理解をふまえれば、彼が貴賤尊卑の等級にこだわるのは、秩序を重視することを意味し、秩序を明らかにすることによって日本当時の政治的苦境を解決しようとするという彼の態度が読み取れよう。

2　身分の上下秩序に立脚する教育制度の確立

「御政治の義は、孔子の聖訓の通り、兎にも角にも人を被為得候に無御座候ては、不被為叶、多く其人を被為得候には、迂遠に似候へ共、御教育御座候より外無御座候。(13)」と象山が記述するように、彼は教育についても重視している。ただし、注意すべきは、象山が構想している教育制度は、また身分の上下秩序に基づくものであり、具体的には為政者（武士階級）を対象とする「教育（教え育てる）」と庶民（農工商階級）を対象とする「教導（教え導く）」とに分かれているのである。ここではおもに象山の「教育」に関する主張をみていき、「教導」については象山の儒式喪礼の主張とかかわるため、次節に譲る。

教育のなかでも象山はとくに学校や教育制度である学政を重視し、つぎのように述べている。

御当家様御法、御大政を被為執候は必ず諸侯様にて、其他重き御役筋も皆御旗本より御人選に御座候。左候て、冑子を教ふるの御学政、是迄聢と不被為立候は、乍恐御闕典と奉存候。（中略）此御改革の期を以て、何卒御学政御維昭被為在、御譜代の諸侯様方、世子御補導御念入候様有御座度奉存候。諸侯様方のみならず、御旗本方にても御高禄の方様は、其御世嗣と被定候御子は勿論其子弟迄、賢良方正の士其御左右と成り、仮にも邪佞・軽薄・庸妄の輩其間に参錯することを得ず、其師は必ず学術正しき者を選み、御勤学御座候様、屹と被仰出、御小禄にて是に被及兼候分は、其分限に応じ良師・良友を択み、其才を成し候様有御座度奉存候。左様御座候には、先第一に公儀御取用の御学術を被為正、夫を以て天下之学術皆一致に帰し候様、御仕向け有御座度奉存候[14]。

ここで象山はまず教育の必要性について、日本の政治体制によって、実際の政治の担当者は大名であり、ほかの重職もおおむね将軍直属の旗本から選出されるため、諸大名や旗本の後継者（「冑子」、「世子」、「御世嗣」）を育てるのがもっとも大事なことであると指摘している。ここから、象山が考える教育制度は単に学問修業のためではなく、政治と緊密につながっているものであり、実際に政治を担当する人材を育てるという実効性が要求されることがわかる。ゆえに、大名のなかで象山がとりわけ譜代に期待するのも、政治への影響力を考慮したものと考えられよう[15]。

そして、象山が旗本の後継ぎ教育を論じる際に「高禄」と「小禄」とに区分していることからもうかがえるように、彼は教育制度を構想する際にやはり身分の上下という秩序を重んじており、小禄の旗本が高禄のものほどの教育を受けられないのは問題となるどころか、むしろ「分限」に応じて師友を選ぶのは適切だと考えているのである。彼が貴賤尊卑の秩序を一貫して重要視し、それに立脚して教育制度を構想しているといえよう。

また、教育の実施については、象山は「公儀」から「天下」へ、つまり幕府の官学から整えてから全国へ広げていくという上から下への様式を主張し、教育の内容については「天下の学術」がみな一致に帰着するようなものを提起している。

この「学術一致」について、象山はさらに、「此学術一致と申義、初より章句訓詁の末節を申には無御座、道徳・仁義・孝悌・忠信等の教は、尽く漢土聖人の模訓に従ひ、天文・地理・航海・測量・万物の窮理・砲兵の技・商法・医術・器械・工作等は、皆西洋を主とし、五世界の所長を集めて、皇国の大学問を成し候義に御座候。[16]」と詳しく説明している。すなわち、象山が説いている「学術一致」とは、漢土聖人の経典から獲得する儒教の道徳修養と科学的知識としての西洋学問とを統合してできた新たな「皇国の大学問」を指しているのである。この点は、本書の第一部において明らかにした象山自身の学問の内実や「東洋道徳、西洋芸術」の思考様式とも軌を一にしたものであり、また、そのうち、儒教の道徳修養が「体」、実用的な洋学が「用」とされていることも、もはや贅言を要すまい。

二　儒式喪礼制度化の意義

1　民の教導に役立つ喪服制度

それでは、象山が主張する庶民（農工商階級）を対象とする「教導（教え導く）」とは、いったいどのようなものであるのかについてみてみよう。

そもそも象山が庶民の教化に目をむけるようになったのは、「民を教ふると申事も、是迄はいかにも御疎濶と奉存候。右故、天下に兎角無頼の者多く、不良を働き候ては被召捕、年々牢獄に瘐死し、斬に処せられ候者、御府内ばかりにても夥しき義と奉存候。御教導さへ被為行届候はば、其者共とても多くは良民たることを得、其身の職業を以て、何也世の用に可相成を、左も無御座候は、誠に愍むべく惜むべき義に御座候。[17]」に起因するものである。つまり、これまで庶民を教えることをおろそかにしてきたため、庶民のなかには無頼や不良の者が多く、いかに教導を通して彼らを良民に変え、社会に役立つものに改良させられるかは、象山の思考の出発点であった。

具体的な政策として、象山は儒学という孔孟の正道をもって庶民の教導にあてることを主張し、なかでも「孝」の教導を特別に重要視している。そして、何より注目したいのは、象山の「孝」の教導における儒式喪礼の提起、とくに喪服制度を主張する論理である。それについて、彼はつぎのように説いている。

> 偖又教へ導き候に、孔孟の正道を以てし候と申内、第一に孝道を先と仕度、孝道を先と仕候には、第一に喪服の制度を被為正候事、其大本と奉存候。大戴礼に、「凡不孝は仁愛ならざるに生じ、仁愛ならざるは喪祭の礼明ならざるに生ず、喪祭の礼は仁愛を教ふる所以なり」と御座候も此義と奉存候。[18]

ここでは象山の主張から二つのポイントを抽出することができる。一つは、『大戴礼[19]』という儒学の経典にも明白に記載されているとおり、喪祭の礼は人々に「仁愛」という道徳を教えることができるため、喪祭の礼が明らかでなければ人々が「仁愛」にはならず、「仁愛」でなければ不孝であるという、儒教の喪祭礼と「孝」とが緊密につながっているという論理である。この論理によれば、日本の庶民も儒教の喪祭礼に従うことを通して「仁愛」

の心を生じ、「仁愛」の心より「孝」になることができ、「孝」になれば無頼の者でも良民になると象山が期待していることが読み取れよう。

もう一つは、儒教の喪祭礼のなかでも、象山がとくに庶民への「孝」の教導ともっとも直接につながる喪服の制度に重点を置いていることである。象山によれば、喪服の制度は「孝」の大本・根本をなしているものであるため、孝道の教導を行うためには、その前提としてまず喪服の制度を正さなければならないのである。

要するに、「孔孟の正道」をもって庶民を教導すると象山が主張する際に、いまだ理想的・理論的なレベルにとどまる話だとすれば、彼が儒教の喪祭礼、さらには具体的に喪服の制度という実践可能でかたちのあるものを打ち出した際に、彼の主張がより具現化され、実際に喪服制度の実践を通して「孝」という行為行動を実感するというリアリティーのある庶民教導の画面が浮上してくるのであろう。

したがって、象山は「喪服に付候ては、聊か拙著も御座候。御忌諱に触れ候義も御座候歟と奉恐惶候へ共、兼々愚存之次第も御座候に付、拙著喪礼私説制服之条、録出奉入御覧候。御熟覧の上御採択も被成下候はば、天下幸甚の義と奉存候。[20]」とあるように、『喪礼私説』の「成服」項目を抜き出して、この上書に添付してあわせて幕府に提出しようとし、儒教儀礼に関して単に興味をもって自ら著述するにとどまらず、国の制度の一環として採択されるよう期待していたのである。なお、象山が構想する喪服制度についての考察は、後述に譲る。

2　国力向上につながる儒式喪礼制度

前述したとおり、この上書のなかで象山は、日本の国力が西洋諸国に匹敵できない理由の第一として、仏教徒のなかから「遊民」が多く出て国の財政を無駄に消耗することにあると考えている。[21] それについてさらに詳しくみると、つぎのようなものである。

皇国人口、外国の割合より多く候と雖も、此御小国を以て（魯西亜・漢土・亜墨利加・英吉利等に比して申上候）仏寺の数殆ど五十万に及び候。其寺内有る所の僧侶、多きは数十百人、其少きは十人五人、乃至一両人なるも有之、僻土貧地の寺院には、農夫同様自ら耕し候も御座候へ共、多くは皆佚居して飽食煖衣する事に御座候。天下国家の上、一人其職を務めざるもの御座候だに、陰に其害を受くると御座候に、今五十万宇に近き寺々に、許多の僧侶其身を托し、空しく世上の米穀・布帛・物材を耗糜し候。是天下大に其病害を陰受して、御国力大に振ふ事を得ざる根元と奉存候(22)。

ここで象山は、領土面積がさほど広くない日本には仏寺の数が非常に多く、僧侶の多数もきちんと働かずに怠けて暮らしており、単に身を寺院に託して空しく米穀や物質を消耗しているだけであるため、国家はおおいにその害をうけ、国力が興らない根源もそこにあると考えている。これはまた、彼が「御本邦にて只今遊民の第一と申は、仏氏の徒に御座候」と説く理由でもある。すなわち、普通職につかずに遊び暮らしている人が「遊民」にあたるが、象山の場合、たとえ僧侶の職についても、単に名目のみであって実際職を務めずに無駄に暮らしている人が「遊民」同様であり、このような人が多いため、国力不振の原因になるということである。

その解決方法として、このような「遊民」同様の仏教徒を減らすことが予想されるが、周知のとおり、江戸時代ではキリシタン取り締まりのため寺檀制度を設けており、仏教寺院は単なる宗教的な存在ではなく、葬喪祭諸事と宗門改（人別帳を通じて戸籍管理に相当）を担当するなど、行政上の役割も果たしており、仏教は社会全般に広く浸透している。この点については象山も認識しており、彼は「仏の義は年久しく骨髄に入候病患に付、倉卒過劇之御改革等御座候ては、之が為に大害を引出し可申候(23)」と説くように、仏教という長年骨髄にまで浸透した「病患」については、倉卒過激な改革は避けるべきであると懸念している。そこで、彼が考えた改革の仕方とは、先邪説の乱ること能はざる正理を以て御一法を被為立、それを以て御持久被遊、御怠慢無御座候間に、小を積て大に至り、微を積て顕に至り、遂にその大功を被為収候様、有御座度奉存候。邪説乱ること能はざる正理とは、天下に、仏に依らず儒礼を以て葬祭仕候義を御免許被為在候と、度僧の法を厳にせられ候との義に御座候(24)。

といったものである。つまり、異端の説に乱されない「正理」を制度化（「御一法」）させたうえで怠慢なく持久的に貫徹することで、徐々に仏教徒のなかに「遊民」が減ってくるのを期待するのであるが、異端の説に乱されない「正理」とは二つの面が含まれており、一つは葬喪祭のことを仏式ではなく儒式の儀礼に任せること、もう一つは度僧の法を厳しくすることである。

かかるように、象山は儒式喪礼を「正理」とし、それを導入して制度化させることで、国力不振の政治的課題を克服しようとしていた。そして、庶民の生活ともっともかかわる葬喪祭のことを仏式から剥離して儒式にするというのは、儒教の儀礼をはじめとする儒教の教えが社会一般にまで広く浸透して根づくことを期待しているという象山の心境もうかがえよう。彼においては、国力向上のために実施する儒教の道徳的教化、喪服の制度、儒式葬喪礼の三点は一貫したものであり、相乗効果が期待されるものである。ゆえに、彼は「孔孟之教を以て、忠孝仁義の道を御怠慢なく御訓導有之、喪服の御制度、御更張被為在候はば、天下人民、大凡其向ふ所を存知可申、其所に於て、儒葬の義、情願に任せ候様相成候はば、仏氏は多く入らぬものと可相成候(25)。」といい、孔孟の教えや忠孝仁義の道で庶民を訓導して、あわせて喪服の制度を整えたならば、庶民が自ら従うべき規範を知るようになり、葬喪のことも自ずから儒式で行うようになり、その結果、仏氏の説教や作法も自然と庶民の生活に入らなくなるという論理を説いていた(26)。

3　期待される寺檀制度以上の効果

象山が儒式喪礼を主張する背後には、幕府のキリシタン禁制政策に対する考慮もあった。彼は引き続きつぎのようにも述べている。

邪宗門の義も、平日正道の御教諭に御念入り、加之、保伍の法を被為正、其教導の士大夫に命じ、邪書を繙き、邪教を聴き、邪言を吐き候義をいたく被為禁候はば、此く只今迄仏氏の徒世話仕候よりも、御邦禁御厳密に相成可申奉存候[27]。

すなわち、上述した儒教の道徳的教化、喪服の制度、儒式葬喪礼の三点という「正道の御教諭」を実施して、キリスト教に関する出版・言説・告発の制度も同時に維持すれば、キリシタン厳禁のことを仏教徒に任せなくても済むわけであり、むしろ現行の寺檀制度よりも優れた厳禁の効果が出るということである。要するに、孔孟の教えや忠孝仁義の道を内容とする儒学経典で庶民を教化することとあいまって、葬喪祭という庶民の生活ともっとも関与するところにおいて、実際に儒礼制度を実施させ、そしてそれを通して、キリシタン厳禁のために制定されていた寺檀制度の政治的機能を儒礼制度に移すということを象山は唱えているといえよう[28]。

三　『喪礼私説』における喪服

みてきたとおり、象山の政治主張においては喪服の制度がしばしば提起されていた。庶民の教化には「孝」がその中核となり、さらに「孝道」を明らかにするためには、喪服の制度を正すことがその根本であると象山は考えていた。具体的には、彼は『喪礼私説』に「成服」項目を設けて、中国の五服制度を参考にして日本に適合した新たな喪服制度と服忌令を構想した。

1　象山が主張する日本の喪服様式および成服時期

周知のとおり、中国の喪服制度は時代によって多少の変化が行われていながらも、喪服の種類と服喪期間により、斬衰三年、斉衰三年、大功九月、小功五月、緦麻三月を内容とした五服制度として整っている。服喪者は死者との血縁の親疎に応じて、それぞれに対応する種類の喪服を着るが、血縁が親しいほど、着る喪服は生地が粗末で、裾を縫っていなかったり前後が繋がらなかったりしているなどきちんと加工しておらず、深い悲しみのため身なりを整える余裕がないことを表している。『家礼』「喪礼」の「成服」項目もこの五服制度を継承している。服喪期間のことは後述に譲り、ここでは象山が中国の古礼を参照にしながら考えた日本喪服の様式を中心にみていきたい。

そもそも中国の場合、成服には衣（上半身につける服）、裳（下半身につける服）といった服の部分のみならず、冠、首絰、腰絰、絞帯、杖、屨など身のまわりにつける部分も含まれている。しかし、日本の場合、象山は「本朝に経（筆者注：絰の誤り）帯の制なしと雖も、初終の時常服を易へ、今また真の喪服に改むれば、同じく成服と云ふべし。いまこなたの士大夫、常に冠を冠することなければ、唯衣服のみを改むるなり。[29]」と考えている。つまり、象山は日本の風習にあわせて冠・絰・帯などの項目を省略して「成服」の内容を衣服のみにしたのである。

象山が主張する喪服の様式は、具体的には「士大夫は上下、医師茶道のたぐひは十徳、その以下は羽織袴[30]」といったような、それぞれの身分に応じた従来様式のものであって、象山は喪に備えて新しい様式の喪服を考えることはしなかった。ただ喪服の素材について、彼は「喪の重き軽きに従ひ、あらき細き白麻布もて縫ひつゞりて著るべし。[31]」としたうえ、「その粗細生熟の序は、一等の親には、極めて麤なる生麻布、二等の親には次等の粗布、三等の親にはあらき熟布、四等の親には稍細やかなる熟布、五等の親には細やかなる熟布を用ふべし。[32]」とし、死者との血縁の遠近によって喪服を五等に設け、服喪者がそれぞれに対応するものを着用すべきだとしているのである。つまり、象山は中国の五服制度を模倣し、喪が重いほど喪服の生地を粗末にし、五服制度における血縁の親疎によった社会秩序を重視する面を継承しながらも、日本の風習を考慮して喪服の基本様式を日本従来のものにしたのである。

「成服」の時期について、『家礼』では「大斂之明日、死之第四日也。（大斂の明日、死の第四日なり。）[33]」とする。象山も「斂棺の後なるべし[34]」としているが、彼が考えている斂の時期が『家礼』のそれと違うため、成服の時期も異なるのである。具体的には、『家礼』では死の二日目に小斂（死者の衣を着換えさせる）、三日目に大斂（棺に納める）を行うが、象山は暑月に遺体が腐敗したら周囲に迷惑をかけることや死者にとって恥となると考えていたため、死を確認できたら悲しみを忍んですぐに斂棺することを主張している。[35]また、斂についても日本の「殊に簡易を尚ぶの俗[36]」に従って一回のみとしている。よって象山は「前日棺に斂めて、そのあくる日葬を送らむとならば、その葬の日の黎明に服を成して可なり。[37]」と述べたように、「成服」の時期を送葬日、すなわち二日目の黎明としているのである。[38]

2　象山が主張する「受服」の礼

ここまでみた象山の主張はいまだ『家礼』の作法を逸していないといえる。しかし同時に、象山は中国古礼にある「受服」の礼を取り入れることによって、『家礼』と異なる面を表している。すなわち、象山は「古礼に受服てふことあり。三月過ぎて卒哭の祭を為す時に至り、初喪より服せし服に受けて、別服を服することなり。たとへば、服三升のものは、受くるに六升をもてし、四升のものは、受くるに七升をもてする類是なり。[39]」と述べている。

「受服」とは『礼記』にみられる「三月而葬（三月にして葬る）[40]」後、虞祭を経て「卒哭」の吉礼を行うことによって喪祭の凶礼と入れ替わり[41]、その際大功以上は受服をつけ、「斬衰三升、既虞卒哭、受以成布六升。冠七升。為母疏衰四升、受以成布七升。冠八升。（斬衰三升、既に虞卒哭して、受くるに成布六升を以てす。冠は七升。母の為に疏衰四升、受くるに成布七升を以てす。冠は八升。[42]）」に従って、衣服の生地を非常に粗い麻からやや細かい布に変えることである。[43]しかし、『家礼』には「受服」の礼がみえず、単に成服後小祥（喪後一三か月）に「練服」（絹服）を並べ、大祥（喪後二五か月）に「禫服」（服喪が終わるときに着る服）を並べるのみである。これは象山が「然るに唐の開元礼、明の集礼会典に至るまで、練服禫服の制は見ゆれど、受服の制遂に見えず。[44]」といっているゆえんである。

「受服」の礼が中国で行われなくなった理由として、象山は「古礼壊れしより、道釈の七々、百日の期を用ひ、衰麻を釈き去りて平常の素服に換へ、受服を制するもの絶えてなきものから、もろ〳〵礼を議するの家も、またその時俗に因りて受服の説に及ばざりしなるべし。[45]」と考え、すなわち、古礼が崩壊したところを仏教作法が間隙を突いて流行りはじめたことを指摘する。したがって、「服制殊に詳ならず[46]」と思われる日本において、「天皇の至尊をもて、諸臣の喪までに御服を改めさせ給ふこと、いともかしこき御事ならずや。[47]」と象山はいい、「受服」の礼を取り入れようとするのである。

「受服」の服について、象山は「諸書に、凡そ喪に遭ひぬるもの、貴賤となく、藤衣を著しことをのす。（中略）藤ごろもは、異朝にて墨衰といふものなり。墨衰は、晋の襄公が凶服もて戎に従はれし時に始まり、後世喪に居て出入事を治むるもの、権に従つて服する所なり。[48]」といったところを典拠に、藤衣を「假満の受服となすべし[49]」

としている。また「受服」にも象山は五等を設け、「一等の親にあらき熟布、二等三等の親にや、細やかなる熟布、四等五等の親に細やかなる熟布なるべし。[50]」とするように、五等の親以外はすべて「成服」時よりそれぞれ一段生地の細かい素材を用いることを主張しているのである。

ここからは象山が『礼記』「受服」の趣旨を受け継いでいながらも、『礼記』の大功以下が受服をつけないことと異なって、藤衣の着用によって五等級の服喪にすべて受服の礼を設け、礼を通して秩序をあらためて明らかにしようとする意志をもっていることが読み取れよう。「受服」の時期について、象山は「假満」（服喪のために与えられた休暇が明ける）としているが、服喪期間とかかわるため後述に譲りたい。

四　象山における幕府服忌令の訂正構想

1　象山における服喪期間の原則

江戸時代では服喪期間は幕府の服忌令により規定され、一定範囲の親族が五等に分けられ、それぞれの親族に対する「服」と「忌」との両方の日数が定められている。そのうち、「服」のほうは中国の五服制度に、「忌」のほうは日本古代律令のなかにある「假寧令凡職事官遭父母喪並解官」條、つまり哀悼のために与えられた休暇制度に起源している。江戸幕府服忌令は貞享元年（一六八四）の制定から数回の改正を経て元文元年（一七三六）に確立したとみられ、また、服忌令は形式的な空文ではなく、現実に服忌令の施行をめぐって諸大名や幕臣から頻繁に幕府に問い合わせがあり、幕府も服忌令を通して親族関係を秩序づけ、幕藩制秩序を間接的に増強していたと思われる。[51]

服喪期間について、象山はおもに令（大宝令）と幕府服忌令（以下服忌令）とに基づいて中国の五服制度をも参考しながら、新たな服忌制度を考えていた。象山が令と服忌令とを手本に選んだ理由は、彼の五服制度における三年の喪のかわりに令と服忌令とにおいて一年の喪が行われることに対する考え方に由来する。三年の喪について、象山はつぎのようにその問題を指摘している。

三年の喪を至重として、期の喪これに次ぎ、九月五月三月の喪またこれに次ぐ。恩あり、理あり、節あり、権あり、具さに礼経に載せて、学士大夫世々これを守る。重といふべし。しかりといへども、周の代、夷厲の時にあたりて、時人すでに三年の喪を行ふこと能はず。毛詩の檜風素冠の詩を読みて知るべし。その他、春秋伝及び孟子の書に於て、当時服制の定めなきを見る。漢の世に至りても、文帝短喪の詔ありしより、その代を終るまで四百年の間、よく三年の服を全うせしは三四人に過ぎず。唐代に及びては、遂に日をもて再期の月に易へ、二十七日にして至重の喪を除くに至れり。あさましきことならずや。(52)

この記述から、象山は斬衰三年、斉衰三年をはじめとする中国の服喪期間は人情的にも礼儀的にも制度的にも妥当であって守られるべきものであると考えているが、現実では古く周の時代から三年の喪がきちんと守られなくなり、漢におよんでほぼ完全に守られず、唐にいたってさらに軽減せざるをえない状態になったことに対して、嘆かわしく思っていたことがわかる。したがって、令において三年の喪（再期）のかわりに一年の喪（期、一三か月）が行われることに対して、象山は賛成の意を表しながら、つぎのように述べている。

文武天皇の大宝中に律令を定めさせ給ひし時、至重の喪を期に断たしめ、次は五月、次は三月、次は一月、次は七日、これをもて衰斉・大小功・緦麻の制に準へ、給假の日数をも定め給ひき。君父の至尊をも期の喪と定め給ひしを、三年の喪あるに比すれば、薄しとも申すべけれど、こは中古聖人の、中人の情にもとづき、あめつちの変に象り、四時の化に法りて定め給ひし制なれば、もとよりいろひたてまつるべきにあらず。かつ再期の制を存して守るものなからむよりは、むしろ一期の制を定めて、天下億兆の民をして悉くこれによらしむるにしかじ。[53]

つまり、令は中国の五服制度を模倣して、「斬衰三年」、「斉衰三年」、「大功九月」、「小功五月」、「緦麻三月」といった「服」の期間をそれぞれ期（一三か月）、五か月、三か月、一か月、七日に短縮させ、さらに休暇の日数もつけくわえている。これに対して象山は、三年の喪と比べれば一年の喪が服喪期間が縮んで哀悼の情が薄れると思われがちだが、一年の喪でも一年中四季の転換をはじめ天地に変化があったので、もともと自然的規律にふさわしい定めであると考え[54]、三年の喪のような耐えがたい規定よりは、むしろ適度に一年の喪を設け、服喪者にきちんと守らせたほうがよいと主張しているのである。

ただし、象山は服忌期間について五服制度の三年の喪を取り入れなかったにもかかわらず、服忌の親族範囲については、彼は「喪服小記」の「親親、以三為五、以五為九。上殺下殺旁殺而親畢矣。（親を親とするは、三を以て五と為し、五を以て九と為す。上殺・下殺・旁殺して親畢《つ》くせり。）[55]」という原則に対して「その義理甚だ深し[56]」と称賛している。そこで彼は「本朝大宝に定められし令、喪服給假の文、甚だ略して備はらず。当代元禄に頒たれし所も、多くは大宝令に依準せられしとは見ゆれど、これを礼経に考ふるに、その義理を尽さざるものすくなからず。[57]」といい、假寧・葬喪令[58]と服忌令との不備を指摘し、「服忌令の増訂を乞はむとする志[59]」を表明しているのである。このことをふまえて前述した象山の「受服」に関する主張をみれば、要するに服と假（忌）の期間中に喪服をつけ、假が明ければ藤衣をつけて服の期間を過ごすということになるのがわかる。

2　象山が考案した服忌制度――「擬請訂正服制図」(巻頭口絵参照)

それでは象山は具体的にどのような服忌範囲を考えていたかをみてみよう。象山が新たに考えた服忌制度＝「擬請訂正服制図」を令と服忌令とで比較すると、【表1　服忌比較表】のように整理できる。【表1】に沿いながら検討を進めることとする。

【表1】によれば、令と幕府服忌令の親族欄をみるかぎりでは、多少の違いがあっても、服忌令はほぼ令の親族範囲を踏襲していることがわかる。しかし、象山の「擬請訂正服制図」[60]になると、親族範囲が拡大されたことが一見して明瞭にうかがえよう。まずはこの服忌親族の範囲から考察したい。

象山は「擬請訂正服制図」において、割注の「補」で令と服忌令にない親族を示している。【表1】によれば、それは「服一月、假一〇日」と「服七日、假三日」の最下二等の親族に集中していることがわかる。これらの親族は前三等の親族と比べれば、やや疎遠になることはいうまでもない。ここでは象山「擬請訂正服制図」の親族を本族・外姻・妻の三種類に分けて分析してみる。[61]

〈1〉　本族の服忌について

象山が新たに服忌対象内につけくわえた親族を【図1　服忌親族図】において表示する。【図1】をみればわかるように、象山は服忌親族の範囲を五服制度に沿って拡大している。その結果、服忌令の直系以外の親族に対する服忌が己系・父系・祖系の三系に限られることと異なって、曽祖系・高祖系の五系までに広がったことがうかがえる。これはまさしく前述した「喪服小記」の「親親」原則に従ったものであるといえよう。そして、服忌令

表1　服忌比較表

令（養老令）

服	假	親族
一年（一二か月）	（解官）	君（無假）、父母、本主
一年（一二か月）	三〇日	夫
五月	三〇日	祖父母、養父母
三月	三〇日	外祖父母
三月	二〇日	曽祖父母、伯叔父姑、妻、兄弟姉妹、夫之父母
一月	一〇日	高祖父母、舅、姨、嫡母、継母、継父同居、異父兄弟姉妹、衆子、嫡孫

幕府服忌令（元禄令、元文令）

服	忌	親族
一三月	五〇日	父母（離別の母を含む）
一三月	三〇日	夫
一五〇日	三〇日	祖父母、養父母、夫之父母
九〇日	二〇日	母方祖父母、曽祖父母、伯叔父姑、妻、兄弟姉妹、嫡子
三〇日	一〇日	高祖父母、母方伯叔父姑、嫡母、継父母（不同居無服）、異父兄弟姉妹、末子、養子、嫡孫

象山「擬請訂正服制図」

服	假	親族
一年（以一三月為限、不計閏月）	五〇日	君 天子諸侯卿大夫有地者皆曰君。 父母 嫡母 妾生子称父之正妻。旧服一月。今進在此。 継母 父之継室。旧服一月。今進在此。 本主 其文学家令等不在此限。 嫡孫承祖者為祖、為人後者為所後父母
一年（以一三月為限、不計閏月）	三〇日	夫
五月	三〇日	祖父母 養父母 夫之父母 旧服三月。今進在此。 出妻之子 旧服一年。今降在此。出妻之子為母期則為外祖父母無服。出妻之子為父後者為出母無服。 嫡子 旧服三月。今進在此。 妾為女君 補
三月	二〇日	外祖父母 曽祖父母 伯叔父姑 妻 兄弟姉妹 継父同居者 不同居者無服。旧服一月。今進在此。 夫之養父母 衆子 称衆子者不論男女。旧服一月。今進在此。 嫡孫 旧服一月。今進在此。 嫡婦 補 庶子為父後者為其母 旧服一年。今降在此。

	服	假・忌	親族
令（養老令）	七日	假　三日	衆孫 従父兄弟姉妹 兄弟子
幕府服忌令（元禄令、元文令）	七日	忌　三日	末孫 従父兄弟姉妹 甥姪 曽孫 玄孫
象山「擬請訂正服制図」	一月	假　一〇日	高祖父母 従祖祖父補 従祖祖姑補 伯叔母補 同居異父兄弟姉妹 従父兄弟姉妹旧服七日。今進在此。 養子 衆孫称衆孫者。不論男女。旧服七日。今進在此。 兄弟之子旧服七日。今進在此。 母之兄弟姉妹即舅姨。 庶婦補 夫之祖父母 嫡孫婦補
	七日	假　三日	族曽祖父補、族祖父補、従祖父補、従祖姑出嫁無服。補、族父補、族姑出嫁無服。補、従祖昆弟補、従祖姉妹出嫁無服。補、族昆弟補、族姉妹出嫁無服。補、従祖昆弟之子補、従父昆弟之子補、従父昆弟之孫補、兄弟之孫補、兄弟之曽孫補、曽孫、玄孫、外孫、不同居異父兄弟姉妹補、姑之子、姉妹之子、舅之子、姨之子、従祖祖母補、庶母謂父有子妾。補、従父昆弟之妻、昆弟子婦補、孫婦補、夫之曽祖父母補、夫之諸祖父補、夫之諸祖姑出嫁無服。補、夫之伯叔父母補、夫之姉妹補、娣姒婦兄弟之妻相名 補、夫之兄弟之子補、夫之兄弟之子婦補、妻之父母補

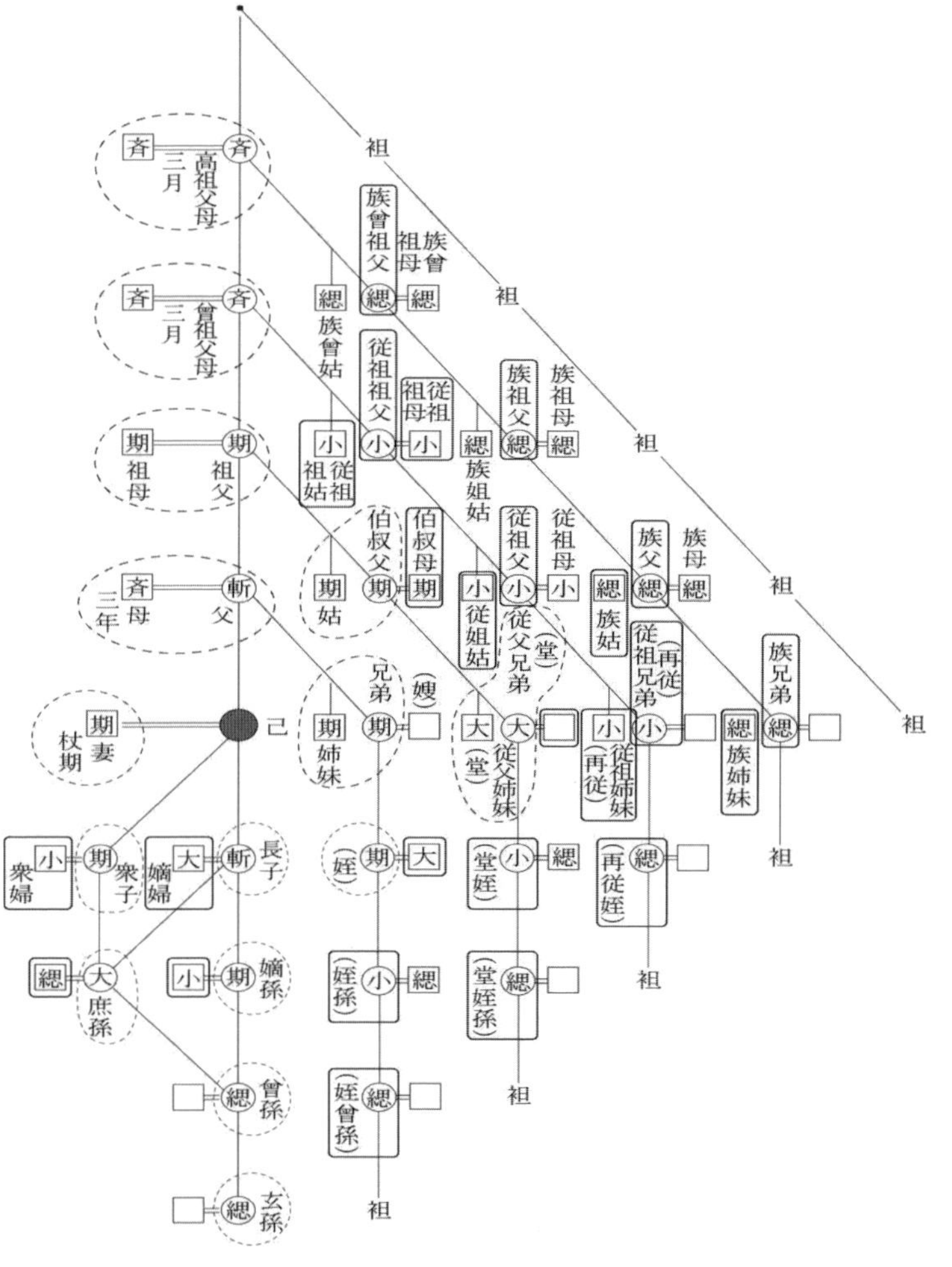

図 1 服忌親族図

単線は出生関係、横の複線は配偶関係、○は男性または便宜上、男女をあわせた意味、□は女性を示す。空白は無服。

滋賀秀三氏が『中国家族法の原理』のなかで作成した図を林由紀子氏が『近世服忌令の研究』のなかで引用したものに基づいて、筆者が加筆したものである。なお、原図の中国の五服服忌は滋賀氏、点線部分の幕府服忌令は林氏による。ここでは象山「擬請訂正服制図」の服忌範囲と、中国の五服制度と幕府服忌令との違いを示すために、両氏の図を引用した。表示する際に、象山が新たに取り入れた親族についてだけ角丸四角形で囲んで示し、点線部分の幕府服忌令親族範囲とあわせた内容は象山「擬請訂正服制図」の親族範囲となる。

では夫の父母をはじめとする夫方親族が妻のための服忌がないという片服忌となっているが、「擬請訂正服制図」ではこの規則がみられず、「嫡婦」（服三月、假二〇日）、「庶婦、嫡孫婦」（ともに服一月、假一〇日）、「昆弟子婦、孫婦」（ともに服七日、假三日）により示されたように、夫方親族が妻のためにも服忌することになる。しかし、象山は親族の範囲についてそのまま五服制度を援用しただけではなく、五服制度にある「族曽祖母」、「族曽姑」、「族祖母」、「族祖姑」、「従祖母」、「族母」、「兄弟之孫婦」、「従父兄弟之子婦」らの服忌親族を服忌の対象外とし、五服制度との相違を示している。

〈2〉 **外姻の服忌について**

象山は基本的に服忌令の親族範囲を継承している。ただし、服忌令では妻の父母に対して服忌がないと規定されているが、象山は「服七日、假三日」としてもっとも軽い服忌を設けている。これは五服制度における妻の父母に対してもっとも軽い緦麻三月の服をつけることと軌を一にしている。

〈3〉 **妻の服忌について**

象山はまた服忌親族の範囲を拡大した。服忌令では妻の服忌は「夫」（服一三月、忌三〇日）と「夫之父母」（服一五〇日、忌三〇日）のみに限られているが、象山「擬請訂正服制図」では「夫」と「夫之父母」以外、「夫之曽祖父母、夫之諸祖父、夫之諸祖姑（出嫁無服）、夫之伯叔父母、夫之姉妹、娣姒婦、夫之兄弟之子、夫之兄弟之子婦」（ともに服七日、假三日）もつけくわえられている。さらに、「夫之父母」に対しても従来の一五〇日の服を五月の服にまでその期間を延長したのである（忌の期間は不変）。

つぎに「擬請訂正服制図」の服忌期間についてみてみたい。象山は「擬請訂正服制図」において割注の「今進〔降〕在此（今進めて〔降して〕此に在り）」として表しているように、彼は令と服忌令とにある同じ服忌親族に対しても服忌期間を変更したのである。

変更項目をみるかぎりでは、「進」すなわちもとより重い服忌に改変される箇所が多い。それは「嫡母、継母」（ともに服一月から服一年へ）、「夫之父母、嫡子」（ともに服三月から服五月へ）、「継父同居者、衆子、嫡孫」（ともに服一月から服三月へ）、「従父兄弟姉妹、衆孫、兄弟之子」（ともに服七日から服一月へ）の一〇項目である。それに対して、「降」すなわちもとより軽い服忌に改変されたのは、「出妻之子」（服一年から服五月へ）と「庶子為父後者為其母」（服一年から服三月へ）の二項目のみである。

このなかでとくに注意したいのは、実方親族に対する象山の捉え方である。「庶子為父後者為其母（庶子で父の後継ぎとなる人はその母のために服喪する場合）」が「降」されるところからみれば、象山は実方親族をさほど重視していないといえよう。そもそも幕府服忌令では「半減」制度[62]を設けていながらも、実父母との間だけは、養子相続・出嫁をはじめ、いずれの場合も半減されず定式の服忌が定められている。

しかし象山の場合、彼は「凡男為人後者、為本生親属服、期皆減半。雖其父母無不然。（凡そ男、人の後と為る者、本生親属の為に服すれば、期皆半を減ず。其の父母と雖も然らざる無し。[63]）」とし、また「凡姑姉妹女子子出嫁者、為其本宗之親服、期皆減半。雖父母無不然。（凡そ姑姉妹女子子出でて嫁する者、其の本宗の親の為に服すれば、期皆半を減ず。父母と雖も然らざる無し。[64]）」としているように、相続養子・出嫁であれば実父母に対する服忌も半減されるといっている。象山のこの主張は五服制度の「出入」原則[65]を参考したものと考えられる。

以上の検討からわかるように、象山は令と服忌令とを土台にして、一年の喪をもっとも重い服忌とした服忌制度の構図を描いていながら、中国の五服制度を参考に服忌の親族範囲を五系までに拡大し、また具体的な服忌期間を延長し、五服の「出入」制度に忠実に従おうとしているのである。象山がこのように「服制を訂正」するのは、「治道を隆くし、薄俗を敦[66]」くするためであり、「天下の人をして親親の道を知らしむる[67]」ためである。

3　「擬請訂正服制図」の作成意図からみる象山の秩序観

前述したように、象山は服忌令の「本宗五等の親に於て、その服なきものすでに半に、昆弟の子、従父昆弟姉妹及び衆孫の服、七日に過ぎざるたぐひ、これを人心に求むるに極めて安からず[68]。」ということに対して「訂正」をした。それは彼が「いま世の人情日に薄きに趨く。薄きを救ふの道、厚きをもてするにしくはなし。されば人心の安からざる所は、天理のある所に求め、聖人の経に折衷して更定あらまほしきものなり[69]。」という考え方を抱いているからである。つまり、彼は人情浅薄の原因を人心の不安定さに求め、人心を安定させるためには、聖人の経典における具体的な儀礼作法を折衷摂取して、日本従来の作法を修正・更訂しようとするのである。

そもそも『礼記』には服に対して「服術有六。一曰親親、二曰尊尊、三曰名、四曰出入、五曰長幼、六曰従服。（服術に六有り。一に曰く、親を親しむ、二に曰く、尊を尊ぶ、三に曰く、名、四に曰く、出入、五に曰く、長幼、六に曰く、服に従う。[70]）」という原則が書かれている。象山はこの原則によりながら、服忌令を逐一検証・確認し、『礼記』の原則に符合しないところを訂正の対象とした。前述した「半減」制度に対する象山の主張は、「出入」原則のみならず、「尊尊」原則をも反映し、相続養子服忌の半減せざることに対して「父を厳にするの訓に於て欠くるをあるに似たり[71]。」といい、同じ出嫁服忌の半減せざることに対して「一に従ふの制闕けて尊を弐するに嫌はし[72]。」と指摘している。ほかにも、たとえば彼は服忌令の「本宗五服の親その服なきもの半」に至ることを「親を親むの恩に於てすでに尽さゞる所あり[73]。」とみなし、服忌令の嫡子服忌（服九〇日、忌二〇日）に対して「甚だ軽くして統を尊ぶの制に於て憾むる所あり[74]。」とみなし、「嫂叔の服なきも別を示すの教を表するに足らず[75]。」といって五服制度

「名」の原則に違背すると考えているのである。

このような象山の捉え方は、中国五服制度における身分地位の尊卑貴賤を標準とする原則に符合するものであるのみならず、江戸時代の家父長制の延長線に据えられるものでもある。そして、象山は「半減」の服忌制度を認めながらも、実父母を「半減」制度の対象から外した幕府従来の服忌令と異なって、五服制度の原則を取り入れることを通して、相続養子の実父母に対する服忌ランクを養父母より降下させ、血縁よりも家督秩序を重視する姿勢を示している。幕藩制国家において重要な意味をもつ養子制度のもとで、象山のこのような主張は幕藩制的秩序を増強するものと考えられよう。

さらに、幕府服忌令にある「穢之事」関連の項目について象山はほぼ触れていない[76]ことからも、彼の意図は服忌親族を通して尊卑親疎の秩序を明らかにしようとすることにあると思われる。つまり、象山が「別して皇国に於ては、貴賤尊卑之等、殊に厳ならざるを得ざる深意[77]」を維持し、幕藩制的秩序を強化しようとする際、彼の意図が五服制度における貴賤親疎を通して倫理社会の秩序を立てるという秩序観と合致したといえよう。

おわりに

本章ではおもに象山における儒教儀礼の主張およびその意義について、彼の政治思想において重要な位置を占めている文久二年幕府宛上書を中心に考察し、また、『喪礼私説』の「成服」項目について詳細に検討した。

まず、幕府の文久改革項目に対する象山の批判からわかるように、彼は貴賤尊卑の「礼」を重視し、身分の上下秩序という原則に基づいて政治論を展開しているのであった。彼が主張する教育制度も、このような秩序観に立脚しているものであり、「礼は秩序なるのみ」は彼の一貫して堅持する論理であった。このような政治的論調のもとで、象山は儒式喪礼の制度化を主張し、とりわけ尊卑親疎の秩序を原則とする中国の五服制度に基づいて、日本に新たな服忌制度を導入しようとするという主張から、彼における儒教儀礼の構想は、尊卑上下の秩序観の延長線に位置づけられるということができる。

つぎに、象山にとって、『喪礼私説』において構想された儒教儀礼の実践は、「孝」を中核とする「東洋道徳」の教化にもおおいに役に立つものである。象山において、実際の儀礼実践を通じて培われ養われる「孝」への実感は、儒教経典の教授という理論的な学問学習とあいまって、「東洋道徳」の修養をなしているのであり、政治における儒礼の制度化は学問における道徳の学習と修養を補強することができ、「孝」を核心とする「東洋道徳」がよりよく一般社会にまで浸透することができると期待されていた。

また、儒式喪礼制度の導入は、象山が構想する富国強兵策の一環をもなしており、ただちに日本の国力の向上につながるものであった。それは、儒式喪礼の実施によって「遊民」同様の仏教徒の減少とともに、世の中の人情が安定する、つまり、全国の財政節約という物質的・経済的な面と、人心の統合という精神的・社会的な面という二つの面において効果が実現されることで、「皇国」日本の国力が西洋諸国に近づいていくことを期待するという、一つの政治的手段として理解できるものである。

最後に、日本における儒教儀礼の受容という視点からみても、象山における儒教儀礼の主張の意義は看過できないものである。江戸時代において、朱熹の『家礼』は儒者に限らず、一部の武家や大名らにも受け入れられ、儒者の場合は『家礼』に基づいて儒式喪礼の注釈書やマニュアル書を著述したり、自ら身近な親類の葬式で実践したりして、大名の場合は儒式喪礼を実践するほか、それを藩統治の一環として藩制度内に取り組む場合もあった[78]。それらと異なって、象山は幕府への上書を通して、儒式喪礼を全国的な制度として定着させようとする意志をもっており、日本全体の政治的課題を意識して儒教儀礼を打ち出したところに、これまでの儒礼受容にはみられない積極的な、象山独自の特色があった。

注

(1)「時政に関する幕府宛上書稿」、『大系55』、三〇二頁。
(2)「時政に関する幕府宛上書稿」、三〇五頁。
(3)「安政の大獄以後処罰された者の赦免が行われたが、象山は忘れられていた。自分が忘れられてしまっているという不安」(「時政に関する幕府宛上書稿」、二九八頁頭注)も、この上書稿を執筆する一つの動機になるのではないかと推測されている。
(4)同注(2)。
(5)「時政に関する幕府宛上書稿」、三〇七頁。
(6)同前。
(7)同前。
(8)「時政に関する幕府宛上書稿」、三〇七～三〇八頁。
(9)幕末思想史において、「国体」は非常に重要な概念となるが、象山における国体論の論理については、次章で詳細に考察することとする。
(10)「時政に関する幕府宛上書稿」、三〇八頁。
(11)「時政に関する幕府宛上書稿」、三〇九頁。
(12)同前。
(13)「時政に関する幕府宛上書稿」、三一〇頁
(14)「時政に関する幕府宛上書稿」、三一〇～三一一頁。
(15)この点については、石毛忠氏は「象山の公武合体構想は、あくまで幕府——徳川一門・譜代大名を基盤とする

――を中心とするものであった」、「譜代大名・旗本を尊重する態度は、象山の仕えた松代藩主真田幸貫が八代将軍吉宗の孫に当る松平定信の次男であり（血統からいえば徳川将軍家に連なる）、したがってこの時もともと外様の松代藩が譜代の列に加えられていたことと無関係ではなかったであろう。またこのような譜代意識が一種のエリート意識であったことはいうまでもあるまい」（石毛忠「佐久間象山」、相良亨・松本三之助・源了圓編『江戸の思想家たち（下）』研究社出版、一九七九年、一八八～一八九頁）と論じている。

(16)「時政に関する幕府宛上書稿」、三一一頁。

(17)「時政に関する幕府宛上書稿」、三一二頁。

(18)「時政に関する幕府宛上書稿」、三一二～三一三頁。

(19) 前漢の戴徳撰、八五編のうち三九編が現存。三礼の一つである『礼記』は、戴聖が叔父である戴徳の『大戴礼』を削って編集した『小戴礼』を指す（『日本国語大辞典』デジタル「大戴礼」事項参照）。

(20)「時政に関する幕府宛上書稿」、三一三頁。

(21)「偖、尚中上度奉存候は、御国力の義に御座候。皇国を以て外国と比較候に、気候の順正なる、米穀の富饒なる、人民の霊慧にして衆多なる、実に外に類もなき御国柄と奉存候。然る所、其類もなきほどに御国力不被為届候。竊に其故を求め候に、四箇条御座候様奉存候。其一は、遊民多くして、徒に其財用を耗糜し候に御座候。（中略）御本邦にて只今遊民の第一と申は、仏氏の徒に御座候。」（「時政に関する幕府宛上書稿」、三一六頁）とある。なお、日本の国力が西洋諸国に匹敵できないほかの理由について、象山は「其二は、貿易理財の道、外蕃の如く開けざるに御座候。其三は、物産の学未だ精しからず、山沢に遺利あるに御座候。其四は、百工之職未だ力学・器学を知らず、人力限あるに御座候。」（「時政に関する幕府宛上書稿」、三一六頁）と述べている。

(22)「時政に関する幕府宛上書稿」、三一六～三一七頁。

(23)「時政に関する幕府宛上書稿」、三一七頁。

(24) 同前。

(25)「時政に関する幕府宛上書稿」、三一八頁。

(26) 日本の国力を増強させる方策として、ほかにも象山は西洋諸国と貿易すること、職人を増やすこと、「力学・器学・物産の学」を興すことなどを説いている。ただし、内容の上書において占める分量からみても、論じ方をみても、象山の力点が明らかに儒学の道徳教化や儒式喪礼の主張にあることがわかる。
(27)　同注(25)。
(28)　ただし、誤解してはならないのは、象山の主旨が仏教自体を排斥することにあるわけではない。彼は「仏氏の学、儒者は一概に邪説と破し候へ共、其静寂を習ひ候処、全く孔孟の教とは別派に候へ共、一向人に益なしと申すべからず（中略）既に人に益なきにあらず候へば、必しも其書を火にせず、其人亦世に用ふる所可有御座候。」（「時政に関する幕府宛上書稿」、三一七～三一八頁）と述べ、仏教の価値を認めている。また、「釈氏習寂静、動定境自異。性霊妙明覚、通照無罣礙。可以錬身体、可以生神智。可以為高人、可以為循吏。可以為名臣、可以守廉介（割注：以上数句、阮元性命古訓中、論仏学文。但今隳括其両三字、以叶韵耳）而与孔孟伝、判然殊其致。雖則殊其致、所利不可棄。」（「釈氏」、『全集』巻二詩稿、二五頁）といったように、彼は仏教の利点も挙げている。そもそも象山が問題視するのは、「只今現在の僧には、多くは出家と申ながら出家に非ず、貪冒汙穢の行、在家の俗より甚しきも有之候」（「時政に関する幕府宛上書稿」、三一七頁）といった「遊民」同様の僧侶のほうであり、すべての僧侶に対していっているのではない。
(29)　『喪礼私説』「成服」、三〇頁。
(30)　同前。
(31)　同前。
(32)　『喪礼私説』「成服」、三四頁。
(33)　『家礼』「喪礼（成服）」、八九頁。
(34)　同注(29)。
(35)　「暑月など三日待ちなむとするあひだに、その尸腐敗して臭気座に満ち、人をして厭悪せしむるに至らむには、その親を恥かしむるの罪遁れがたし。（中略）真死と知りなば、その哀痛を忍びて、とく造棺を命じ、その尸の臭を起さゞらむさきに、斂棺せまほしきなり。」（『喪礼私説』「襲斂　入棺」、二八～二九頁）とある。
(36)　『喪礼私説』「襲斂　入棺」、二五頁。
(37)　同注(29)。
(38)　ただし、送葬日について象山はまた「送葬の日を寛くしてそのこゝろを致すべし。」（『喪礼私説』「襲斂　入棺」、二九頁）といい、死後すぐに斂棺して死者に対する哀悼が十分に尽くしきれない場合、送葬の日を伸ばして悲しみを表してもよいとしている。したがって、象山が考えている送葬日は一般的には死の二日目となるが、二日目以降の場合もありうるのである。ただしその場合でも「成服」は送葬日の黎明に行われることに変わりがないとみてよい。

(39)『喪礼私説』「成服」、三二頁。
(40)『礼記』巻三「檀弓上」、四頁。
(41)このことは『礼記』において「卒哭曰成事。是日也、以吉祭易喪祭。」（巻四「檀弓下」、四頁）と記述されている。
(42)『礼記』巻三七「間傳」、三頁。
(43)なお、大功以上の場合でも、殤（未成年の死）の大功は受服がない。また大功以下の場合、小功は初めの喪服のままで、緦麻は葬を終えて喪服を除くとなっている（谷田孝之『中国古代喪服の基礎的研究』風間書房、一九七〇年、三三二頁参照）。
(44)『喪礼私説』「成服」、三三頁。
(45)同前。
(46)同前。
(47)同前。
(48)『喪礼私説』「成服」、三三～三四頁。
(49)『喪礼私説』「成服」、三四頁。
(50)同前。
(51)筆者の江戸時代服忌令に関する理解は、林由紀子『近世服忌令の研究――幕藩制国家の喪と穢』（清文堂、一九九八年）に負うところが大きい。
(52)『喪礼私説』「成服」、三六頁。
(53)『喪礼私説』「成服」、三六～三七頁。
(54)一年の喪について、象山は「期は一年をいふ。即ち十三月なり。其の期をもて断しめ給へりし源をたづぬるに、天地すでに易り、四時すでに偏く、凡そ天地のあひだに在るもの更始せざることなければ、哀戚の心に感じぬるものも、少しく衰ふることなきこと能はざるの故とぞ聞えし。」（『喪礼私説』「成服」、三五頁）と述べている。

(55)『礼記』巻一五「喪服小記」、一～二頁。

(56)『喪礼私説』「成服」、三八頁。

(57)『喪礼私説』「成服」、三九頁。

(58)「假寧令」では「凡職事官、遭父母喪並解官。自餘皆給假。夫及祖父母、養父母、外祖父母、三十日。三月服、廿日。一月服、十日。七日服、三日。」（會田範治著『註解養老令』有信堂、一九六四年、一一六二頁）となっており、「葬喪令」では「凡服紀者、為君、父母及夫、本主、一年。祖父母、養父母、五月。曾祖父母、外祖父母、伯叔父姑、妻、兄弟姉妹、夫之父母、嫡子、三月。高祖父母、舅、姨、嫡母、継母、継父同居、異父兄弟姉妹、衆子、嫡孫、一月。衆孫、従父兄弟姉妹、兄弟子、七日。」（『註解養老令』、一一九一頁）となっている。

(59)『喪礼私説』「成服」、四一頁。

(60)『喪礼私説』「成服」、四三～五〇頁。

(61)この分類方法は滋賀秀三『中国家族法の原理』（創文社、二〇〇〇年）に基づく。

(62)「遺跡相続或ハ分地配当之養子ハ、実父母のことく、同姓ニても、異姓ニても、養方之親類実のことく、相互ニ服忌可受之、実方之親類ハ、父母ハ定式之服忌可受之、祖父母伯叔父姑ハ半減之服忌可受之、兄弟姉妹ハ相互ニ半減之服忌可受之、此外之親類ハ服忌無之。」（高柳真三・石井良助編『御触書寛保集成』一七「忌服穢等之部」岩波書店、一九三四年、五一七頁）とある。

(63)『喪礼私説』「成服」、四四頁。

(64)『喪礼私説』「成服」、四五頁。

(65)章景明氏の解釈によれば、五服制度では女子子が出嫁すれば父の宗から外れて夫の宗に属し、人の後継ぎとなったものは小宗の支子が出て大宗に属したとみられるため、みな本服より軽い服を受ける（「降服」）ことになる（章景明『先秦喪服制度考』、本田二朗訳、角川書店、一九七四年、五七頁）。また中国女性の宗への帰属に対して、滋賀氏は「自然的な意味においては」、「父の宗」への帰属関係は「出生から死亡に到るまで終生変ることがな」く、女性が結婚後も「自己の生家の姓を決して改めない」ことにより表明されており、他面、「社会的な意味においては、女性は婚姻によって夫の宗の者となる」と述べている（前掲滋賀秀三『中国家族法の原理』、二〇頁）。
(66) 同注(57)。
(67)『喪礼私説』「成服」、四〇頁。
(68) 同前。
(69) 同前。
(70)『礼記』巻一六「大伝」、三頁。
(71)『喪礼私説』「成服」、四二頁。
(72) 同前。
(73)『喪礼私説』「成服」、四一〜四二頁。
(74) 同注(71)。
(75) 同前。
(76) 象山は「忌」と「假」との違いを説明する際にだけ、「神道家の神祇服忌令といふものに、假の字をあらいみと訓あり。元禄の令には、そを拠として忌の字を用ひられしこと、見ゆ。忌の字よりして、貴人の前に穢れを忌むなどの説は出で来しものなり。」（『喪礼私説』「成服」、三二頁）と述べるのみである。
(77) 同注(10)。
(78) 江戸時代における『家礼』の受容と実践が学派を問わずに行われていたことについて、吾妻重二氏は「江戸時代における儒教儀礼研究——書誌を中心に」（『アジア文化交流研究』二、関西大学アジア文化交流研究センター、二〇〇七年）のなかで言及しており、また大名における『家礼』受容の実例については、吾妻重二「水戸徳川家と儒教儀礼——葬礼をめぐって」（『東洋の思想と宗教』二五、早稲田大学東洋哲学会、二〇〇八年）、「池田光政と儒教喪祭儀礼」（『東アジア文化交渉研究』創刊号、関西大学東アジア文化研究科、二〇〇八年）の検討が挙げられる。

第八章　佐久間象山における政治体制の構想

――「徳」という要素を中心に

はじめに

合衆国の政法はいか程宜しく候とも、兎ても本邦にては行はれかね候事に御座候。其故は、一切君と申ものを建て不申、何れの国いか様の生の人也とも、第一等の徳慧学問を具し候人物を国中にて撰択し、国の政事を任せ、四ヶ年づつにて夫をも亦一替し候と申事に候へば、兎ても百代一王の皇国などとは氷炭の差別と存候事に御座候[1]。

この史料はアメリカの政治制度に対する象山の考え方を示すもので、象山の著作のなかで数少ない西洋の政治制度に関する叙述として、象山が西洋諸国の政治体制についていかに理解していたのかが論じられる際にしばしば引用されるものである。アメリカにおける大統領の四年交代制と日本における万世一系の天皇制（「百代一王の皇国」）との相違に対して、象山はかならずしも西洋の政治体制のほうを評価しているわけではない。それがゆえに、これまでの研究は、西洋の先進的な科学知識を積極的に受け入れるのに対して、西洋の政治体制にほぼ無関心であるという象山の態度に、その思想の限界性をみいだす傾向があった(2)。

たしかに近代思想の形成という視点から象山の政治思想を検討する際に、いわゆる「限界性」といったものがあることは認めざるをえない。この点は明治以後にも活躍した思想家と比較しなくても、幕末同時期の人物と対照して、たとえば同じく儒学を思想の基盤としながらも西洋の政治体制ないしキリスト教まで評価する横井小楠（一八〇九〜六九）をみるだけでも、象山の西洋認識がどれほど「局限」されているものであるかがわかるだろう。

しかしながら、このような近代的な視点により象山の思想を「先進性」と「限界性」とに二分して捉えるのは、幕末当時における思想的状況やその思想の実相を明らかにするには不十分であり、その結果、かえって日本における近代思想の解明にも欠陥を生じさせるといわざるをえない。問題はまず、幕末当時の政治的課題に面して、象山はいったいどのように思考し、どのような対応を図っていたのかという彼における政治思想の論理を明らかにする必要がある。

そこで、本章では、近代化を自明の経路とする議論とは距離を取って、政治的課題に面した象山はいったいどのような政治体制を構想していたのかについて、幕末当時の状況にそくしてニュートラルに解明することを試みたい。具体的には、まず、アメリカの政治体制に対して「一切君と申ものを建て不申」と語る象山が、そもそも「君」と「臣」とに対してどのように理解しているのかについて、彼の君臣観を通して検討していく。つぎに、君臣観に基づいて形成された象山の政治思想において、支点としての「東洋道徳」がどのように実践されていたのかについて考察する。最後に、象山がいかなる政治体制を唱えていたのかについて、彼の国体論を通してその構造を明らかにしてみたい。

一　象山の君臣観――「徳」の視点から

1　「臣」に備わるべき「大人の徳」

まず、「君」と「臣」とのそれぞれの職分について象山がいかに考えているのかについてみてみよう。

人君之御職分は賢相を得るを以て第一とし、宰相の職分は君を正すを以て第一とす。此二者各その職分を失はず候時は、治体正しくして、朝廷尊しと申事に御座候。(3)

象山において「君」と「臣」とが第一義的にすべき職分とは、「君」は優れた人材を確保すること、「臣」は「君を正す」ことである。「君」と「臣」とがそれぞれの職分をきちんと果たせば、治国の要領が正しくなり、朝廷が尊いこととなる。ここでは、象山の人材登用を「君」の第一職分とすることから、彼が「臣」の政治における有効性を重要視していること、それに対して、「君を正す」ことを「臣」の第一職分とすることから、彼が政治の効果――国が治まるか否か――が最終的に「君」一身に帰着すると考えていることが読み取れよう。換言すれば、職分論において象山がもっとも重視するのは「臣」としての機能であるが、政治の結果論からみれば、彼はやはり「君」個人に対しておおいに期待しているのである。また、「朝廷尊し」という文言から象山の尊王意識も読み取れようが、この点については後述する。

それでは、まず「臣」の職分としての「君を正す」とは、どのような意味があるのかについてみていきたい。

夫国家政治之得失、繫于君心之是与非矣。離是則非焉、生於其心、必害於其政。故経済之術、以格君心之非為急。（中略）是以輔相之職、必在乎格君心之非。而欲格君心者、非有大人之徳、則亦不能也。(4)

夫れ国家政治の得失は、君心の是と非とに繫る。是を離るれば則ち非なりて、其の心に生ずれば、必ずその政を害す。故に経済の術は、君心の非を格《ただ》すを以て急と為す。（中略）是こを以て輔相の職は、必ず君心の非を格すに在り。而して君心を格さんと欲する者は、大人《たいじん》の徳有るに非ざれば、則ち亦能わざるなり。

ここで象山は「君心」と政治とのつながりおよび「君心を正す」の内容について明白に説いている。つまり、「君心」の是非という「君」の道徳性は政治の得失につながるものであり、「君」の道徳性が「是」から外れて「非」にあれば、かならず政治に障害が生じるゆえに、国を治め民を救済するための手段（「経済の術」）として「君心」の過失を正しくすることがもっとも大事となる。そのため、政治を補佐する「臣」の職分も「君」の不徳を正しくする（「君心の非を格す」）ことにあり、その条件としては、「臣」自身も「大人の徳」を備えた人でなければならない。

具体的に「臣」として備えるべき「大人の徳」について、象山はつづいてつぎのように説いている。

何謂大人之徳。正己之至、足以感格于天、而人観而化者、即是也。（中略）故経済之学、必先従事於格物。理之在事物者、既至其極、則知開心通、可以酬酢万変。而正己而物正之感、亦可以馴致焉。夫一正君而国定矣。(5)

何を大人の徳と謂うか。己を正すの至り、以て天に感格するに足りて、人観て化する者、即ち是れなり。（中略）故に経済の学は、必ず先ず格物に従事す。理の事物に在る者、既に其の極に至れば、則ち知開き心通じ、以て万変に酬酢すべし。而して己を正して物正さるるの感、亦た以て馴致なるべし。夫れ一たび君を正して国定まる。

すなわち、象山において「臣」として備えるべき「大人の徳」とは、己を正したうえでその徳をもって人を感化させることである。これは、朱子学の目指す「修己」から「治人」へという学問のプログラムをいっているにほかならず、「格物」「致知」「誠意」「正心」「修身」「斉家」「治国」「平天下」の八条目そのものを強調しているのである。八条目のうち、「修身」までは個人としての「徳」を備える段階で、「斉家」から「治国」、そして「平天下」は人を治め学問を政治に応用させる段階であり、象山にとって、「君を正す」ことが「治国、平天下」においてもっとも心がけるべきことであり、「臣」が己に備わった「徳」をもって君心の過失を正すことが、政治が治まり国が定まる前提となるといえよう。それに、「徳」を備えるためには、「格物」「致知」「誠意」「正心」それぞれの段階を経なければならず、その方法としてはいうまでもなく朱子学の方法論の「居敬」と「窮理」である。要するに、象山において「居敬・窮理」の学問方法が、学問を行うためだけではなく、学問から政治論への応用・実践においても、その基盤をなすものなのである。

2 「君」の職分を果たすために

「臣」に備わるべき「大人の徳」に対し、君心の是非がただちに政治に影響を与えると考えている象山は、「君」に対しても「徳」の修養を要求することはいうまでもない。つぎに象山が主張する「君」のなすべき学問と修養についてみたうえで、「賢相を得る」ことを「君」の職分とする象山は、いかなる人材確保の方法を提起しているのかを詳細にみていきたい。

〈1〉「君」のなすべき学問と修養

「君」の道徳性が政治の得失につながると考えている象山は、「君」のなすべき学問について、つぎのように述べている。

聖帝明王賢主良君の学と申し、他に非ず、大学格物致知の御工夫を以て事物の変を窮めさせられ、事物の御前を過ぎ候者、義理のある所は繊微と雖も、必ず御洞照被遊、御心目の御間に瞭然として毫髪の隠暗無御座候へば、自然に所謂意誠心正と申御場合にて、天下の事務に応ぜさせられ候。(6)

すなわち、「聖帝明王賢主良君」も「格物致知の御工夫」より学問を始め、事物変化の理を窮め、天理について洞察できるようになると同時に、「心」に暗きところがなく「瞭然」として「明」の状態になったならば、天下を治めるにふさわしい素質を備えるようになると象山は考えている。これは、まさしく朱子学の八条目のなかにある「格物」「致知」「誠意」「正心」という個人修養の段階における工夫をいっているのであり、つまり、象山において、八条目に規定されている学問の到達目標は、「臣」としての一般人だけではなく、「君」にも適用されるのである。また、このような個人修養の方法は、いうまでもなく「居敬」と「窮理」であり、「居敬」と「窮理」とを通して外面における事物の道理を究明するとともに、心に天理を存して「至明至健」に達し、「格物」「致知」「誠意」「正心」を経て個人の修養を完成させるということである。

要するに、象山においては、「君」として世の中を治めていくためには、まず自分を修養して徳を積むことを前提としなければならず、「居敬・窮理」を方法論として成立する朱子学の「修己治人」という根本的な理念は、「君」にとっても学問の原則となるのである。したがって、象山はまた、「御学問の御手筋自然も此所を主と不被遊候時は、たとひ御才発の御資質御座候ても、其知見善を御明らめ被遊候に足らず、其御淵識理を御窮め被遊候に足らず、終に天下国家の治乱に補ひ無御座候。(7)」といい、「君」の学問がこのような原則に従わなければ、資質が利発であっても天下国家の治乱には無益であると指摘した。

〈2〉　人材選抜の法

「君」としての職分について「明君は必ず賢相を択み用ひ候義に御座候[8]」とする象山は、人材の確保について「四類観異」という選抜の方法を提起している。具体的には、つぎのようなものである。

　四類観異の法と申は、徳行を第一とし、才学を其次とし、労効を又其次とし、門地を下となし、徳均しく候へば才学を取り、才学均しく候へば労効を取り、労効等《ママ》しく候へば門地を取り候事に御座候。（中略）いか程才能御座候ても、徳行かけ候ては御精選に入候事叶はず、其徳行だに修り候へば、其才力次第、御徒士席尚下々のものなりとも、御家老迄に御擢用御座候と申ものに候はば、自然と礼節を守り、名検を謹み、行儀を欠き候様のもの先は御座あるまじく候[9]。

　ここから、象山が考えている人材選抜の方法は、これまでの門閥制度を打破することを意識したうえで打ち出されたものと考えられる。周知のとおり、江戸時代の日本は門閥制度が厳しく、家柄が重んじられるなか、一般人の出世は決して容易なことではない。幕末にいたって川路聖謨（一八〇一～六八）のような大出世の事例もあるものの、きわめて異例であろう。福沢諭吉が『学問のすゝめ』において「門閥制度は親の敵」とまで語ることからも、当時の身分制度がどれほど厳格なものなのかがわかる。このような状況のもとで、象山が提起した「四類観異」の法はあえて門地をもっとも下の基準とするものである。

　ここでは、とりわけ人材選抜において象山がもっとも重視する要素に注目したい。すなわち、「門地」はともかく、才能と功績とに比べれば、象山がもっとも重んじるのは、「徳行」である。どれほど才能がある人でも、徳行に不備があれば採用すべからず、それに対して、「徳行」の修養さえできれば、徒士より出身が卑しい人でも、その才能次第で家老職まで抜擢できるという論理である。そして、「徳行」を備えた人であるならば、たちまち高位までに登用されても、慎まずに行儀の悪い振る舞いをする心配がないと象山は考えている。

このような「四類観異」の法はおもに「文」の枠における役人の選抜に関する制度に対して、象山はさらに、「武」の枠における人材の選抜についても新たな制度を考えている。「三奇抜選」という法である。

又御武教とてもやはり此意にて、夫々芸術御世話御座候上に三奇抜選の法と申ものを被為設、第一に謀略ある者、次に材芸超絶の者、次に統領たるべきの器量ある者御選び御登用有御座度、尤も士は文武兼備仕るべき義に付、此三奇抜選は即ち前の四類観異法中の才学と見候て宜しき義と奉存候。(10)

象山が考える「三奇抜選」の法とは、「謀略」・「材芸」・「器量」をそれぞれ順序的に基準として人材を登用するという制度であるが、ここで注意すべきは、このような「三奇」の基準はすべて「四類観異」の法のなかの「才学」にあたるという点である。「四類観異」の法では、「才学」は「徳行」のつぎにあるべきものであるため、要するに、「三奇抜選」の法において象山がもっとも重視するのは、やはり「徳行」となるのである。江戸時代では、武士に対してしばしば「文武両道」が説かれるが、象山においてもこの点は変わりがない。ただし、象山にとって、「文」においても「武」においても、才能や技芸、功績、門地に比べれば、「徳行」こそがもっとも重視されるべきである点は、注意されたい。

以上みてきたとおり、象山において「君」が「君」の職分を果たすために、「君」が「君」たる者となるためには、「徳」を根本的な原則としなければならない。それは、一つは「君」自身における修養の対象としての「徳行」、もう一つは「君」が「臣」を選ぶ際に従うべき基準としての「徳行」という二つの面より表現されるものである。

3 「君」と「臣」との関係——君臣義合

門閥にこだわらないという象山の人材登用の法は、彼の君臣関係に対する認識にもつながるものである。彼は基本的に、「世禄の臣も其忠義必ず恃むに足らず[11]」、「新参に候ても、御恩遇次第決して不忠は仕るまじく[12]」、代々世襲の「臣」でも絶対に忠義を果たすに決まるわけではなく、新たに仕える「臣」でも不忠に決まるわけではないと考えているため、人材を選抜する際に門閥にこだわる必要がないと考えるようになったのである。象山にとって、「臣」が忠義を果たすか否かはすべて「御恩遇次第」であり、ゆえに彼は「臣下の忠義は悉く上の恩遇に出で候義と奉存候[13]」と語り、「臣」の忠義がことごとく「君」により厚遇されるか否かで変わるものであると、君臣関係について非常に現実的に捉えている。

「君」と「臣」とのあるべき関係について、彼はまたつぎのように率直に説いている。

君臣は義を以て合ひ候大倫に御座候故に、臣の君に事うまつり候には、義の一字を重んじ、道合へば服従し奉り、不可なる時は去ると申覚悟を以て、一日も苟且の御奉公は仕らず、たとひ永の御暇を戴き候までも、義理を枉げ候勤は仕らずと申ものに無御座候ては、真実の士とは難申、真実の御信任は御出来かね被遊候義と奉存候[14]。

　ここから、象山は「君臣義合」を認めることが明白にわかる。朱子学または儒学の伝統的な立場では、父子関係は道徳を越えた先天的な結合（「父子天合」）であるのに対し、君臣関係は道徳を介して結ばれた後天的な結合（「君臣義合」）である。「君」が過ちをした場合の「臣」の対応について、『礼記』にも記載されるとおり、「三諫而不聴、則逃之。（三たび諫めて聴かれざれば、則ち之れを逃《さ》る。）」[15]ことが許され、不仁の「君」を「臣」が討伐してもよいという孟子の放伐論も肯定されるのである。象山も基本的にこのような君臣関係の考え方を継承し、君子の間において「道」が合えば君臣関係が成り立つが、合わなければ解消されてもよいと認めるのである。したがって、象山が君臣関係において「徳」を重要視することも、「君を正す」を「臣」の第一職分とすることも、その背後にはこのような君臣観が思考の素地となっていることは看過できない。

　以上検討してきたように、象山の君臣観を支えるのは、やはり「徳」という要素といえよう。そもそもこのような君臣観は『孟子』に基づいて説かれるものである。『孟子』「離婁章句上」では「人不足与適也。政不足間也。惟大人為能格君心之非、君仁莫不仁、君義莫不義、君正莫不正、一正君而国定矣。（人は与《もっ》て適《せ》むるに足らざるなり。政は間《そし》るに足らざるなり。惟だ大人のみ能く君心の非を格すを為す。君仁なれば仁ならざるなく、君義なれば義ならざるなく、君正しければ正しからざるはなし。一たび君を正して国定まる。）」となっており、大徳が備わった人（「大人」）が「君心」の過失を正すことは「君」の「仁」と「義」のためであり、「君」に仁や義が備わって正しければ国全体が正しくなる。ゆえに、「君」一人の「徳」は結果的に一国として治まるか否かの政治問題につながり、その間に監督の機能を有する「臣」の作用が見落とされてはならないということである。

　このような「君」の道徳性こそ仁政が行われる保証となるという考え方は、象山独自のものではなく、『孟子』にもみられるように、それは儒学的君臣観・政治観そのものをよく表しているものである。そして、それは江戸時代においてしばしば説かれていた点でもあり、「君」に対して「徳」を要求することは、江戸時代の政道論のなかでは欠いてはならない内容であった[16]。

しかしながら、象山はこのような君臣論理に基づいて西洋の政治体制を捉えようとするところに、彼独自の特徴を表しているといえる。というのも、本章冒頭部において引用した史料のなかで、アメリカの政治制度について「一切君と申ものを建て不申」と捉える象山は、いったい何を意識してこの発言をなしたかといえば、みてきたとおり、まさにこのような自身の道徳性がただちに政治の効果や国の安定につながるという「君」の存在であり、象山にとって、アメリカにはこのような「君」の存在がいっさいないというわけである。

もちろん、アメリカの選挙について「第一等の徳慧学問を具し候人物を国中にて選択」するとあるように、象山もアメリカの大統領の「徳慧」の問題に触れているが、ただし、その「徳」が東洋においての意味と次元を異にすることはいうまでもない。象山はアメリカの大統領に備わる「徳」について、生得なものか涵養されたものか、また、涵養されていたとしたらいかなる具体的方法がとられているのかについてはいっさい、言及していない。彼は「居敬・窮理」を通して身を修め、さらにそれを治国へと繋げるという「修己治人」の努力を、基本的に「東洋道徳」に限られる内容として捉えているのである。また、前章においても触れたとおり、象山は幕府の文久改革を批判する際も「皇国と外蕃とは御国体本より同じからず」といっているのであり、その背後には、このような「東洋道徳」に基づいて形成された君臣観に対する認識が、発言の根拠の一つになっていると考えられよう。

二　象山における政治思想の支点としての「東洋道徳」

1　政治現場における「徳」要素の実践――『ハルマ』出版の理屈

それでは、具体的な政治現場において、象山において「徳」という要素がいかに実践されていたのかについて、蘭和辞書『ハルマ』出版の一事を通してみていきたい。

象山は天保一三年（一八四二）に洋学に触れはじめ、オランダ語を習っている間に、徐々に辞書の重要性を認識してきた。嘉永二年（一八四九）、彼は蘭和辞書の『ドゥーフハルマ』[17]を藩業で増訂・出版して洋学を広めようとし、つぎのように藩主へ建言している。

当今ハルマ御開板、天下に公行御座候時は、洋学に志し候もの大に助けを得、彼方の技術も是に因て大に開け可申、然る時には御自国の内は勿論、天下にも彼を知り候もの多く、防禦の策も自然に其方を得可申候[18]。

つまり、象山は『ハルマ』出版のことについて、それは洋学者の一助となるのみならず、洋学が広がれば西洋諸国の技術も知られるようになり、松代藩（「御自国」）に限らず日本一国（「天下」）における洋学の普及にも貢献できることであり、さらにそれは、西洋砲術の導入をはじめとする国防問題にもつながる（「防禦の策」）ことであると考えている。

しかし、『ハルマ』出版の意見は家老の小山田壱岐をはじめとする藩内に、「壱岐殿には、右御開板、利の為に計られ候様世間に相響き、上の御徳義に相障り可申様、御申被成候[19]」という理由で反対されていた。要するに、

『ハルマ』の出版は利を設けるために行われたものであると世の中に響いたら、「上の御徳義」に支障が出ると、壱岐家老が捉えているのである。それに対して、藩主への答申書のなかで、象山はつぎのように反駁をくわえている。

抑壱岐殿には、御徳義と申を何等の義と御合点被成候事や。（中略）本より経文緯武の御志被為渡、朝家に御誠忠を被為尽、世を救ひ民を安んじさせられ度御念慮、御年を重ねさせられ候て不被為衰、平素御節倹を専とせさせられ候て、有用の事には莫大の御費をも吝ませられず候事、多年一日の如くに被為入候等を以て、奉称候事に御座候はば、此度の御催は、即ち其御徳義中の一事にて、御称誉を被為増候義は可有御座候へども、御障りに可相成と申はそもいかなる所に候や。[20]

これは象山が壱岐家老の「御徳義」への理解に対して疑問を表した一文である。象山において藩主の「御徳義」とは、「文教」と「武備」とをともにし、幕府に忠誠を尽くし、世を救い、民を安んじるという「仁」政に基づいたものにほかならない。そのなかで、象山はとりわけ平素節倹をもっぱらにし、倹約された費用を有用の政事に惜しまずに使うということを取り上げ、このたびの『ハルマ』出版一事はまさしくこのような「有用の事」にあたるため、『ハルマ』出版のために財政を費やすことは「御徳義中」のことであって、「御徳義」に支障が生じるどころか、むしろ「御称誉」が増えることになるのであると強調している。

このような象山における『ハルマ』出版の理屈であるが、ここでは「御徳義」とのかかわり方に注目したい。つまり、象山と壱岐家老との議論の焦点は藩主の「御徳義」の問題であるが、当初壱岐家老が「御徳義」に支障が出るという理由で『ハルマ』出版を反対するということから、壱岐家老は「御徳義」を前面に打ち出すことによって象山の企画を止めようとし、政事決定における「御徳義」の効力を期待していることがわかる。一方、藩主「御徳義」の問題が出された象山も、これは回避できない問題と捉え、君の「御徳義」について論理よく解釈して初めて『ハルマ』出版の理屈が成り立つと認識していることが読み取れる。換言すれば、象山も壱岐家老も、実際の政治場面において「御徳義」に根拠を求め、政治の有効性が「御徳義」によって裏づけられると意識していることがわかる。それは反面、具体的な政治場面において、「君」の「徳」が都合よく解釈できる要素でもあり、「臣」はそれを利便よく利用して自分の政見に合理性をもたらすことができることを同時に意味するのであろう。

壱岐家老の発言に対して、象山はさらに、

程子の説に、「君子の上に嫌疑の沙汰無之、凡嫌疑を避け候に区々と致し候は、皆内の足らざるもの」と申事有之候。誠に尤の義と奉存候。壱岐殿右等の御見込御出し候事、全く内の御不足故と被存候。(21)

といい、壱岐家老が『ハルマ』出版は利を獲得するためのことであると世の中に嫌疑されるのを心配するのは、まったく壱岐家老の「内の御不足」によったものであると断言している。つまり、壱岐家老自身において「徳」の不備があったためこのような反対意見が出されたのみであると象山は捉えているのである。ここで前述した象山の「君心を格さんと欲する者は、大人の徳有るに非ざれば、則ち亦能わざるなり」という言説を想起したい。『ハルマ』出版一事は直接に「君」の過失を正すことではないが、このような具体的な政事決定において、それが君の「徳」となるか「不徳」となるかを判断するためには、やはり「臣」たる壱岐家老自身の「徳」に対する理解がまずポイントとなり、壱岐家老が「徳」か「不徳」かの判断によって出した意見はまた「君」の行為に影響を与えることはいうまでもない。したがって、象山において、具体的な政事決定は「君」の「徳」を直接に反映するものでもあるため、単なる「君」の過失を正す一事に限らず、広く政治実践の場面において「臣」の「徳」が要求されると理解できよう。

2 「文武両道」の内実――「力」と「徳」との関係をめぐって

江戸時代の政治体制は軍役制を基盤としたものであり、それは頻繁に行われる武術訓練を内実とした内容をもっていると同時に、日光東照宮の参詣をはじめとする征夷大将軍の「御武威」の彰顕により確認されたものでもある[22]。しかしながら、幕末になると「外患」の問題を目前に「御武威」が失墜しつつあり[23]、いかにそれを回復させるかは当面最大の課題となっていた。象山もこの背景のもとにおいて、早く海防問題が現れた天保年間から「神国尚武之御威稜も衰弱仕[24]」ことを説き、また日本とアメリカとの条約交渉が進行する安政年間に「本邦開闢以来曾て是なき外国の軽侮を被為受[25]」といっており、「御武威」の失墜に対する危機意識を表明している。ただし、象山における「御武威」は「皇国古来武を尊み候風俗[26]」により継がれたものでありながらも、単なる「武を尊ぶ」という「勇武」を内容としたものではなく、それは同時に「文教」の強調により裏づけられるものであることに注意したい。

天保一二年（一八四二）、松代藩主真田幸貫は幕府老中となり、象山はただちに「文武両道の偏廃すべからざる事[27]」について上書した。上書のなかで、象山は「何れにも天下の御政本の益々正しく、御徳化のます〳〵うるはしく天保の盛世と後代迄も仰ぎ候様には、此御維新の際にて、文教を武備と倶に御振興被為在[28]」と、幸貫の老中就任を「御維新」の契機とみなし、「御政本」が正しく「御徳化」がうるわしい「天保の盛世」が開創されることを期待している。また、象山においてこのような「後代迄」に尊敬される盛世を開くためには、「武備」振興に頼るだけではできないことであり、「徳」によって教化を行うといった「文教」の振興も欠くことのできないものである。

そもそも象山がこの上書を提出したきっかけは、「右大将様」（将軍の後継ぎ）のために行われる「御老中様方の御乗馬上覧[29]」によったものである。この事項に対して、象山は「御大臣の御体を損ぜられ候のみならず、自然と文事偏廃の御姿に相成[30]」るといい、武事に偏って文事が廃れる恐れがあると批判し、つぎのように提案している。

何卒その右大将様の御乗馬を以て、暫く大学の御講義と被為替、其拝聴被仰付其御進みの御為にとて、御老中様方にも各四書六経の御講義にても有らせられ候はば、武備の方の御世話は御旗本様御大名様方より御始め、文教の方をば右大将様より被為始、政府の御方々様にも各聖人の大道を被為説候にて、文武両道の各当る所も有之御道理も被為尽、且有志の御引立にも相成候御儀と奉存候得ば、此度の御儀は実に事の大機会にて、天下の文教を御振ひ被遊候も、御上の御美誉を被為益候も、此御一挙にありと奉存候[31]。

この年、家定が現将軍家慶の継嗣となった。象山が提案したのは、将軍の後継ぎである「右大将様」家定の「御乗馬」という武術の課目を、『大学』という儒学経典の講義と入れ替え、さらに「右大将様」の勉学を促進させるために「御老中様方」まで「御乗馬上覧」を止め、かわりに「四書六経」の儒学経典の講義を行うという措置である。このような調整を通して象山が目指すのは、「右大将様」をはじめ政治にかかわる「政府の御方々様」まで「聖人の大道」を知り、「文武両道」がともに振興され、人材選抜の場が整うという理想的な政治環境作りである。

ここで注目したいのは、一つは象山において「御老中様方」に対しても、具体的な政事内容について「御体」を損じる「御乗馬上覧」と儒学経典の講義とを取り替えることを通して、政治を補佐する場面における上層の「臣」としてなすべき職分が強調されたこと、もう一つは象山においてこのような文教振興策は「右大将様」をはじめとして行われ、「徳」の教化に「上」からの引率的効果が期待されることである。とくに後者について、それは「御旗本様御大名様方より御始め」として行われる「武備」のほうと対照的に叙述された点で興味深い。

この上書が書かれた天保年間後期は、江戸湾の沿岸防備問題をはじめ、国防論が切実な政治課題となった時期であり[32]、象山も翌年の一三年に「海防八策」という意見書を提出していた。しかしながら、対外的危機感が高まり「神国尚武之御威稜も衰弱」した状況であるものの、象山は武備を一方的に強調することがいっさいない。それは彼の間諜派遣論における情報収集に対する考え方からもうかがえるものである。

敵国の交に間諜なき時は、敵国の吾を謀り吾に啗はしむるの事総て知るべきやうなく、敵国の形勢、敵主の仁暴、敵将の能否、敵衆の強弱、敵兵の利鈍並に其実を得ず、然る時は所謂廟算と申もの由て立つべき謂れ無之、和して然るべきや、戦ふにしくまじきや、固守に利あるや、固より論に及び難く候[33]。

この一文から象山が敵国と交渉するための情報獲得をどれほど重視しているのかが読み取れよう。その情報とは敵側にある大将の能力や兵勢の強弱、兵士の利鈍という戦いと直接に関連する事項のみならず、「敵主の仁暴」という敵側リーダーの「徳性」の問題も関与するものである。そして、敵主「徳性」の把握は「敵国の形勢」という相手に対する全面的な判断のつぎに列挙され、具体的情報のなかではもっとも先に提起された事項であり、象山においてその重要性はいうまでもない。

また、日本が外国に対して勝算を測る際に「君」の徳性の問題も考慮の範囲内に入れるとは、象山において外国と戦うという日本の「御武威」にかかわる問題を考える際に、「君」の徳性という要素が一国の戦力にまで影響が出ることを意味する。逆にいえば、日本の「御武威」を外国に誇示できるようにするためには、「君」が「仁」

であることが日本側にも要求されるということを意味するのであろう。

この「御武威」における「徳」要素の強調は、象山においては最後まで貫かれているものである。彼は晩年の文久年間にいたっても、引き続き「文教」と「武備」との両立を唱え、「武備」に対しては西洋砲術、「文教」に対しては西洋の科学知識を導入することをそれぞれ主張しながらも、「周公孔子の仁義道徳の教を体」とすることを強調するのは、そのためであった[34]。

三　象山における国体論のメカニズム

それでは、幕末の政治的課題に面した象山はいかなる政治体制を構想していたのであろうか。「東洋道徳」により支えられた君臣観に依拠する象山は、西洋諸国と日本の政治体制とはまったく異なるものと考えており、前章においても触れたとおり、彼は「皇国と外蕃とは御国体本より同じからず」といっているのである。象山が考える政治体制を明らかにするには、彼のいっている「国体」の意味合いを解明する必要があろう。そこで、本節においては、象山が唱える国体論の内実について詳細に検討したい。

1　「易」に基づく正名論

元治元年（一八六四）、蟄居が解かれた象山は上洛を命じられ、山階宮・二条関白らの有力公家や一橋慶喜に謁見して時務を論じる機会をえられた[35]。四月に慶喜に面して発言した象山は、短時間の謁見のゆえに十分に論じつくしていないことがあったため、数日後に慶喜宛に上書「一橋公に上りて国家の治乱を陳ず」を書いた。上書のなかで、象山は当今の形勢について詳細に分析し、「易」に基づいた正名論を提起している。周知のとおり、後期水戸学のなかで成立した「国体」の思想は、藤田幽谷（一七七四～一八二六）の「正名論」にその源をさかのぼることができる[36]。国体論の生成には正名論が深くかかわっており、この上書は象山の政治思想を知るうえでは重要であるものの、これまでの研究では取り上げられたことがなく、看過されたままであった。ここではまず、この上書を通して象山の正名論について考察することとする。

上書のなかで、象山はまず当今の形勢について、「易」の卦象に基づいてつぎのように分析している。

当今之御時勢を以て、易卦に取り候へば、蠱《こ》の卦に当り候と奉存候。蠱は文に於て蟲皿に有之、器皿の蟲あるは、則ち敗壊の義に御座候。器皿久しく用ひざれば、蟲これに生じ、人身久しく宴溺すれば、疾これに生じ、天下久しく無為なれば、弊これに生ずる。皆これを蠱と可申候[37]。

すなわち、当今の形勢を「易」卦にかければ、蠱卦にあたると象山は考えている。「蠱」の字は「蟲」・「皿」の二字よりなっており、器皿に蟲があるというのは、事の腐敗壊乱を意味し、その原因は器皿を久しく使っていないため、蟲が生じたからである。それを人に譬えていえば、久しく宴に溺れていれば病が生じ、天下に譬えていえば、久しく何もしないままでいれば、弊害が生じるようなことであり、これらはすべて壊乱した「蠱」の状態なのである。

それでは、どのようにすればよいのか、その治め方について、象山はつづいてつぎのように説いている。

乍去、既に蠱乱の事有之候へば、必ず復治まるべきの理御座候。いにしへより治は必ず乱に因り、乱は必ず

> 治を開き候事、理の自然にして、易道の窮れば則ち変じ、変ずれば則ち通ずると申は、此義に御座候故に、蠱卦の彖詞に元に亨るとも有之、利渉大川とも御座候。大川を渉るに利しとは、艱難険阻を勇往して、世の敗れを救ひ、功の御座候を申義に御座候。（中略）その艱難険阻を勇往し候も、他道を以てし候には無御座、尊卑上下の義を正すを主と仕るべき義と奉存候(38)。

つまり、蠱乱の状態に陥れば、かならずそこから脱出する方法がある。これは治まればかならず後に乱れが訪れ、乱れればまたかならず治まるという自然の道理であり、窮まれば変じ、変ずれば通ずるという「易」の原理にも符合するものである。ゆえに、蠱卦の彖詞にも「元亨、利渉大川。（元《おお》いに亨《とお》る。大川を渉るに利《よろ》し。）(39)」となっており、壊乱すればまたかならず治まるため、おおいに亨るべきで、大川を渉るような大事も決行するによろしい、とされている。象山はこのような「易」の論理に基づいて、当今は蠱乱の状態であるが、かならず救えるものであり、途中の艱難険阻を克服すれば、大川を渉ることができると考え、その方法としては、ほかでもなく「尊卑上下の義を正す」を主要のこととすべきであると述べている。

　象山が貴賤尊卑の秩序を重視するということはすでにみてきたとおりであるが、彼がここでいう「尊卑上下の義を正す」とは具体的に何を指しているのであろうか。彼は蠱卦の彖詞に基づいてつぎのように説きつづける。

> 然る所、蠱を治むるの道は事の先後を推原して、旧弊を救ひ、且後害を防ぎ、仮にも倉卒苟且の筋無之候様可仕義と奉存候。右故、其象詞に先甲三日、後甲三日とも御座候。甲は数の首にして、日の始事の端に有之候。甲に先だつとは、事の先を推し原ねて、その然る所以を究め候義、甲に後る、とは、事の後に心を注いで、其将にしからむとするを慮り候義に御座候(40)。

ここで象山は蠱卦の彖詞「先甲三日、後甲三日。（甲に先立つこと三日、甲に後るること三日。）」をふまえて論じているが、彼はまた独自の解釈をなしている。蠱卦のこの彖詞について、そもそも朱子学では「甲」は十干（甲乙丙丁戊己庚辛壬癸）の始め、事の発端であり、「甲」に先立つこと三日は「辛」、「甲」に後るること三日は「丁」となり、「辛」は十干の後半にあり、半ばも過ぎれば壊れはじめるところでもあるが、自ら新たにすれば事の始めともなり、壊れがこれ以上ひどくならないようにすることができる。つまり、壊乱した事を治めはじめるにあたって、「新」たにし「丁寧」にすることがもっとも大事であり、過失を察して戒めをすべきであるという意味である。[41]それに対して、象山は「甲」を事の発端としながらも、「甲に先立つ」については事の発生した原因を追究する、「甲に後るる」については事の起ころうとすることを慮る、という意味でそれぞれ解釈している。ゆえに、彼は蠱を治めるためには「事の先後」を分析して、「旧弊を救」うとともに「後害を防」ぐことを心がけるべきであると強調しているのである。

具体的に「先甲」「後甲」においてそれぞれ何をすればよいのかについて、象山は「正名」と海防との二件を指摘しているが、ここでは「正名」のほうについて詳細にみたい[42]。

正名の説に至り候ては先甲の義にて、子として父の蠱に幹たる、固より其道あるべき義と奉存候。人心の居合はざるを被為救候も、蠱の大象振民之義にて、巽風の鼓舞三令五申その用と奉存候。初爻の詞に至て、「幹父之蠱、有子考无咎、厲終吉」と御座候。此詞を玩び候へば、実に周公今日の御為に態と此詞を繋け被置候様奉存候。当今蠱猶未だ深からず、事猶済ひ易く、恰も此初爻の時に当り候様奉存候。抑主上より申上候へば、上様は子道に被為当、上様より申上候得ば、御前は子道に被為在候。上様能く正名の事に被為堪候へば（割注：名の正しからざる所、今日の蠱を成し候所以と奉存候）、善き御子の被為入候故に、朝廷咎なきことを可被為

保、御前能く此御事に被為堪候へば、朝廷上様共その咎なきことを可被為得奉存候。(43)

まず蠱卦初六「幹父之蠱、有子考无咎、厲終吉。（父の蠱を幹《ただ》す。子有れば考《ちち》も咎なし。厲《あや》うけれども終には吉なり。）(44)」に関する象山の理解からみていきたい。この初六について、朱熹は、

蠱者、前人已壊之緒。故諸爻皆有父母之象。子能幹之、則飭治而振起矣。初六蠱未深而事易済。故其占為有子則能治蠱、而考得无咎、然亦危矣。戒占者宜如是。又知危而能戒、則終吉也。(45)

蠱は、前人已に壊るるの緒なり。故に諸爻は皆父母の象有り。子能く之れを幹せば、則ち飭治して振起す。初六は蠱未だ深からずして事済み易し。故に其の占は、子有れば則ち能く蠱を治めて、考は咎无きを得ると為す。然れども亦た危うし。占いを戒むる者は宜しく是《か》くの如くすべし。又た危うきを知りて能く戒むれば、則ち終に吉なり。

と解釈し、父の残した壊乱を受け継いだ子はよく幹（ただ）して働けば、壊乱が治まり、父も咎なきをえるが、多少の危険があるため、それを知ったうえでよく戒めれば、最後的には吉であるとされている。朱熹の解釈によれば、初六の蠱を治めるためには二つのポイントがあり、一つは子が主体的に働くことが大事であり、子が能動性を発揮することで父の蠱を治めることができること、もう一つは危うさを知ったうえで、同じ過ちを犯さないよう戒めるという心のもち方が必要であるということである。

それに対して、象山の蠱卦初六に関する理解をみれば、朱熹が蠱いまだ深からずして事済みやすしと捉えるように、象山も同じく、初六は壊れはじめるところではあるが深くはないので収拾しやすい状態であると考え、この爻詞はあたかも周公がわざわざ当今の形勢のために書いたもののようにも思われるとしているが、爻詞の具体

的な解釈については、朱熹と異なる理解を示している。

というのも、象山も子の主体的な働きを重視するが、その働きとは父の蠱を「幹」すという能動的な側面よりも、前提としての父子関係を再確定するという静止的なものである。象山が子に対して期待するのは、何かをするという具体的な仕事よりも父子の間の名分を正すことだけなのであり、当今の形勢において、子として壊乱を幹す方法としては、父子の上下関係を明らかにし、尊卑の等級秩序を明確にすることがもっとも重要であると象山は主張しているのである。なぜならば、割注からもわかるように、彼は名の正しからざるところに今日の蠱を成したゆえんがあると考えているからである。換言すれば、朱熹の解釈では父子関係を前提にして、父の残した壊乱を子がいかに対応すればよいのかというのが思考の出発点となるが、象山の場合は、その前提としての父子関係さえあやふやになっており、再確定する必要があり、それがゆえに「父」と「子」との名分を正さなければならないと考えるのである。

具体的な「名」の正し方について、象山は日本当今の形勢にあわせて、「主上」(天皇)が「父」とみなされれば、「上様」(将軍)が「子」にあたり、「上様」が「父」とみなされれば、「御前」(大名)が「子」にあたり、将軍がよく「子」として働けば、朝廷が咎なきをえることができ、大名がよく「子」として働けば、朝廷・将軍ともに咎なきをえることができると指摘している。

ここで注意したいことが二つある。一つは、象山がもともと君臣関係にあたる天皇・将軍・大名という三者の間の関係を父子関係になぞらえて論じているが、それは彼が君臣関係を「父子天合」のような絶対的なものとみなしていることを意味するのではなく、彼が君臣関係について「君臣義合」と考えることはすでにみてきたとおりであり、ここでは、彼は単に蠱卦の論理に基づいて、尊卑上下の等級を強調するという意味でいっているだけのことである。もう一つは、大名がよく「子」分にいれば、朝廷・将軍ともに咎なしとする象山は、この場合の

「父」分にあたるのは天皇と将軍との両方を考えていることがわかる。これは、従来の幕藩体制とも明白に異なる捉え方であり、江戸後期に現れてきた「大政委任論」とも相違するものである[46]。すなわち、従来、将軍に対してのみ奉公すればよいとされる大名が、これで直接天皇との関係が論じられるようになり、大名と天皇との間にはある結びつきが成立可能となることを意味する。この点は、象山における国体論の論理を反映させるものでもあるため、詳細な検討は後述に譲る。

最後に、象山は正名論において「人心の居合はざる」ことについても触れており、人心の離散を救うことは「蠱の大象振民之義」としている。これは蠱卦の象伝「山下有風、蠱。君子以振民育徳。（山の下に風有るは蠱なり。君子は以て民を振い徳を育《やしな》う。[47]）」をふまえて述べているものであり、君子であれば「この風にのっとって民を風化振作し、山の徳にのっとって己れの徳を育成向上させる[48]」ことが要求される。つまり、象山において、「易」の蠱卦に依拠して尊卑上下の等級を明らかにするという「正名」は、人心を統一し世風を振起するという効果も期待されるものであり、そして、それは君子が「己」の徳を治めてから「人」を治めるという朱子学の「修己治人」の学問目標にも符合するものなのである[49]。

2　国体論の論理

藤田幽谷の「正名論」では、君臣の職分よりも差別の原理である「名分」のほうが強調され、「幕府、皇室を尊べば、すなわち諸侯、幕府を崇び、諸侯、幕府を崇べば、すなわち卿・大夫、諸侯を敬す。[50]」のような上下秩序がもっとも意識されているが、君臣関係には具体的な働きがともなう必要がなく、儀礼上・形式上において君臣関係が成り立てば、それで事足りることとなる。そのため、「君」に対しては、尊崇されるにあたって、その徳性や能力上において適格なのか否かはいっさい問われていない[51]。

それに対して、本章で検討してきたとおり、象山の「正名論」は尊卑上下の秩序を重視する点においては幽谷を継承しているといえるが、「君」の職分と徳性の修養について明白に唱える点からみると、やはり幽谷と異なる性質を表しているものである。そして、この点は、天皇の役割に対する象山の考え方にもかかわるものである。

そもそも幽谷の「正名論」を出発点として形成された会沢正志斎（一七八二〜一八六三）の国体論も、「君」に対して実質上の権力的支配を要求することには消極的であった。会沢が考えているのは、天照大神の子孫である天皇が、大嘗祭のような国家の祭祀を司ることを通して、「誠敬を下に尽して、以て天祖に報じたまひ[52]」、忠孝の倫理を建て、民衆がそれを見ることによって「愚夫愚婦といへども、その心を悚動することなき能はずして[53]」自ずと感銘を受け、自発的に服従するようになるという祭政一致・政教一致の政治体制である。ゆえに、天皇に期待される役割は、国家の祭祀を司ることや、全国各地の神社に幣帛を班給することなど、あくまでも儀式上のものであった。それに対して、象山は元治元年（一八六四）に起草した勅諭の草案[54]のなかで、天皇の政事における働きについても明白に触れているのである。

彼はまず、ペリー来航以来の幕府の対応について、天皇の立場に仮託してつぎのように批評している。鎖国政策を取っていた徳川幕府は、二百余年に一度も外国の軽侮を受けることがなく、その偉績は称賛されるべきであるが、ペリー来航を機に国法を改め、「事果て後に奏聞す、是朕の竊に痛憤する所なり」。その後、アメリカの要求を受け入れて下田・箱館の条約を結び、「亦事果て然る後に奏聞す、これ朕の更に深く痛憤する所なり」。さらに、日米修好通商条約の調印にいたっては、これは「邦域の内、王土王臣にあらざる」ことを無視した「開闢以来の大変革といふべ」きことで、「然る後に奏聞す、是朕の尤も深く痛憤して」、「是をしも忍ぶべくば、何れをか忍ぶべからざらむ。是朕が詔旨を有志の列侯に降して、鎖港の法を復し、掃攘の功を速にせむことを冀ひし所以なり[55]」と（傍点は筆者による）。

ここから、象山の天皇に対する考え方が読み取れる。幕府の事後報告に三度も「痛憤」した天皇であるが、そもそも天皇より「征夷大将軍」に任命されて大政が委任された徳川将軍が、政事について事前に天皇のご意向を伺う必要はないはずである。ましてここで列挙されているのは、内政面の事項がいっさいなく、外交にかかわる「征夷」の本務のみである。それにもかかわらず、象山は幕府の「事果て後に奏聞」することに問題を感じ、あえて指摘しているのである。それにくわえて、「朕」としてもっとも堪えられないのは、条約調印のことであり、なぜなら、それは「邦域の内、王土王臣にあらざる」ことを無視した行為だからである。これは、『詩経』小雅「北山」篇の「溥天の下、王土に非ざる莫く、率土の浜、王臣に非ざる莫し。」という王の一元的支配の論理を、象山がもっていることを意味するといえよう。

この点は、象山が「勅諭草案」の最後に、無謀の攘夷に注意を促すために綴った文書からもうかがえるものである。

> 抑亦兵は国の大事、死生存亡の係る所といはずや。其算なくして猥にこれを動かさば、宗社生霊を何れの地に置かむとかする、朕竊に疑ひ思召す所なり。（中略）爾列侯以下浪士の輩に至る迄能く朕が意を体認し、謹飭に鎮靖して、軽忽の挙ある可らず。党与を集めて一方に拠る可らず。若此詔に遵はざる者あらば、即ち乱逆の徒なり。刑憲の存する所、朕決して赦さず。速に幕府及び列藩に勅し、誅滅して後にやまむ。[56]

ここで象山は、兵は国の死生存亡にかかわる大事であるため、妄りに動かしてはならない[57]ということを述べたうえで、おもに大名以下に対して、軽率な攘夷行動を行わないよう要求している。ここで注目したいのは、勅諭草案としてこの一文では、将軍に限らず、大名（「列侯」）から浪士にいたるまで直接「朕」の意向を体認してほしいということ、また、もし天皇の意に反して無謀の攘夷に走る者が現れれば、「朕」がただちに幕府および諸藩に誅滅の命を下すという書き方をしている点である。つまり、象山が起草した勅諭草案では、天皇が直接政事に参与しているだけではなく、従来の天皇→将軍→大名という政務委任の秩序の枠をも越えて、天皇と大名、天皇と一般武士、さらに天皇と「民」（「浪士」）との間で直接的な結びつきが成立可能となり、天皇の命令は幕府のみならず、列藩に対しても直接頒布可能となるのである。

あえて飛躍をおそれずにいうならば、象山の国体論では「一君万民」的な発想も含まれるといえよう。このような尊王意識は、ただちに吉田松陰や国学者の尊王論を想起されるものであろうが、ただし、注意しなければならないのは、松陰が「現実の秩序である幕藩体制それ自体こそが天皇の存在を阻害している[58]」と考え、国学者たちが「徳」という儒学の普遍的価値観ではなく、天照大神の神勅という日本固有の根拠に基づいて尊王論を展開していることとは異なり、象山の政治思想の根底にはやはり「東洋道徳」の論理が土台となっており、彼の国体論も基本的に儒学の「王土王臣」論をふまえたもので、幕府自体をなくすという発想も彼にはなかった。彼は勅諭草案のなかで「朕の痛憤」を論じながらも、「然るに今大樹世を嗣ぐに及びて、深く従前の過失を悔い、能く朕が意を奉遵し、姦吏を祛け、忠党を用ひ、弊を改め、害を除き、将に天下の兵備を修繕して、飫くまで武官の職掌を尽さむとす。是朕が積年の痛憤を紓べて、更に依頼の眷念を敦くするに足れり。[59]」と述べるのもそのためであった。

おわりに

本章では、象山がいかに「東洋道徳」に立脚して政治論を展開していたのかについて検討した。まず、「徳」の視点から象山の君臣観について明らかにし、つぎに『ハルマ』の出版という実際の政治現場において、「徳」という要素がいかに議論されていたのかについて考察したうえで、象山が説く「文武両道」の内実、とくに象山における「御武威」の概念には「徳」も強調されていることについて解明した。最後に、「皇国と外蕃とは御国体本より同じからず」と捉え、西洋諸国と日本の政治体制とがまったく異なるものと考える象山が、いかなる国体論を説いているのかについて検討した。

「東洋道徳、西洋芸術」の思想形態の観点からいえば、象山においては、「易」の理によって東洋学問と西洋学問との統合ができて、朱子学の学問方法である「居敬・窮理」によって「西洋芸術」の受け入れには成功したとしても、「東洋道徳」に依拠して成り立った「日本」という国のあり方のもとで、「百代一王の皇国などとは氷炭の差[60]」がある西洋諸国の政治体制を同じ論理で取り扱うことは不可能であった。ゆえに、象山の西洋受容は知識・技術の面に限定されるのも、彼の思想的構造を明らかにしたうえで考えれば、納得のいくものであろう。

本書の第二章でも触れたとおり、そもそも象山は「皇国当今の御形勢は、全く漢土三代封建の制と同様[61]」と考えており、当今日本の形勢はまったく中国三代封建の制度と同様であれば、三代の理想的政治作法に基づいて日本の制度を取り扱うのも「御国体の御当然[62]」であり、疑問の余地がないこととなる。つけくわえて、三代の理想的治世が儒学の徳治主義を政治理念としたものであることは、論を俟たない。

彼は一橋慶喜宛の上書のなかで「易」に基づいて正名論を論じたうえで、上書の最後において「孔孟の教を盛にし仏寺の数を減じ候が如きは、極めて遠大にして、速にすべからざる義には御座候へども、御経画は蚤く被為定候様仕度、此義は尤も御国用之大本と奉存候。[63]」という具体的な政策を主張し、やはり「孔孟の教」に立脚した「東洋道徳」を「尤も御国用之大本」としていた。

注

（1）「山寺源大夫に贈る」、安政四年一二月三日、『全集』巻四、六四五頁。

（2）たとえば、植手通有氏はこの点について、象山における「既成事実尊重の相対主義」と定義し、「国体論」によったこのような象山の理解に、異なった社会政治体制との思想的対決を回避するという象山の態度がみられると指摘し、また、「社会政治体制の次元の問題に目を覆い、テクノロジカルに解決しうる問題に関心を集中する点に、象山の思考の特徴」があったと論じ、象山思想の限界性をみいだしている（植手通有「東洋道徳・西洋芸術論の展開――佐久間象山」、同「佐久間象山における儒学・武士精神・洋学」、同『日本近代思想の形成』所収、岩波書店、一九七四年）。

（3）「幕府への上書草稿を文聡公の内覧に供せんとする時添へて上る」、文久二年一〇月、『全集』巻二上書、一九七頁。

（4）「格堂説」、嘉永六年正月、『全集』巻一浄稿説、一四八頁。

（5）「格堂説」、一四八～一四九頁。

（6）「幕府への上書草稿を文聡公の内覧に供せんとする時添へて上る」、二一一頁。

（7）「幕府への上書草稿を文聡公の内覧に供せんとする時添へて上る」、二一一～二一二頁。

（8）「幕府への上書草稿を文聡公の内覧に供せんとする時添へて上る」、二〇六頁。

（9）「幕府への上書草稿を文聡公の内覧に供せんとする時添へて上る」、二〇〇頁。

（10）「幕府への上書草稿を文聡公の内覧に供せんとする時添へて上る」、二〇一頁。

（11）「幕府への上書草稿を文聡公の内覧に供せんとする時添へて上る」、二〇七頁。

（12）同前。

（13）「幕府への上書草稿を文聡公の内覧に供せんとする時添へて上る」、二〇六～二〇七頁。

（14）「幕府への上書草稿を文聡公の内覧に供せんとする時添へて上る」、二〇七～二〇八頁。

（15）『礼記』巻二「曲礼下」、一〇頁。

（16）たとえば、江戸初期の大名本多正信（一五三八～一六一六）は「治国家根本」のなかにおいて「国家ヲ治メントスレドモ可治本ナケレバ治ラズ。其本ト云ハ国主郡主ノ御心ナリ。（中略）我身一ツダニ善シ悪ヲ不知モノ、国郡ヲ治ル事ナカランヤ。」（「治国家根本」、『大系38 近世政道論』、八頁）といい、君主の心の善悪は政治が治まるか否かにつながることを論じている。また、寛政の改革の理念をよく反映したとされる老中松平定信（一七五九〜一八二九）の「政語」では、「天子より庶人に至るまで、父母あらざるものなし、故に孝は百行のもとなり。古の聖王の民を導き給ふ、孝よりさきなるはなし。」（「政語」、天明八年、『大系38』、二五二〜二五三頁）と記述され、君主に対して「孝」の徳、また「人君の徳、倹素を本とする」（「政語」、二五六頁）ことが論じられ、人君に対して倹素の「徳」が要求されている。ほかにも、たとえば、象山と同じ幕末期に生きていた尊攘派の活動家である真木和泉（一八一三〜六四）は、「経緯愚説」のなかで「王者は天地に中し士民に臨むものにて、天地鬼神に対しても少の慙徳なく、億兆よりは父とし師とし法則と仰がる、程の徳なければ、思事も為事も成就する道理なし。」（「経緯愚説」、『大系38』、三六一頁）と述べている。

(17) 長崎のオランダ商館長ヘンドリク＝ドゥーフがオランダ人フランソア＝ハルマ（François Halma）が出版した『蘭仏辞典』をもとに編纂したもの。協力者は通辞の中山時十郎・吉雄権之助ら一一名。完成したのはドゥーフ帰国後の天保四年、刊行されず写本で伝わった。清書して一部を幕府に献上、江戸の天文方と長崎奉行所に各一部を備えた（『日本国語大辞典』デジタル「ドゥーフハルマ」事項、『国史大辞典』デジタル「道富ハルマ」事項参照）。

(18) 「ハルマ出版に関する藩主宛上書」、嘉永二年二月、『大系55』、二八五頁。

(19) 「ハルマ出版に関する藩主宛上書」、二八六頁。

(20) 同前。

(21) 「ハルマ出版に関する藩主宛上書」、二八七頁。

(22) たとえば、渡辺浩氏は江戸時代の政治体制について「常備軍が官僚制であり、官僚制が常備軍だった」、「「御武威」「御威勢」「御威光」に恐れ入らせること、すなわち圧倒的な暴力への畏怖の喚起が、服従を保証したのである」と指摘している（渡辺浩『日本政治思想史［十七〜十九世紀］』東京大学出版会、二〇一〇年、三三頁、五五頁）。

(23) 「対外的な「御武威」「御威勢」の失墜が直ちにその支配を動揺させうることをも意味した」（前掲渡辺浩『日本政治思想史［十七〜十九世紀］』、六五頁）。

(24) 「海防に関する藩主宛上書」、『大系55』、二六五頁。

(25) 「依田源之丞の名を以て象山が幕府に封事を上る事の許否を藩老に伺ふ書」、『全集』巻二上書、一二九頁。

(26)「職方郡方職掌に関する意見書」、『全集』巻二上書、一九頁。
(27)「感応公に上りて文武偏勝に陥らざらんことを陳ず」、天保一二年一〇月、『全集』巻二上書、二一頁。
(28)「感応公に上りて文武偏勝に陥らざらんことを陳ず」、二三頁。
(29)「此度の御様子は、先最初右大将様の御馬被為召候を御老中様方へ拝見被仰付、其上にて右大将様の御進みにも被為成候様にとの御趣意にて、御同列様にも御乗馬御座候て、被為入上覧候様被仰出候半御手筈にも御座候やのよし。」（「感応公に上りて文武偏勝に陥らざらんことを陳ず」、二四頁）とある。
(30)「感応公に上りて文武偏勝に陥らざらんことを陳ず」、二四頁。
(31)「感応公に上りて文武偏勝に陥らざらんことを陳ず」、二四〜二五頁。
(32) 天保一〇年幕閣の命令により目付鳥居耀蔵（一七九六〜一八七三）と韮山代官江川英龍とが江戸湾を巡視しその後に防備意見書の提出、天保年間から水戸九代藩主（幕政にも参与）徳川斉昭（一八〇〇〜六〇）が大船建造の解禁を唱えることなど、一連の海防増強策がみられる。
(33)「依田源之丞の名を以て象山が幕府に封事を上る事の許否を藩老に伺ふ書」、一三〇〜一三一頁。
(34)「当今文教を振ひ候と申には、聢と御学政を被為立、御家老は勿論、大小之御役人・御家中子弟の面立候者は、皆文辞章句の末のみに趨らず、周公孔子の仁義道徳の教を体として、西洋の天文地理・万物の窮理を兼ね、当世の時務に通じ候所を用とし候義を弁へ候様不相成候ては、御文教の振ひ候とは難申候。又御武備とても、子弟之少々剣槍を使ひ候位申すに足らず、責ては御火器の分一昨申年正月御武具奉行申立候通（割注：内実は私義御武具方の為に取調候義に御座候）御出来寄り、小銃火薬も建策通り、御欠目なく御家老より御番頭迄は大抵バタイロン位の人数は（割注：八百人より千人）引廻し候義を熟練致し、大小火器の打方用ひ方等巨細に相心得、其製作の致し方ゟ其吟味の法迄悉く弁へ罷在、御番士御徒士末々の子弟迄剣槍術に兼て、西洋砲術を練磨し、馬に乗り候者は馬をもよく狎し、馬上銃の演習も不断怠らず、騎兵調練も調ひ候と申に無御座候ては、当節御武備御整ひとは難申上奉存候。」（「幕府への上書草稿を文聡公の内覧に供せんとする時添へて上る」、一九八〜一九九頁）とある。
(35) 象山の謁見に対する朝廷側の反応については、たとえば、六月一八日象山が山階宮に謁見した後、二〇日山階宮より中川宮に送られた書に「佐久間修理参り、此節の国体に付尤神妙の事共申出候へ共、中々私共の短才では何共難申候間、貴王へ参上申上候様申置候。定めし参上可及言上候間、可然御勘考希入候。佐久間の一策御用に相成候はば、一先世上も治り候哉と被存候。」（『孝明天皇紀』より、『全集』巻一「年譜」、九三頁）と記載されている。

(36) 尾藤正英氏の論説によれば、近代日本の思想としての「国体」の観念が成立したのは、幕藩体制の動揺が深まり、新しい政治理念が求められるようになった時期の産物であり、具体的にいえば後期水戸学のなかで成立したものである。思想の内容としてはすでに幽谷の論説のなかに認めることができるが、それが展開されて体系化されるようになったのは、幽谷門下の会沢正志斎や藤田東湖（一八〇六～五五）を待たなければならなかった。会沢正志斎の「新論」と藤田東湖の「弘道館記述義」は水戸学の完成形態を示したものであるとされている（尾藤正英『日本の国家主義――「国体」思想の形成』岩波書店、二〇一四年）。

(37) 「一橋公に上りて国家の治乱を陳ず」、『全集』巻二上書、二四三～二四四頁。

(38) 「一橋公に上りて国家の治乱を陳ず」、二四四頁。

(39) 『易経（上）』（高田真治・後藤基巳訳、岩波文庫、一九六九年）、一九四頁。

(40) 「一橋公に上りて国家の治乱を陳ず」、二四四～二四五頁。

(41) 「甲、日之始、事之端也。先甲三日、辛也。後甲三日、丁也。前事過中而将壊、則可自新、以為後事之端、而不使至於大壊。後事方始而尚新、然便当致其丁寧之意。以監前事之失、而不使至於速壊。聖人之深戒也。」（『周易本義』、『朱子全書』第一冊「周易上経第一」、四七頁）とある。

(42) 「後甲」においてもう一つのなすべきことである海防について、象山は「一昨申上候防海の御国用御進取を不被為務、是迄の御会計を被為取縮、その御用途に被為充候はむ御見込は、假令一旦を被為救候とも、久しうすべきの御長策に無御座候。又摂海の御要害御防堵御築立之義、端的洋人の築城に精しき者に不被為尋、新式砲（割注：千八百六十年式）発明以来の防法を不被為悉候等は、乍恐当今之御至計と不奉存、此両件は何卒後甲三日之義を被為体候様仕度」（「一橋公に上りて国家の治乱を陳ず」、二四五～二四六頁）と述べている。

(43) 「一橋公に上りて国家の治乱を陳ず」、二四六頁。

(44) 『易経（上）』、一九六頁。

(45) 『周易本義』「周易上経第一」、四七頁。

(46) 一八世紀末から一九世紀初頭に、天皇・朝廷みずからが儀礼・祭祀を再興させ、天皇と将軍との関係を大政委任という考え方で説明する政治論の登場、日本を皇国として世界に誇ろうとする観念の強まりなど天皇浮上の動きがみられるとされている（藤田覚『幕末から維新へ』岩波新書、二〇一五年、二九頁）が、ただし、「大政委任論」は天皇と将軍との関係を中心に論じており、将軍は天皇の臣下であることや、天皇→将軍→大名という政務委任の秩序が明確に説かれているものの、直接大名と天皇との関係について触れるものがなかった。

(47) 『易経（上）』、一九四頁。

(48) 『易経（上）』、一九五頁。

(49) この象詞について、朱熹は「山下有風、物壊而有事矣。而事莫大於二者、乃治己治人之道也。」（『周易本義』「周易象上伝第三」、一一〇頁）と注釈をつけ、己を治めて人を治めることを指摘している。

(50) 「正名論」、寛政三年、『大系53　水戸学』、一三頁。

(51) 尾藤氏は幽谷の「正名論」の特徴について、「実質から離れた形式的秩序としての「名」の体系が重んぜられ、その秩序が絶対視されるが、その結果として秩序に対する随順の道徳が確立されるとともに、その秩序の上位に立つ支配者たちにとっては、ただ自己より上位の権威に対する随順が要求されるばかりで、それ以外の面では政治上・道徳上の責任から全く解除されることとな」り、「諸侯が幕府を、卿大夫が諸侯を尊崇するためには、上位者にかならずしも尊崇に値いする能力や徳性の実質が具っていることを必要としない。まして最上位に立つ天皇については、この「正名論」の中では一貫して、その政治上の責任に言及することが避けられている」と述べている（前掲尾藤正英『日本の国家主義――「国体」思想の形成』、二五六頁、初出は尾藤正英「水戸学の特質」、『大系53』、一九七三年）。

(52) 「新論」、『大系53』、五三頁。

(53) 「新論」、五六頁。

(54) 当時の政治情勢としては、文久三年（一八六三）八月一八日のクーデターにより尊攘派が朝廷から追放された後、孝明天皇は「無謀の攘夷」には反対するが、「鎖国復帰への強い思いには変わりはなかった」（前掲藤田覚『幕末から維新へ』、一八八頁）。幕府が天皇と朝廷を宥める政策をとっているなか、元治元年（一八六四）三月、象山の上京が命じられ、四月より七月にかけて、彼は山階宮・中川宮・二条関白らの有力公家に向けて開港や時事を論じた。「象山が京都に呼び出されたのは、幕府のために朝廷を説き伏せてもらおうというものだった」（奈良本辰也・左方郁子『佐久間象山』清水書院、二〇一四年新装版、一六四頁）とも位置づけられている。象山が勅諭の草案を起草するのは、このような朝廷工作の成果として、天皇の名義で「朝廷が開国の方針に切り変えることを天下に宣言しようという狙い」（奈良本辰也・左方郁子『佐久間象山』、一八一頁）であった。

(55)「勅諭草案」、『全集』巻二上書、二五〇〜二五一頁。

(56)「勅諭草案」、二五二頁。

(57)軍事行動に対して慎重に取り扱うという象山の態度については、本書の第二章で戦闘武士の心構えとしての「懼」を論じる際にすでに検討してきたとおりであり、戦に対して慎み懼れの心で臨むという考え方は、終始象山の思想を貫いているものである。

(58)桐原健真『吉田松陰の思想と行動——幕末日本における自他認識の転回』（東北大学出版会、二〇〇九年）、一七三頁。また、松陰の政治思想における天皇の役割について、桐原氏は松陰が「対外主権と対内主権との統一を主張し、その主権を一身に担う「元首」として天皇を位置付けた」（同、一〇四頁）と指摘している。

(59)「勅諭草案」、二五一頁。

(60)同注(1)。

(61)「時政に関する幕府宛上書稿」、『大系55』、三〇九頁。

(62)同前。

(63)「一橋公に上りて国家の治乱を陳ず」、二四七頁。

第九章　佐久間象山の政治言説における儒学経典の活用

はじめに

本章では、象山の政治発言における儒学経典の活用に注目し、彼が政治問題を思考する際にいかに儒学から知恵を獲得し、政治主張を表明する際にどのように儒学を典拠としていたのかについて検討する。筆者がこのような問題意識をもったのは、洋式武器の導入などいわゆる洋学に基づいた先進的な思想も、象山が洋学の知識によっただけではなく、同時に儒学の経典を根拠にみいだした知恵である点が、これまでまったく看過されていたからである。

一方、象山思想における「東洋道徳」に関する主張や、儒学の経典を根拠にした政治発言は、これまでの研究では「近代的」なものに引き寄せられて解釈されるか、[1]あるいは象山思想の限界として捉えられているだけであった。つまり、象山が洋学を受容したうえでいかに儒学経典によって思考していたのかという点については、いまだ不明点が多い。象山思想の内実を解明するためにも、彼は何に基づいて思考し、何を根拠に発言を提起しているのかに注目すべきであると考える。

本章は、これまで見逃されてきた儒学経典の活用という視点から、象山の政治思想における儒学の論理を明らかにすることを目的とする。象山の政治主張を中心に論じるため、それをもっとも反映すると考えられる彼の上書を中心に取り扱うこととする。

一　象山の軍事主張における儒学使用の手法

天保一二年（一八四一）、松代藩主真田幸貫が老中となり、翌年海防掛となる。象山はその顧問に抜擢され、砲術師範江川英龍に入門し、西洋式の砲術を習いはじめる。翌年（一八四二）一一月、象山は海防に関する上書を藩主に提出し、アヘン戦争において清国が「頻に利を失ひ、福建・寧波等の地方既にイギリスの為に陥没[2]」させられ、イギリスが「唐山之騒乱方付次第、長崎・薩摩・江戸三ヶ所へ兵艦を差向け候[3]」というオランダ風説書の情報によって、「本邦へ対しイギリス夷の野心を懐き罷在候事は、実に相違無之義[4]」であると、危機感を示している。かの有名な「海防八策[5]」も、この上書のなかに収められている。「海防八策」で述べられたように、象山は西洋製にならって軍艦、大砲および大船を製造することを主張している。以後、日本の海防を増強させるために、彼は西洋式軍事武器の製造、軍制改革のような軍事技術の面に限らず、情報の収集、間諜の使用といった軍事策略の問題、また軍事問題とかかわる体制の問題についても、多岐にわたって主張を表明している。

象山の軍事思想およびその変化について、ここではその詳細に立ち入らないが[6]、注目したいのは、これまで看過されていた象山の軍事思想における儒学提起の問題である。より正確にいえば、象山の軍事思想において儒学が根拠とされていた点に関してのことである。[7]

1　海防の不備を批判するにあたって

嘉永三年（一八五〇）四月、象山が沿岸砲台の不備を指摘して、幕府に上書しようとする際に書いた草稿[8]の冒頭部に、つぎのような叙述がある。

謹而申上候、昔孟子の許へ魯の平侯の尋ね訪ひ被申候て、治国の大道をも被聴候はむとせられ候を、其嬖人臧倉といふもの、孟子を譏し候故に、平侯遂に其行を被止候ひき。其時孟子の被申候に、行も止も人の能くする所にあらず、吾の魯侯に遇ひ得ぬは天なり、臧氏の子の予に遇はしめざるにてはあらじとて、聊かの遺念も無之候ひしかども、魯侯の機会を失はれ候事をば、千載の今に至り候迄も、人皆惜み存候義に御座候。[9]

ここで象山は、『孟子』「梁恵王下」に記載されているエピソード、魯平侯が側近の臧倉に阻止されて孟子と会見できなかった話を取り上げている。魯平侯と会見できなかったことについて、孟子は、それは天の意志であって臧倉個人の能力では止められないことと捉え、いささかも遺憾の意を表していない[10]が、象山からみれば、魯平侯が千載の機会を失ったことはやはり惜しむべきであると考えていることがわかる。しかし、孟子の話はここで終わり、つづいて象山は、「頃歳以来、西洋夷賊、屢近海に隠見仕候[11]」云々と話を外患の危機、沿岸防御の課題に転換した。上書のつづきのなかで、象山が紙幅を費やして論じたのは、実際つぎのような内容である。

諸所の御台場に被差置候和流の石火矢筒拝見仕候に、三貫目に踰え候は見当らざる様奉存候。其上、長さも一丈などは無之、大略皆短き筒に御座候へば、中りに拘はらず、高矢位にて打候はば不奉存、ねらひ候坪に中り候様打候はば、二十町の玉著無覚束奉存候。然る所、相房の間、海面尤も狭き所三里と申事に候へば、仮令賊船其広き三分の一、相州の方へ倚り乗通り候ても、其距離一里に御座候。左候へば、五貫目長筒を以て（割注：西洋廿四ポンドのカノン）打掛候とても、常法を以ては賊船迄達し候事能はず、又法外の高矢位を以て玉の達し候様仕候時は、多分の弾薬を費し候ても、幾発も中り申まじく、殊に船は走り動き候者に付、打中て候事益難く可有之、況や三貫目短筒にては、仮令幾百挺御座候とも、是迄の御台場の上より乗通り候夷船を打沈め候義は、万々能はざる義と奉存候。[12]

「和流の石火矢筒」は「三貫目」を超えたものがなく、「長さも一丈などは無之」といったように、象山は日本の大砲の種類・寸法から大砲の射撃能力を分析し、日本の大砲が高い射角（「高矢位」）では打てず、坪を狙って打てば、「二十町」ほどの射程もないだろうと推測している。また、砲台の位置と敵船との距離を予想し、一般的な打ち方（「常法を以ては」）では玉が敵船に届かず、特別に高い射角で打っても、多量の玉を費やしても敵船に中りようがなく、敵船が走り動くという敵側の状況をも考慮すれば、大砲「幾百挺」があっても、敵船を打ち沈めることができないと推断している。つまり、ここで彼はあくまでも敵・味方双方の実際の開戦状況を予想し、砲台・大砲の具体的なデータを分析することによって、砲台の不備を指摘しているのである。このような「科学的」分析は、儒学の理屈からは遠い話であろう。にもかかわらず、象山は孟子の話を上書の冒頭部に引用しており、さらに、上書の最後に、彼はふたたびつぎのように孟子の話に言及している。

其学問和漢の事のみにて、彼邦の説に通ぜず、其識見一辺に滞し候て、五大洲の形勢を諳んぜざる者は尚種々意見をも挟み可申候へば、此等の義をも相沮み候者、啻に臧倉が平侯に於るのみにあらずと奉存候、何分も格別の御明断を以て、下たる者に天也等の詞を出さしめざる様御籌画の程奉祈候。[13]

すなわち象山は、古い学問ばかりを固守し西洋の学問に通ぜず、かつ世界各国の情勢に詳しからざる人のことを、魯平侯の前で孟子を中傷した「臧倉」に比喩している。このような「臧倉」は西洋諸国の先進的な製船技術や大船の操作技術、水軍の戦術、大砲操練の技術を明らかにし、堅固な戦艦を製造することを阻もうとしている。[14]「当今の御時節」では、「天下」[15]を安らかにするためには、西洋の先進的な軍事技術を導入することよりよい方法がないにもかかわらず、「臧倉」によって阻まれるのは遺憾至極の話となる。さらに、遺憾だけで済む話ではない。「下たる者」にそれは天の意志であるといわせないよう計画的に行動すべきである、と象山はいっている。[16]

つまり、象山は孟子の話を打ち出して、「臧倉」のような役人に阻害されないようにと、幕府に注意を促しているのである。彼は儒学経典の事例を援用して、幕府のために古の政治の教訓を論述し、それにより幕府が「正確」な政策を下すようにと建言している。彼が考えている「正確」な政策は、いうまでもなく西洋の先進的な軍事技術を導入して西洋式の軍事武器を製造することであるが、ただし、このような「正確」な政策の決定と実施には、「格別の御明断」ができるリーダーと、「臧倉」に阻害されない政治環境が必要とされる。かかる政治環境を確保するために、象山は孟子の話を前後呼応して引用し、為政者の注意を促したのである。

2　採長補短論と間諜派遣論の典拠

まずは、象山の採長補短論についてである。

「本邦内の人、一人も多く西洋諸蕃の短長得失を知り、其状情を詳にし候様仕度、果して其状情を詳にし、其短長得失を知り候上は、其長所と得所とを採用し、其短処失処に乗じ候事も自然に出来可仕候。是則兵法に知彼知己を貴び候所以と奉存候。[17]」といったように、象山はしばしば「彼を知り己を知る」、「彼の長所で己の短所を補う」ことを説いている。しかし、その理屈は中国の古の兵書、上古の聖人の話によったものであることを見逃してはならない。具体的にはつぎのようなものである。

当今の御時節は、彼の長ずる所を集め、我短なる所を補ひ、遂に彼を制伏仕候様之御深慮之程、乍恐奉仰上候。漢土の説に拠り候へば、古昔兵器を造り初め候は、蚩尤のよしに御座候所、黄帝其干戈を習用し、遂にこれを涿鹿の野に擒殺せられ候。黄帝いかに聖徳御座候共、敵の兵器を用ひ候に、空手を以ては克つべきの理なく候故に、其敵の用ふる兵器を学び、夫を以て遂に勝利を得られ候事と被存候。是則ち聖智の至す所にして、彼を用ひて彼を制せられ候事、兵法の至賾と奉存候。去れば、今の世に至り候迄も、黄帝を以て兵家の祖と崇め候義と奉存候。当今西洋の学を盛に興し候は、則ち彼を用ふるの欛柄にて、其字書を印行し候は、又其筌蹄と奉存候[18]。

ここで象山は老中阿部正弘（一八一九～五七）に、「当今の御時節」となって、西洋諸国の長所で自国の短所を補うことを通して、西洋諸国を征服することをもっとも心がけるべきだと述べ、洋学を盛んにし蘭日辞書の『ハルマ』を刊行するなどのことを建言していることがわかる。ただし、注意したいのは、その根拠は「漢土の説」によったものという点である。中国上古聖人の黄帝が「敵の用ふる兵器を学び」、その兵器で勝利を収めた。象山はこれこそ「聖智」の作法であって、兵法の奥義でもあると考えている。日本は「尚武」の「神国[19]」であると象山は認めつつも、外患の「御時節」にあたって、彼はここでは「神武之本邦」の武威や戦略から知恵を探るよりは、中国の上古にさかのぼって対応の仕方を求めていることが明白に読み取れる。

この中国の上古や三代にさかのぼって対応策を探り、典拠を求めることは、象山においてしばしばみられる。彼が海外に間諜を派遣することを主張する際も、やはりその建言は『周礼』を典拠としている。それについてみてみよう。

安政五年（一八五八）、象山は「依田源之丞の名を以て象山が幕府に封事を上る事の許否を藩老に伺ふ書」のなかで、「海外に人を出し、当今世界の形勢を親しく視せしめられ候事、当今第一の急務たるべし[20]」と述べている。単に西洋書籍から知識を獲得することに満足せず、日本人自ら西洋諸国に行って情報を詳しく探索することも必要だと象山は痛感しているのである。しかし、当時は個人の海外渡航が禁止されていた。そのため、象山は「門人の内漢学も相応に出来、洋学にも志ざし、兵学等も可也心がけ居候者、万次郎に倣ひ漂流と申ものにて、彼国へ渡り形勢事情委しく探索いたし罷帰り候はば、一廉の御国用に相立可申[21]」と述べたように、漂流人のジョン万次郎が幕府に任用されたことを模倣して、門人の吉田松陰に海外密航を勧めた。安政元年（一八五四）三月、松陰は密航を企てたが、結局失敗に終わり、象山も連座して、江戸に投獄されることを経て松代藩での蟄居を命じられた。後の上書のなかで、象山はつぎのように抗弁している。

江戸御建国已来の御法なりとて、一人として外国へ被差越形勢事情探索の義無御座候は、深く怪み奉存候義に御座候。周官の法、王化に服し候内地の諸侯の国だに、大行人の職有之歳徧存するとて、毎年その安否を問ひ、三歳徧頫するとて、三年毎にその政治の効を視、五歳徧省するとて、五年毎に其風俗の美悪を察し、又小行人をして、周く天下諸侯の国に行き、その万民の利害を探て一書となし、礼俗、政事、教治、刑禁の逆順を索して一書となし、悖違、暴乱、作慝、猶犯令者一書となし、札喪、凶荒、厄貧を一書となし、康楽、和親、安平を一書となし、毎国これを異別して王に反命し、これを以て天下の事を周知すると御座候。是古聖王の乱を未然に防ぎ、患を未萌に消するの大典と奉存候。[22]

ここで象山は、紙幅を惜しまずに詳しく『周礼』[23]の法令（「周官の法」）を挙げ、何年ごとにどの官職の人を派遣して、何についてどのように情報を収集するかについて漏れなく説明している。象山にとって、『周礼』は「聖王」が「乱を未然に防ぎ、患を未萌に消するの大典」だからである。『周礼』を理想の行政法典とし、そのなかに論述の根拠を求めるという象山の意図が読み取れる。一方、「江戸御建国已来」、長い間、情報探索のために外国へ人を派遣することを一回もしなかったことが、「深く怪」まれるといえる根拠もここにある。そのため、象山は「周官の大典等御参考の上、やはり戦国の際に敵国を得られ候思召にて、第一に間諜を用ひられず候ては叶はざる事と奉存候。[24]」といい、幕府に対して、周王朝の理想的行政法典を参考にして間諜を派遣するという戦略を建言したのである。

以上述べたように、象山は軍事主張を表明する際に、「神国尚武」の経験から知恵を獲得するよりは、中国上古や三代の儒学経典から論拠を探ることが多い。その時の儒学使用の手法はおもに二つある。一つは、儒学経典のなかの教訓を生かして、為政者の注意や警戒を喚起すること、もう一つは、儒学経典のなかの理想的事例を引用して、為政者に政策の具体的モデルを提示することである。

二　象山の外交・人材主張における儒学の知恵

1　国交における『春秋』辞命の利用と米使交渉

軍事思想に限らず、象山の外交・人材主張にも幅広く儒学を論拠とすることがみられる。まず挙げられるのは、象山が世界各国の形勢を中国の春秋時代になぞらえてつぎのように捉えている点である。

嘉永癸丑夏六月、弥利堅使至浦賀。冬十月、魯西亜使至長崎。天下多事。（中略）方今世界万国、風気大開、航海之利日盛月将。強国大国之使、相継於辺。大似彼春秋列国之形勢也。（中略）春秋之世、鄭以小国摂晋楚之間、不虞荐至。（後略）(25)

嘉永癸丑夏六月、弥利堅《メリケン》使浦賀に至る。冬十月、魯西亜《ロシア》使長崎に至る。天下事多し。（中略）方今の世界万国、風気大いに開き、航海の利、日に盛んに月に将《すす》む。強国大国の使、辺に相継ぐ。大いに彼の春秋列国の形勢に似たるなり。（中略）春秋の世、鄭は小国を以て晋楚の間に摂《はさ》まれども、荐《しきり》に至るを虞《おそ》れず。（後略）

西洋諸国をはじめとする「世界万国」は、航海術がすすみ、国力が強盛となり、嘉永六年（一八五六、癸丑）のアメリカ・ロシア来航以後、あいついで日本に来航している。象山はこのような「当今」の形勢について、まるで「春秋列国」のようであると捉えている。さらに、小国の鄭国は、大国の晋と楚との間に挟まっていながらも、侵されることを恐れずに国の保全を図っている。ここで象山は、日本の境地を鄭国に比喩して捉えている。

彼はつづいて、鄭国が強盛の晋楚両国に侵略されずに長年にわたって独立を保ちうる秘訣が、外交辞令にあるということについて、つぎのように考えている。

春秋の際に当て、鄭の小国を以て晋・楚の間にはさまり、其兵禍を受け候事殆ど虚歳なく候ひしを、子産政を執り候に及て、辞命に非ざれば其大患を免れ候事の難きを知り、裨諶・子太叔・子羽等の名士を選用し、草創・討論・修飾の伍に充て、尚自ら是に潤色の功を加へ、諸侯賓客交通の間に施し候故に、敗事あることなく、定公・献公・襄公を合せて五十余年の久しき、兵禍を免れ、社稷人民これに依頼して保全を得候事、全く辞命を修め候功と被存候[26]（後略）

鄭国は晋楚の両国に挟まっていながらも、戦争に巻き込まれたことがほぼない。それは宰相子産が外交辞令の重要性を認識し、交際の名士を登用し、諸侯・賓客との交渉に辞令を活用するおかげである。国家も人民も保全をえられるのは、すべて「辞命」（応対の言葉づかい）の効用であったと象山が考えていることがわかる。

したがって、「五世界の諸蕃と御交通被為在候に就ては、御辞命に御念被為入候様仕度奉存候。御辞命よく修り候へば、他に少しく御短処御座候ても、其御補ひにも相成、又御国勢を被為張候にも、御辞命に其力多かるべく奉存候[27]。」と象山が述べているように、五大洲の世界各国と交渉するにあたる「当今」においても、「辞命」が効能を発揮することが期待できるものである。

具体的に彼は、「此節も其器に当り候者御選択、子産の意に被為傚、仮にも御敗事無御座候様有御座度奉存候[28]。」と説き、子産のような人物を選び、子産の仕方を模倣して「辞命」を国交に活用することを幕府に建言している。

象山自身も「春秋内外伝の尤法戒とすべき辞命を　朝聘　盟会　宴享　争訴　師命　請求　辞謝　吊唁　弁解　問対　抑制　失辞　右十二門に分け、聊か愚管をも加へ、辞命準縄と題し、後輩の為にも致し度[29]」とあるように、

「辞命」の考えに基づいて、安政四年（一八五七）に、後世の参考のために『春秋辞命準縄』という著作を編纂した。『春秋辞命準縄』は、象山が『春秋左氏伝』と『国語』とに基づいて戦争や会盟といった外交記事から手本や警戒となるべき外交辞令を抽出し分類・整理をしたうえで、自分の考え方もくわえながら新たに編纂したものである。編纂の動機は、『春秋』にある国々の外交の知恵を準則（「準縄」）とし、そこから「当今」日本と外国との交渉の仕方が見つかるのを期待することにある。[30]その背後に、象山にとって『春秋』が「名分を慎み、内外を弁じ、功罪を録し、天理を明らかにし、人心を正す」ための「経世の大典」[31]であったことも看過できない。

このように日本と外国との外交において「辞命」を重んじる象山は、米使ハリスと日本との交渉について、もっぱら「辞命」からその対応策を検討していた。彼はハリスの大演説の矛盾点を見つけ[32]、その矛盾点を詰問することを狙い[33]、場合によっては日本から使節を派遣し、米国で米国政府の役人と直接対談し、その場で相手を詰難することも考えていたのである。[34]象山の策略自体については、これまでの研究においても注目されていた点で、ここではこれ以上立ち入らないが、注目したいのは、象山がこのような辞令を利用して作った対応策に自信をもっており、「辞命」を工夫することを通して主導権を握り、交渉成功の可能性をみいだそうとしている点である。すなわち、象山は「右使節のものへ被相示候はば、義理の当然誣ふべからざる事共に候へば、其詞必ず塞り可申、その詞塞り候はば、其廉を以て旧臘二日略御許諾に相成候義御申直し」[35]と推測し、日本は米使の「詞必ず塞」ったことから時機をつかんで再交渉すれば、前年一二月二日に老中堀田正睦が許諾した貿易開始のことでさえも、日本に有利な方向へと変わっていくと楽観的に考えていたのである。

象山のこの楽観的かつ自信をもった思考の心境は、ほかならぬ春秋時代の鄭国の事例と『春秋』のなかにある「辞命」の知恵によったものであると推測できよう。もちろん、「辞命」によって相手を詰問することと同時に、その「辞命」を操る人材も必要とされる。ゆえに、象山は「かの秦の楚を伐たむと欲し候も、昭奚恤が善対の為にこれを伐たず、晋の平公の斉を伐たむと企て候も、晏平仲と師曠との為に是を止め候、是其証と奉存候。[36]」と説き、昭奚恤、晏平仲、師曠ら春秋時代の優れた外交使節の事例も取り上げて、「国に其人あるを示し候は、兵禍を紓ぶるの善略不過之と奉存候。[37]」と、交渉における外交使節の重要性も強調していた。

2　人材の養成・選抜における典範としての儒学

外交における人材の確保も重要であると説いている象山は、実際、外交に限らず、政治全般にわたって人材の登用と養成を主張している。政治における人材の必要性について、第七章でも触れたとおり、象山は「孔子の聖訓」を典拠として「御政治の義は、孔子の聖訓の通り、兎にも角にも人を被為得候に無御座候ては、不被為叶[38]」と説くとともに、また『中庸』に基づいて「政治は人を得るに御座候義にて、一人本才の人御座候へば、一国の政治は勃然と奮興候義に御座候。是を中庸に人道敏政と申候事に御座候。[39]」と述べている。彼はさらに、中国の歴史上や日本近来の人物を取り上げて、人材の具体像についてつぎのように例示している。

管仲の斉に於ける、楽毅の燕に於ける、由余の秦に於ける、諸葛亮の蜀に於ける、其証に御座候。此邦にても、近代池田家にて熊沢治郎八（筆者注：熊沢次郎八の誤）を御用ひ、保科家にて田中三郎兵衛を御用ひ、其功績今に至るまで見るべき事御座候趣に承候。此二人の才、前の四子と比倫可仕には無御座候へ共、其人物丈の功御座候義にて、固より凡庸俗吏の能く及ぶ所に無御座候。[40]

ここで象山は、中国歴史上の模範的人物を取り上げながら、江戸時代以来登用された人物に対しても評価している。ただし、熊沢蕃山（一六一九～九二）や田中正玄（一六一三～七二）のような人物を日本における有用な人材としながらも、象山は「此二人の才、前の四子と比倫可仕には無御座候」といったように、管仲（?～前六四五）や諸葛孔明（一八一～二三四）のような中国古代の人物のほうが優れ、より理想的だと暗示している点には注意すべきであろう。

人材を獲得する方法について、象山は「多く其人を被為得候には、迂遠に似候へ共、御教育御座候より外無御座候。[41]」と述べ、教育に頼る以外はないとしている。なかでも、第七章においてもみたとおり、象山は「帝典に冑子を教ふるの法」も「周礼成均の法」も、「専ら国子」の教育に関するものであるとし、とりわけ為政者の後継者を対象とする教育を重視している。その根拠は『尚書』（「帝典」）や『周礼』によるものであると同時に、やはり「公卿大夫の適子・子弟は、国家と共に相始終し候者にて、これ才徳兼善に候へば、国家の治も従て善く、是に反し候へば、国家の上必ず憂慮すべきの事出で来り候。右故に、唐虞の昔より、此教を慎まれ候事と被存候。[42]」と象山が考えるように、「唐虞の昔」からあったやり方で、中国古来の理想像によるものである。ましてそもそも象山において「凡国家を治め候には、必ず風俗を正し、賢才を養ふを以て本と致候事、聖人の大経に御座候。[43]」とあるように、学校を開いて[44]人材を養成することが「聖人の大経」にも符合したことなのである。

人材の養成のみならず、人材の選抜・登用についても、象山は三代の法令によって発言をしているのである。「近来未だ弱年にて、文に付き武に付き一事の修業も仕らず、吏事と申し民務と申し一端に通暁仕候義も無御座候ものを御引集め、御家老職被仰付候。[45]」という現状、つまりまったく能力や功績がない人が家老職まで登用されていることに対して、象山は、

堯舜三代の昔より、官に任じ候の大法は、農務を委しく心得候ものを后稷とし、百工の事に達し候ものを共工とし、水土の理に深きものを司空とし、万民の教道に精しき者を司徒とし、兵務に熟錬候者を司馬の将帥

とし、君徳を匡養し、治体に通達して才徳衆に出づる者を以て宰相と仕候事に御座候。其上にも、考績の法と申もの有之、各をして益益励精して怠慢なる事なからしめ候。如此に御座候てこそ、天下国家の政治は行届き候事に御座候㊻。

といったように批判の論拠を示している。すなわち、農業、職工、建築、教育、兵事にそれぞれ詳しい人がそれぞれ関連の専門官職につくのに対して、もっとも上級官職の宰相につく人は、君の徳を助け養い、治国の本に通達し、才能と徳行が抜群の人でなければならないと象山は考え、さらにおのおの官吏が精を出して怠慢なく働くようにするためには、評価制度を設けるべきであると述べている。象山において、これこそ三代の政治が行き届く前提であり、同時にそれは日本の吏事・民務に通暁しない人でも家老職につけるという現状と本質的に異なる。象山は三代における官吏の選抜制度を取り上げて、それを理想とすることによって、日本の人材登用制度の問題をほのめかして指摘していることが読み取れよう。

さらに、象山において、教育は治国の人材を確保するためだけではなく、前章においてもみたとおり、それは同時に「聖帝明王賢主良君の学」にも関係するものである。象山が「君」に対して学問をなすことを要求する根拠は、つぎのようなものである。

古〻聖主賢君、其生質の美類に出で萃に抜き候も、其徳を成就御座候は、皆其学に由られ候義に御座候。堯舜之性のまゝ也と申候だに、伝記を見候へば皆其師範有之候。湯武のこれを身にし候と申も、湯王は伊尹に学ばれ、武王は太公に学ばれ候事、詩礼孟子に見え候。殷の高宗は初甘盤に学ばれ、後に伝説に学ばれ候事、尚書に見え候。斉の桓公は管仲に学ばれ、晋の文公は舅犯に学ばれ候事、孟子礼記に見え候。此四聖三賢のみならず、孔子の大聖と雖も、十五志学より毎十年に御進歩御座候て、七十に至て心に従ひ、矩を踰えざるの妙に及ばれ候。聖賢既に如此に御座候、況や其他に於て学を舎て候ては叶はざる義と奉存候[47]。

要するに、古の「聖主賢君」は生まれつき人となりが優れていたとしても、「徳」を完備するようになれたのは、学問によるものであると象山は考えている。そして、彼が考えている「聖主賢君」は、例示されているように、上古・三代の聖帝や春秋時代の賢君のような人物である。これらの「聖主賢君」はみな師につき学問を求め、「大聖」の孔子でさえ、学問をおろそかにすることがなく、一五歳から学問に志して着実に進めていた。ゆえに、象山は「天下の君も、一国一城の主も、其世子たるより学問出精御座候様其法御座候事に御座候[48]。」と、学問に「出精」することを「天下の君」も含めて要求していたのである。

三　象山の制度改革言説における儒学的典拠

この節においては、政治制度の改革に関する象山の言説における儒学の典拠を検討し、彼の言説を支えた論理を明らかにしたい。

1　制度改革の根拠としての儒学

かつて、象山は海防に関する藩主宛の上書のなかで、西洋製の戦艦を製造することについて、つぎのように説いている。

西洋製之戦艦御造立と申義、是迄□公儀之重き御規定も御座候へば、尤も容易ならざる義とは奉存候へども、（中略）天下之為に立てさせられ候御法を、天下の為めに改めさせられ候に、何の御憚か御座候べき。平常の事は平常の法に従ひ、非常の際は非常之制を用ひ候事、和漢古今之通義と奉存候。（中略）去ればこそ、中庸の「孝者善継人之志、善述人之事者」と申候も、事勢を弁へず時宜に達せず、ひたすら旧制に拘泥仕候義には無之、時に応じ変に随ひ、所を替へば皆しかあるべき様に仕候を、誠の孝道にかなひ候とも、中庸の道にあたり候とも申候義と奉存候。(49)

ここから象山は、西洋製の戦艦を製造するには、大船建造禁止令を解禁しないかぎり実施できないという現実を認識していることがわかる。彼は、「天下」のために幕府の法令を改めて、非常時に特別の法令を用いることは、「和漢古今」共通の道理であって、何の憚りもないと、幕府法令改正の必要性を堂々と述べている。「天下」に立脚して幕府の法令を相対化し、戦艦製造に正当性を与えようとするという象山のこの主張は、当時において先進性を帯びる発想でもあったが、ここで注目したいのは、そのつぎに引用されている『中庸』の内容である。すなわち、象山は「事勢を弁へ」、「時宜に達」し、「旧制に拘泥」せずに「時に応じ変に随」ってこそ、「誠の孝道」が実現できるようになり、これこそ「中庸の道」であると強調している点である。

つまり、この「時に応じ変に随」うという儒学において説かれる方法は、「当今の時節」となって、同時に法令改正の際に幕府がモデルとすべき仕方でもあると、象山はほのめかしているのである。もちろん、当時において大船建造解禁の必要性を訴える人は、少なくはない。(50) しかし象山のように、話に正当性をつけるために儒学の経典を引用し、具体的にその変革の論拠を『中庸』に求める人物は、さほど多くはない。戦艦製造の正当性を制度改革に求め、制度改革の正当性を儒学の経典に求める、という連鎖式の思考回路は象山の特徴といえよう。

2　制度改革の批判に役立つ儒学

制度改革の根拠だけでなく、改革を批評する際も、象山は儒学の論理をよりどころとすることが多い。ここではつぎの二例を通してみてみたい。

一つは、松代藩内の官職改革についてである。天保一〇年（一八三九）松代藩内の職奉行と郡奉行との職掌が混乱したことについて、両者の職掌を合わせて一つの役職にまとめるという改革の声が出た。それに対して、象山は「祖宗之御法を改め、御役名を変じ、両御役一手に結び候等の策行はれ候事、万一可有之やも難計、是而已深く恐れ候義に御座候[51]。」といったように、憂慮の意を表している。象山からみれば、そもそも職奉行の設置は、「在々所々に尚隠伏し盗賊不少時に突起致し、良民を害し、或は良民の間に混じ、窃に奸宄を働き候族も有之候故、土田を掌り候者の外に於て、別段職奉行を御立、人別を被成御預、急に奸盗を取退け、人民を糺さしめ、非義之地に陥れず、万民を安堵ならしめ給ふ[52]」ためであるからである。つまり、松代藩は監督や検察のために郡奉行と別途に職奉行を設け、その役目は人別帳を預けるとともに、非常時に悪人を退けて、領内民の安全を守ることである。

象山において職奉行と郡奉行との分設は、「風土にもよく応じ候事[53]」ばかりではなく、何よりも「職奉行御郡奉行職掌御引分、両御役建被遊候祖宗之御法、全く尚書虞書之意に叶ひ、他に比類無之、義理深遠之御義[54]」となり、『尚書』「虞書」篇の意にかなうやり方なのである。したがって、彼は改革を行わずに、この「祖宗の法」を「以て永世之御正典と被為成候御事、自然に虞書の経済に符合仕候義[55]」として堅持している。要するに、職奉行と郡奉行との分設を変えずに永世の「正典」としたほうが、『尚書』に記載されている経世済民（「経済」）の作法に符合すると象山は考え、政治改革を行ってよいか否かについて判断する基準を、あくまでも『尚書』としていたのである。

もう一つは、第七章においてもみてきた、文久二年（一八六二）における幕府の文久改革項目に対する象山の批判である。ここでその批判の根拠を具体的にみれば、つぎのようなものである。

「諸家様御供連殊の外御減少、御老中様方御登城に僅か三騎五騎位にて、御道具等も無御座候[56]」という改革項目に対して、象山は「全く是迄御過分なる御供連を被為矯候御儀にも可有御座候へ共、中正に被為過候御儀に付、必ず又弊を生じ可申奉存候。漢の高祖天下草創に当て、悉く秦代の儀法を去り、毎事簡易に被従候所、やがて群臣酒を飲み、功を争ひ、剣を抜て宮柱を撃ち候弊を生じ候事、漢書にも詳に見え候[57]。」といい、『漢書』「叔孫通伝」篇を引用しながら批判している。諸藩の大名が外出の際のお供、老中たちが登城する際の馬と槍など身分を標章する道具が大幅に簡略化されたことについて、象山は、これらの改革は実際誤りを矯正しすぎたものとなり、かえって弊害が生じると考え、漢高祖が法令を簡易にしすぎたという教訓を例示することで、「過分」な改革の危害を幕府に伝えようとしているのである。

また、「御大政に被為預候御方様と雖、多くは御綿服を被為召候」という改革項目に対しても、象山は「衣服之制上下法象ありて、尊卑を標顕し候は、政治上欠くべからざる大典と奉存候。さればこそ虞書にも詳に其義を載せられ候[58]。」と、ふたたび『尚書』「虞書」篇を典拠として批判している。「古先聖王衣服の制を以て尊卑上下を標顕御座候治法の大典にも叶はせられず[59]」と象山が指摘するように、中国古代の聖王が実施していた衣服の制度は、上下尊卑を明らかにするために定めた治国の「大典」であるため、日本もそれにのっとって政治を行うべきであると彼は信じているのである。

おわりに

本章は、象山が政治言説を表明する際にどのように儒学を典拠としていたのかについて、彼の軍事主張、外交策略および制度改革の言説を中心に検討した。

「旁執西洋書、日々課数章。（旁《かたわら》に西洋の書を執り、日々数章を課す。[60]）」と象山が回顧するように、彼は洋学に接してから、洋学の学習に没頭し、また洋学を受け入れた後、その知恵を自分の政治思想にも活かしていた。外患や攘夷という喫緊の課題に当面した際に、どのような戦艦・大砲を製造すればよいのか、そのための軍費をどのように賄えばよいのかという話が前面に打ち出されるのは、当然のことである。問題は、象山がそのような発言をする際に、何を根拠としていたのかの問題である。

本章で検討したとおり、象山は西洋諸国に習って先進的な軍事技術を導入することを主張する際も、西洋諸国との外交について対応策を考える際も、また、洋学に基づいて制度の改革を説く際も、その具体的政策が洋学の知識によったものだとしても、その発想自体、つまりなぜそうすべきなのかの根拠は、中国三代の理想的治世や賢王聖人の事例に依拠するところは非常に多かった。その際の儒学経典の活用の手法はおもに二つあり、一つは教訓やモデルを提示することであり、もう一つは政治を批評するために根拠を示すことであった。

要するに、象山の思想の根底をなしているのは、やはり儒学の経典を通して身につけた「東洋道徳」の素養であるため、彼は政治言説を発言する際に、まずそこからその立地を築くのである。このような立地のうえでより立派なものを建てるために、彼は「西洋芸術」を取り入れて最大限に活かそうとしていた。これは、これまでみてきた象山の「東洋道徳」を「体」、「西洋芸術」を「用」とするという彼の思考方針をよく反映させたものともいえよう。

注

（1）たとえば、丸山眞男氏は西洋諸国との外交交渉において『周礼』にその外交儀礼を求めるという象山の政治主張に対して、「実質的に近代国家の外交原則と同じことを主張しているわけ」であり、「近代国際法の精神と同質の原理に起因している」と指摘し、そこから象山の近代的政治意識をみいだそうとする（丸山眞男「幕末における視座の変革――佐久間象山の場合」、同『忠誠と反逆』筑摩書房、一九九二年、一四一頁）。

（2）「海防に関する藩主宛上書」、天保一三年一一月、『大系55』、二六二頁。

（3）「海防に関する藩主宛上書」、二六三頁。

（4）同前。

（5）その内容は「其一、諸国海岸要害之所、厳重に砲台を築き、平常大砲を備へ置き、緩急の事に応じ候様仕度候事。其二、阿蘭陀交易に銅を被差遣候事、暫御停止に相成、右之銅を以、西洋製に倣ひ数百千門大砲を鋳立、諸方に御分配有之度候事。其三、西洋之製に倣ひ堅固の大船を作り、江戸御廻米に難破船無之様仕度候事。其四、海運御取締りの義、御人選を以て被□仰付、異国人と通商は勿論、海上万端之奸猾、厳敷御糾有御座候事。其五、洋製に倣ひ戦艦を造り、専ら水軍の駆引を習はせ申度事。其六、辺鄙の浦々里々に至り候迄、学校を興し教化を盛に仕、愚夫愚婦迄も、忠孝節義を弁へ候様仕度候事。其七、御賞罰弥明に御威恩益々顕れ民心逾固結仕候様仕度候事。其八、貢士之法起し申度候事。」（「海防に関する藩主宛上書」、二六九～二七〇頁）とある。

（6）象山の軍事主張、攘夷思想およびその変化の軌跡を知るには、本山幸彦「東洋道徳・西洋芸術の理想を求めて――佐久間象山」（同『近世儒者の思想挑戦』思文閣、二〇〇六年）、または信夫清三郎『象山と松陰：開国と攘夷の論理』（河出書房新社、一九七五年）が有益である。

（7）もちろん、「海防八策」のなかで、「愚夫愚婦迄も、忠孝節義を弁へ候様仕度候事」（前掲「海防八策」其六）と示されたように、象山は海防問題を中心に論じる際も、教育や体制の問題に言及することが多く、儒学を同時に取り上げている。ただし、本章で検討の対象となるのは、このような軍事思想と並行して述べられた儒学提起の問題ではなく、象山が軍事思想を表明する際にその論述の根拠とした儒学のほうである。

(8) その背景には、前年の嘉永二年、象山は蘭日辞書『ハルマ』の刊行を幕府天文方に頼んだが、嘉永三年四月に不可の通知が下された。衝撃を受けた象山は江戸を去り、八王子、荒崎、城島、剣崎、大浦、千代崎、観音崎、猿島等諸家の砲台を視察した。視察の結果、これらの砲台はいずれも役に立たないと結論を下し、彼は「慨し」て幕府に上書しようとしたが、藩主幸貫に幕府の忌諱に触れる恐れがあることにより止められたという事情がある（「象山年譜」、『全集』巻一、四〇～四三頁参照）。

(9) 「沿岸防御の不完全を指摘し幕府に上らんとせし意見書（草稿）」、嘉永三年四月、『全集』巻二上書、七九頁。

(10) 「吾之不遇魯侯、天也。臧氏之子焉能使予不遇哉。」（『孟子』「梁恵王下」）とある。

(11) 「沿岸防御の不完全を指摘し幕府に上らんとせし意見書（草稿）」、七九頁。

(12) 「沿岸防御の不完全を指摘し幕府に上らんとせし意見書（草稿）」、八三～八四頁。

(13) 「沿岸防御の不完全を指摘し幕府に上らんとせし意見書（草稿）」、九一頁。

(14) 「此等の義をも相沮み候者」の「此等の義」は、「兼て竊に籌策を設け候には、此御国内にも、彼邦にて用ひ候如き堅固の船御制しに相成、其船を運用仕候術も、夫にて水軍の掛引仕候事も、火砲を備へ戦闘に用ひ候事も、残らず彼邦の術を尽し、其上にて尚近来イギリスの其近海に用ひ候如き堅固にして、鉄砲の破り候事能はざる鉄艦を作り、自然夷船御府内廻船を妨げ候様の義御座候（後略）」（「沿岸防御の不完全を指摘し幕府に上らんとせし意見書（草稿）」、九〇頁）を指している。

(15) 「当今の御時節、天下を泰山の安きに被為置候半とには、乍恐此策の外有御座まじく奉存候。」（「沿岸防御の不完全を指摘し幕府に上らんとせし意見書（草稿）」、九〇頁）とある。

(16) 前章において明らかにした象山における「君臣義合」の君臣観とあわせて考えれば、「下たる者に天也等の詞を出さしめざる様」心がけることを説く象山は、下剋上の可能性も想定しており、彼は孟子の放伐論にも同意することが推測されよう。

(17) 「感応公に上りて和蘭語彙出板資金貸与を乞ふ」、嘉永二年五月、『全集』巻二上書、六八～六九頁。

(18) 「和蘭語彙出版に関する阿部正弘宛上書」、嘉永三年三月、『大系55』、二九〇～二九一頁。

(19) 象山はイギリスの通商要求を受け入れれば、「天下之剛毅強勇の気も折け、□神国尚武之御威稜も衰弱仕、始終外夷の軽侮を来し候て、其弊挙ていふべからざるに至り可申と奉存候。」（「海防に関する藩主宛上書」、一二六五頁）と述べている。
(20) 「依田源之丞の名を以て象山が幕府に封事を上る事の許否を藩老に伺ふ書」、安政五年正月、『全集』巻二上書、一三一頁。
(21) 同前。
(22) 「依田源之丞の名を以て象山が幕府に封事を上る事の許否を藩老に伺ふ書」、一二九～一三〇頁。
(23) 『周礼』は中国の書で、『周官』ともいう。六篇。天地春夏秋冬に則って官制を立て、その職掌を述べたもので、官はすべてで三六〇官。天官・地官・春官・夏官・秋官・冬官の六官からなるので、この書をまた『六典』ともいう。周王朝創立の功労者周公旦の行政典範であるという評価がある一方で、戦国乱世の陰謀家の作とする意見もある（『国史大辞典』デジタル「周礼」事項参照）。
(24) 「依田源之丞の名を以て象山が幕府に封事を上る事の許否を藩老に伺ふ書」、一三〇頁。
(25) 「春秋辞命準縄序」、安政四年一二月、『全集』巻一文稿序類、一八頁。
(26) 「時政に関する幕府宛上書稿」、『大系55』、三一三頁。なお、同じ内容を象山はすでに前掲安政四年一二月の「春秋辞命準縄序」のなかでも述べている。原文は「春秋之世、鄭以小国摂晋楚之間、不虞荐至、殆無虚歳。逮至子産為政、知非辞命無以為功也。於是用裨諶・游吉・公孫揮之属、而草創而討論而修飾。亦従而潤色之、以応対於諸侯賓客。是以鮮有敗事。歴定・献・襄三公、凡五十年、得免兵禍。社禝人民頼之。辞命之有益国家如此也矣。」（「春秋辞命準縄序」、一八頁）とある。
(27) 「時政に関する幕府宛上書稿」、三一三頁。
(28) 同前。
(29) 「山寺源大夫に贈る」、安政四年一二月三日、『全集』巻四、六三八頁。
(30) このことは象山の「天下多事、或問予経世之務。予曰、夫唯春秋乎。」（「春秋辞命準縄序」、一八頁）という記述からうかがえる。
(31) このことについて、象山は「謹名分、弁内外、録功罪、明天理、正人心、以為百王経世之大典。」（「春秋辞命準縄序」、一八頁）と記述する。
(32)「亜使申立之次第、辞理甚致矛盾」（「米使応接の折衝案を陳べ幕府に上らんとせし稿」、安政五年四月、『全集』巻二上書、一三九頁）と象山は記述する。
(33)「其矛盾之廉々、端を改めて御糾問有之」（「米使応接の折衝案を陳べ幕府に上らんとせし稿」、一三九頁）とある。
(34)「其次第に依り候へば、大使を発し彼の国都に至らしめ、其政府の官吏と及対談、右欺罔恐嚇に紛れ無之廉を詰難し」（「米使応接の折衝案を陳べ幕府に上らんとせし稿」、一三九頁）と象山は述べる。
(35)「米使応接の折衝案を陳べ幕府に上らんとせし稿」、一三九～一四〇頁。
(36)「米使応接の折衝案を陳べ幕府に上らんとせし稿」、一四〇頁。
(37) 同前。
(38)「時政に関する幕府宛上書稿」、三一〇頁。
(39)「幕府への上書草稿を文聡公の内覧に供せんとする時添へて上る」、『全集』巻二上書、一九八頁。
(40) 同前。
(41) 同注(38)。
(42) 同前。
(43)「学政意見書並に藩老に呈する附書」、天保八年五月、『全集』巻二上書、五頁。
(44) 象山はこの「学政意見書並に藩老に呈する附書」のなかで、おもに「三代学校之真意を御汲取」ったうえで「学校御建立」のこと、「聖賢之正学」に立脚したうえで教育制度を設けることを建言している。
(45)「幕府への上書草稿を文聡公の内覧に供せんとする時添へて上る」、一九七頁。
(46)「幕府への上書草稿を文聡公の内覧に供せんとする時添へて上る」、一九七～一九八頁。
(47)「幕府への上書草稿を文聡公の内覧に供せんとする時添へて上る」、二一〇頁。
(48) 同前。
(49)「海防に関する藩主宛上書」、二七〇頁。
(50) たとえば、会沢正志斎は早く文政八年「新論」のなかで、「邦国に賦して、巨艦を興造せしむべし。」（「新論」、

『大系53 水戸学』、一一二頁）と、戦艦建造の必要性を語っている。思想家のほか、開明的大名や幕府の中枢のなかにもこの見識をもつ人が少なくない。たとえば、水戸藩九代藩主徳川斉昭は「迚も此方にて船を出し追かき候事不相成候故、いよいよ異人共に侮られ申候されバ、堅固の大船作り候義を御免被遊候へバ、海防の為にも宜くいかばなり歟。」（『水戸藩史料』別記巻16、吉川弘文館、一九七〇年、二二八頁）と述べる。また、老中阿部正弘は「正弘ハ頃来国防ノ忽ニスベカラザルヲ察シ、心中旧法ノ固守スベカラザルヲ悟リテヨリ、夙ニ弘化三年ヲ以テ軍艦製造ノ急要ヲ唱ヘタレドモ事未ダ行ハレズ、米艦渡来ニ及ビテ始テ其機ヲ促シ、俄ニ砲台ヲ築キ、武器ヲ改メ、兵制ヲ新ニシ、欧人ニ就キテ海陸軍ヲ伝習ス、就中嘉永六年九月十五日ヲ以テ大船製造ノ禁令ヲ解キタルハ慶長十四年八月以来ノ禁令ヲ改メタルモノニシテ、国史上特筆大書スベキノ一要事ナリ。」（『続日本史籍協会叢書　阿部正弘事蹟一』日本史籍協会編、東京大学出版会、一九七八年、三六七～三六八頁）と記述されるように、ついに嘉永六年に大船製造の禁令を解く。

(51) 「職方郡方職掌に関する意見書」、『全集』巻二上書、一七～一八頁。
(52) 「職方郡方職掌に関する意見書」、一八頁。
(53) 「職方郡方職掌に関する意見書」、一九頁。
(54) 同注（52）。
(55) 同注（53）。
(56) 「時政に関する幕府宛上書稿」、三〇五頁。
(57) 「時政に関する幕府宛上書稿」、三〇八頁。
(58) 「時政に関する幕府宛上書稿」、三〇九頁。
(59) 同前。
(60) 「山寺源大夫に贈る」、『全集』巻三、二六〇頁。

終章

一　本書の成果

幕末の思想家佐久間象山の「東洋道徳、西洋芸術」という思想形態について、これまで全面的に研究されたことはほぼなかったといってよい[1]。「東洋道徳、西洋芸術」は象山が儒学を基盤にしたうえで洋学を取り入れて、「東洋」と「西洋」とを統合させることによって形成した幕末日本への思考様式である。本書は、学問思想と政治思想との二つの側面から象山の「東洋道徳、西洋芸術」という思想形態について考察した。その成果をまとめよう。

1　佐久間象山の学問思想における「居敬・窮理」の意味および琴学思想の位置

本書の第一部では、まず、象山の学問思想について、朱子学の「居敬・窮理」の学問方法という視点からアプローチし、「居敬」と「窮理」とを一体的に捉えたうえで、とくにこれまでほぼ検討されてこなかった「居敬」という要素を中心に考察を行った。

そもそも朱子学においては、「心」は一身の主宰であり、「心」の機能には「敬」の工夫（「居敬」）が必要とされ、「居敬」は「学問修養の全工程の基礎となるもの」[2]と思われる。「居敬」の方法は、「未発」の「心」に対する涵養と「已発」の「心」に対する省察の両方面があり、涵養の方法としては「静坐」や「主一無適」（「心」があちらにもこちらにも行かないようにする）が挙げられ、省察の方法としては「戒慎恐懼」や「整斉厳粛」、「恭」が挙げられる。そのうち、「整斉厳粛」と「恭」は外面的容貌や態度、振る舞いを整えることで内面的に敬を獲得する工夫であり、朱子学の「居敬」は、心性の涵養という内面的修養と同時に、外面的に「礼」に対する行為の実践も同時に要求されるのである。

象山の場合、まず「敬」の概念については、彼は朱熹と同じように「敬」は「本体全徳の心」を意味するものと捉えており、このような本源的な意味で「敬」を説く際に、「敬」は彼の朱子学全体を規定する概念であるといえる。そして、学問方法としての「居敬」と「窮理」については、象山はどちらかの片方に偏って強調することはいっさいなく、つねに「居敬」と「窮理」との表裏一体性を重視していた。

「居敬」の工夫について、象山は内面的には「涵養」と「省察」とを挙げ、「涵養」に対してさらに「主一無適」や静坐の方法を挙げているが、静坐よりもとくに「主一無適」を有効的な工夫とし、外面的には「整斉厳粛」や「恭」という「礼」に従っての行動実践を主張している。このような内面と外面とにおける「居敬」の工夫を同時に説いている象山が、「窮理」についても、外面にある「物」の理だけではなく、内面の「心」の理をも対象としている点は看過してはならない。要するに、象山の学問論や修養論においては、外面を対象とすることを重視して内面的な方法を軽視することは決してなかった。

朱子学の「敬」と緊密につながる「懼」の工夫について、象山は個人修養論に限らず、「治国平天下」の政治論まで、さらに幕末の時期にもっとも現実的な海防問題にいたるまで、「懼」の重要性を説いており、なかでも彼は

「天命を畏れる」を「懼」の「極」としている。このような「天理」を対象とする「懼」をもっとも重要視するという姿勢から、彼が「居敬」と「窮理」とは根本的には一つであるという朱子学の理念をよく継承したことがわかる。

また、象山の「敬」理解と深く結びつき、彼の朱子学において重要な位置を占めている「礼」については、象山は「礼」を形而上的な意味合いと具体的な表現との二つの面から捉えようとしている。そのうち、「礼」の具体的表現において「礼は序なるのみ」と説く象山が、秩序を格別に重視しており、この点は後の彼の政治思想にも反映されるものである。

第一部では、つぎに、象山の洋学受容において、学問方法としての「居敬・窮理」がどのように主張され、とりわけこれまでまったく看過されてきた「居敬」という要素が彼の洋学受容にいかなる役割を果たすのかについて、彼の砲学学習を中心に詳細に考察した。

象山において、西洋の大砲が、西洋に始まったもので製造・用途・技法に優れているにもかかわらず、砲は「砲」という実在的なかたちになる前に、その「象」がすでに「易」に存在しており、象山は砲の「象」と「理」とは『易経』の「睽卦」に相当すると考えている。この前提のもとで、彼は朱子学の学問方法である「居敬」と「窮理」とは砲学の学習においても適用されるとするのである。

砲学の学問方法における「居敬」の役割について、象山は二つの面から論じている。一つは、砲の「易」卦における性質によるもので、もう一つは砲を操る主体によるものである。前者については、象山は砲卦九二爻の象が不安・畏懼の様態を呈しているため、怠たって「畏懼」の工夫をおろそかにするならば、悔を免れることができなくなるとし、また、砲卦の上半分である離卦が「火」を意味し、「火」は「礼」を主とし、「礼」はほかならぬ「敬」であることを根拠に、敬にいて怠らないようにすべきであると説明している。そのため、朱子学における「居敬」の方法が砲学においても有効であり、いや、むしろしなければならないと、象山はその必要不可欠性を説いていた。

後者については、象山は、砲の卦は君子の道であるため、君子であれば、砲卦の性質に従って行動することができ、吉をえて咎を免れることができるとし、また、兵器としての砲には殺傷力があり、儒学の「仁」に背いた残忍さをともなうものであるため、砲学を取り扱う主体が畏敬の心を持する君子でなければならないと主張している。つまり、「仁」という君子の徳によって、砲を操作する際にもたらされる殺生という不徳な結果を緩和させたりするという意味において、象山は「窮理」によって砲学の知識を掌握すると同時に、「居敬」も怠らずに行い、「仁」への修養に努め、砲を操るにふさわしい主体たる「君子」となることに努力しなければならないと主張しているのである。

第一部の最後において、儒学では音楽は人の修養上において「心」のあり方と深くかかわり、「礼」を知るためにも重要な役割を果たすものであるため、これまでまったく注目されていないといえる象山の礼楽思想を彼の琴学および『琴録』の編纂を通して考察した。

象山は実際に中国から渡来した七絃琴を習い、そして、琴を単なる文人趣味として嗜むだけにとどまらず、琴学についての著述や編纂活動もしていた。

象山は「楽」は古から「六芸」の一つとして欠いてはならない存在であり、とりわけ社会の風俗をよくし、民心をよい方向に導くには「楽」の教えはもっとも率先して行うべきものであると考えている。象山のこの「楽」に対する捉え方は中国の礼楽思想を継承したものであり、「楽」は単なる技芸や娯楽の一つだけではなく、人心を感化する効果があり、政治的効果も期待されるものである。

そして、日本における琴学について、象山は心越禅師来日以前は物としての「琴」があっただけで琴曲が伝わらず、廃れた琴道は心越禅師の帰化にしたがってふたたび復活したが、文人墨客が楽しむ技芸としての「琴」だけが伝わるようになり、声・調・律を定めることがなおざりにされたため、琴の学習者はひたすら弾琴の技術に務め、清雅の情調を演出することばかりを追求していたとみなした。古人の「定律精微の法」がまともに研究されておらず、楽律の論述もわずかにあるだけで、変わりばえのしない簡略で粗陋なものが多くて取るに足らない。このままでは世の中では「大雅の音」の再興は期待できない。したがって、心越禅師が伝えたのは技芸としての「琴」であるのに対して、象山は自分の琴学の志については真の古楽の精神を守ることにあると考えた。このような認識のもとで、象山は『琴録』一〇篇三冊を編纂し、『琴録』においてもっとも重視するのは、度分・律呂・声調をはじめとする楽理知識であり、『琴録』編纂の意図が世の中に律呂・声調の知識を普及させ、古楽の礼楽的役割を梗概でも伝えることであると表明していた。

したがって、象山の琴学は単に音楽という技芸面において考えるのではなく、儒学の個人修養論の延長線において捉えるべきものである。象山は、琴の礼楽的機能を通して内面上の修養を重視し、さらにこの修養を通して、『礼記』「楽記」篇の「知楽則幾於礼矣。礼楽皆得、謂之有徳。徳者得也。(楽を知れば則ち礼に幾し。礼楽皆得る、之れを有徳と謂う。徳は得なり。)[3]」といわれるような、「楽」と「心」、「楽」と「徳」とのつながりについて明らかに意識している。このような「楽」の修養は「礼」と軌を一にしており、「礼」「楽」あわせて政治ともつながっているのである。ゆえに、象山は世の中の「士大夫」(武士階級)という政治の担い手に対して、律呂・声調の基本知識や古楽の礼楽的役割という音楽の素養をも要求した。琴学を通して養われる礼楽的な素養は、象山が説く「東洋道徳」の一環として意義のあるものと理解すべきであろう。

2　佐久間象山の政治思想における儒教儀礼の実践および「徳」の論理

本書の第二部では、まず象山の政治思想においてこれまでまったく見逃されていた儒式喪礼の主張について、彼の著作『喪礼私説』を通して詳細に検討し、『喪礼私説』の構成、内容、特色およびその政治的意義を明らかにした。

『喪礼私説』は文久元年（一八六一）に象山が母の逝去をきっかけに、朱熹の『家礼』「喪礼」に基づいて著した儒式喪礼のマニュアル書である。著述する際に、象山は『家礼』の次第作法をそのまま採用したのではなく、日本の世俗風習を重要視し、儒式喪礼がよりよく日本で実践できるように工夫している。さらに、彼は、江戸時代の初期と中期における多くの儒者と異なって、『家礼』に忠実に従えないという現実的苦悩を克服するための次善策としてではなく、積極的に日本の礼法を取り入れていたのである。

『喪礼私説』の特色として、①『中庸』の「事死如事生」の「孝」に基づいた『家礼』への批判、②洋学知識の合理性による『家礼』の修正、③仏儒折衷の主張および武士の立場による火葬批判の三点が挙げられる。具体的には、①については、象山はわれわれの身体自体が祖先の「遺体」であり、祭祀を通じて祖先の「来格」を招くことができるため、人はいまこの時点でリアルに生きている身体と感覚とを大事にし、自分の感覚を通じて死者と感応して、死者の気持ちを推し量って配慮する気持ちで逝去した親や祖先を扱うことこそ、『中庸』の「事死如事生」に符合したものであり、「孝」に従った作法であると考えている。

②については、象山は洋学知識の合理性によって『家礼』を修正し、つねに「理」に符合するか否かという基準で『家礼』の作法を判断していた。『家礼』のなかで引用された物質の生成に対して程子の知識の不合理性を批判することをはじめ、後儒が棺の隙間を塞ぐに銀硃漆を使用することに対して硃漆の性質からその変質の原理を説明すること、「人身の窮理」など西洋医学の原理に基づいて従来の作法を再検討すること、ショメルの百科全書

に書かれた写真機とレンズの製法を独学し、写真機の自製と写真の実写に成功した経験に基づいて喪礼のなかに写真の使用を導入することなど、象山は「西洋」の知識や技術を「東洋」の伝統的喪礼に適用させようとしていた。

③については、象山は『家礼』の「不作仏事」に対して穏便な態度を取っており、儒式喪礼のなかに世俗の仏式作法を抵抗なく取り入れていた。さらに、江戸時代のそれまでの仏儒折衷を主張した儒者と異なって、象山は儒式喪礼がよりよく日本で実践できるようにするよりは、「孝」を尽くすための一環として取り組んでいたのである。つまり、象山は仏式作法が儒者によって排斥されるにもかかわらず、日本に取り入れられてから久しく、寺檀制度も貴賤と貧富とを問わず武士から一般庶民まで浸透しており、人々の骨髄にまでしみ込んでいると認識し、ゆえに父母が生前仏教に帰依しなければならなかったならば、死後も父母の「帰依の心」に従い、仏式作法を一概的に排除してはならないと主張しているのであった。

火葬に対しては象山はそれまでの儒者の基本姿勢を継承して厳しく批判するものの、従来の儒者とは異なって、一武士の立場に立ってこの点を主張している。すなわち、彼は火葬を単なる一般庶民が行う一つの喪葬慣習としてのみならず、「士大夫」たる武士階級にまでかかわる事柄として意識し、敏感に政治的課題として捉えているのである。象山は火葬行為について、「民」の教化にあたる武士階級から廃止するよう期待し、自ら武士としての自覚をもったうえで、為政者階層の立場から儒式喪礼を主張していた。

もっとも注目すべきは、文久二年に象山は幕府への上書を通して、儒式喪礼を全国的な制度として定着させることを建言し、儒礼の制度を持久的に貫徹することを通して、政治的課題を克服しようとしていた点である。象山における儒式喪礼制度化の主張は、一つは「国力」の観点によるものであり、もう一つは上下尊卑の社会秩序を明らかにしようとする意志によったものである。

日本の国力が西洋諸国に匹敵できない理由の第一として、象山は仏教徒のなかから「遊民」が多く出て国の財政を無駄に消耗することにあると考え、それを解決するために仏教の「邪説」に乱されない「正理」をもって制度を制定することを提起する。その「正理」とは「度僧の法」を厳しくすると同時に、葬祭において仏式作法によらず儒礼を導入するということである。このように新たな儒礼の制度を持久的に貫徹することを通して、徐々に「遊民」の問題が解決されると象山は期待し、それと同時に孔孟の教えや忠孝仁義の道で「民」を教化し、あわせて喪服の制度も整えたならば、「民」が自ら従うべき規範を知るようになり、葬祭を自ら「儒葬」で行うようになると考える。その結果、仏氏の説教や作法も自然に「民」の生活に入らなくなると象山は考えているのである。

要するに、象山が唱えているのは、孔孟の教えや忠孝仁義の道を内容とする儒学経典で庶民を教化することとあいまって、葬祭という庶民の生活ともっとも関係するところにおいて、実際に儒礼制度を実施させること、そしてそれを通して、キリシタン厳禁のために制定されていた寺檀制度の政治的機能を儒礼制度に移すということである。

一方、このような日本の国力に関する視点からのみならず、上下尊卑の社会秩序を明らかにするという意味においても、象山は儒式喪礼とくに喪服制度の導入を強調していた。彼は孔孟の正道を用いて「民」を教化するためには「孝」をその中核とみなし、さらに「孝道」を明らかにするためには、喪服の制度を正すことがもっとも根本的であると考えている。『喪礼私説』の「成服」項目において、彼は中国の五服制度を参考として新たな服忌令を想定し、親族範囲と服忌期間とをあらためて規定することを通して、尊卑親疎の秩序を明らかにしようとした。

彼が新たに考案した「擬請訂正服制図」では、おもに令と幕府服忌令とに基づいて、三年の喪のかわりに一年の喪をもっとも重い服忌とした服忌制度の構図を描いていながら、中国の五服制度を参考にし、服忌令の直系以外の親族に対する服忌が己系・父系・祖系の三系に限られることと異なって、曽祖系・高祖系の五系までに拡大した。このような訂正主張の背後に、人情浅薄の原因を人心の不安定さに求め、人心を安定させるためには、聖人の経典における具体的な儀礼作法を折衷摂取して、日本従来の作法を修正・更訂しようとする象山の意図がある。さらに、象山の考え方は中国の五服制度における身分地位の貴賤尊卑を基準とする原則に符合するものであるのみならず、江戸時代の家父長制の延長線に据えられるものでもあり、彼は五服制度における貴賤親疎の原則を通して倫理社会の秩序を立てなおそうとしていた。

第二部では、つぎに、なぜ象山の西洋受容が科学知識の面にとどまり、政治体制の面まで行かなかったのか、西洋の政治体制に対して「一切君と申ものを建て不申」、日本と西洋諸国との違いについて「皇国と外蕃とは御国体本より同じからず」といっている象山は、いかなる政治体制を構想していたのかについて、「徳」という要素に着目して考察した。

象山は君臣論において「君」と「臣」との道徳性を重視し、「君心」の是と非は政治の得失につながるものであり、「君」の道徳性が「是」から外れて「非」になれば、かならず政治に障害が生じるゆえ、国を治め民を救済するための手段として「君心」の過失を正しくすることがもっとも大事となると考えている。そのため、政治を補佐する「臣」の職分は「君」の不徳を正しくすることにあり、その際「臣」自身も「徳」が備わった人でなければならず、その「徳」とは、己を正したうえでその徳をもって人を感化させることである。それに対して、「君」の第一職分は優れた人材を確保することであるが、その職分を果たすためには、一つは「君」自身における「徳行」の修養、もう一つは「徳行」を根本的な基準にして「臣」を選ぶことが要求されるのである。

一方、象山の国体論では、当今の形勢が「易」の「蠱卦」にあたり、この壊乱しはじめる状態が名の正しからざるところによるものであるため、解決方法としては、「父」と「子」との名分を正して父子の上下関係を明らかにし、尊卑の等級秩序を明確にすることである。具体的には、天皇が「父」とみなされれば、将軍が「子」にあたり、将軍が「父」とみなされれば、大名が「子」にあたり、将軍がよく「子」として働けば、朝廷が咎なきをえることができ、大名がよく「子」として働けば、朝廷・将軍ともに咎なきをえることができるとされている。このなかでとくに注目すべきは象山の天皇に対する捉え方であり、すなわち、従来将軍に対してのみ奉公すればよいとされた大名が、これで直接天皇との関係が論じられるようになるということである。それにくわえて、象山が考えた「勅諭草案」のなかで、天皇が直接政事に参与しているだけではなく、従来の天皇↓将軍↓大名という政務委任の秩序の枠をも越えて、天皇と大名、天皇と一般武士、さらに天皇と民との間で直接的な結びつきが成立可能となり、天皇の命令は幕府のみならず、列藩に対しても直接頒布可能となった。

かかる「東洋道徳」によって成立された君臣観、上下尊卑の身分秩序への堅持、「王土王臣」論をふまえて構想された政治体制にくわえて、象山は日本の政治のあり方に対して、まったく中国三代の制度同様だと捉え、三代の理想的な政治作法に基づいて日本の制度を取り扱うのは「御国体の御当然」だとしている。このような儒学の徳治主義を政治理念とした象山からみれば、自由平等の価値観のうえで成立された西洋諸国の政治体制はまったく異質のものであり、朱子学の学問方法である「居敬・窮理」によって「西洋芸術」の受け入れに成功したとしても、同じ論理で西洋の政治体制を取り扱うのは不可能であり、朱子学の「修己治人」は基本的に「東洋道徳」に限られる内容となるのであった。

第二部の最後において、象山の政治発言における儒学経典の活用を検討することを通して、象山が政治主張を提起する際にいかに思考していたのかについて明らかにした。

象山は西洋諸国に習って先進的な軍事技術を導入することを主張する際も、西洋諸国との外交について対応策を考える際も、また、洋学に基づいて制度の改革を説く際も、その具体的政策が洋学の知識によったものだとしても、その発想自体、つまりなぜそうすべきなのかの根拠は、中国三代の理想的治世や賢王聖人の事例に依拠するところは非常に多かった。その時の儒学使用の手法はおもに二つがあり、一つは、儒学経典のなかの教訓を生かして、為政者の注意や警戒を喚起すること、もう一つは、儒学経典のなかの理想的事例を引用して、為政者に政策の具体的モデルを提示することであった。

要するに、象山の思想の根底をなしているのは、やはり儒学の経典を通して身につけた「東洋道徳」の素養であるため、彼は政治言説を発言する際に、まずそこから立地を築くのであり、「東洋道徳」の立地ができあがったうえで、より立派なものを建てるために「西洋芸術」を取り入れるのみであった。

3　「東洋道徳、西洋芸術」という思想形態のメカニズムと特質

本書は、象山の学問思想と政治思想について考察したうえで、最後に象山の「東洋道徳、西洋芸術」という思考形態について、「東洋道徳、西洋芸術」論がいかに形成され、その方法論的基盤がどこにあるのか、「東洋道徳」と「西洋芸術」とはいかなる関係にあり、なぜ東洋の「道徳」、西洋の「芸術」なのかについて検討し、また、「東洋道徳、西洋芸術」の内実、とくにこれまで抽象的な定義しか与えられていなかった「東洋道徳」の内容についてより明確にした。

〈1〉統合の原理となる「易」および「理」

象山は、幼少期から「易」に対して特別な関心をもっており、そして、一生において終始「易」に基づいて思考する習慣をもち、その合理性について少しも疑ってはいなかった。洋学を受け入れた後も、彼は西洋の学問には「易」の論理がないと明白に認識しているにもかかわらず、洋学を独尊にして「易」を捨象することはなかった。

象山において、「易」の「理」は世の中に存在するすべての物の「理」の集合であり、すべての物はその存在たる根拠、変化する規則が易の「理」に従わないものはない。西洋の大砲が、西洋に始まったもので製造・用途・

技法に優れているものの、砲は「砲」という実在的なかたちになる前に、その「象」がすでに「易」に存在していたという砲学の例からもわかるように、象山において、「易」は東洋の学問と西洋の学問との統合に理論的根拠を提供しており、朱子学と洋学との間において学問方法が共有される前提にもなったのである。

もう一つは、象山は朱熹における「理」の解釈をふまえて、それを東洋の学問に限定せずに、西洋の学問まで包括させて理解する点である。すなわち、朱熹が「格物補伝」のなかで、天下のあらゆる物（事を含む）にそくして「理」を窮めることを主張し、「理」を人間の内面（「性」）にあると同時に、外面（天地万物の理）にもあるとしているが、象山はこの人間の外面に存在する「理」の枠を用いて、「天下」の範囲を東洋に限らず、西洋まで広げて適用させていたのである。

象山により「東洋道徳」と「西洋芸術」とが同時に提起され、一つの思想形態となりうるのは、かかる「易」と「理」の原理によって統合されたことが、まず土台であった。

〈2〉「体」としての「東洋道徳」、「用」としての「西洋芸術」

「易」の普遍性および朱子学の「理」によって東洋の学問と西洋の学問との統合を実現させた象山は、自分自身の学問修業については、「詩書六経」の講究を「体」とし、「史子百家を歴観」したうえで「泰西の学」を受け入れて「用」に達すると表明していた。

「詩書六経」を「東洋道徳」を獲得するおもなテキストだとすれば、「泰西の学」は「西洋芸術」を指しており、象山は、「東洋道徳」と「西洋芸術」との関係について「体」と「用」との関係で捉えていることが明白にわかる。彼がしばしば実用的な洋学よりも、「聖賢の大道」を内容とする儒学の学習こそ「大本」であると説いているのも、そのためである。

教育面においても、彼は「明体」と「達用」との両館を設立することを主張し、「明体館」では聖人の経典を習わせることによって「徳」を育て、学問を始めようとする人であれば誰でも入館できるのに対して、「達用館」では洋学を教授することによって学生の「才」を拡充させるが、「俊爽強識」の人でないと入館できないという規則を立てようとする。象山は「東洋道徳」を「体」、「西洋芸術」を「用」として位置づけ、まず「東洋道徳」の修業を通して学問の基幹を立て、学問をなす主体を確立させたうえで、実用的知識としての「西洋芸術」を取り入れるという教育の段取り、あたかも木の幹を固めてからこそ枝や葉が生えてくるような育て方を主張していた。

象山にとって、「西洋芸術」は実用的で役に立つものが多いが、あくまでも「東洋道徳」の補助となるものであり、「西洋芸術」をもって「東洋道徳」に取ってかわることはもちろんないし、「西洋芸術」を受け入れることで「東洋道徳」の地位が揺らぐこともない。そして何より重要なのは、「西洋芸術」を取り入れる前に、まず「東洋道徳」をしっかりと学習することで学問の基盤を築き、学習の主体を確立させることが重要なのであり、それもまた、「東洋道徳」の修業を通してしかできないことであった。

〈3〉 方法論的基盤としての「居敬・窮理」

かかる東洋の学問と西洋の学問とを「一大学問」として統合させ、「東洋道徳」と「西洋芸術」との兼修を主張する象山は、実際両方の学問を行う際に、どのような学問方法で取り扱うべきだと考えているのか。本書で明らかにしたように、「東洋道徳、西洋芸術」論の方法論的基盤は朱子学の「居敬・窮理」であった。

朱子学を終始信奉して少しも疑いをしなかった象山にとって、「東洋道徳」の修養方法はいうまでもなく「居敬・窮理」となるが、問題は「西洋芸術」をいかなる方法で習得するのかということである。本書で解明したとおり、象山において、「居敬・窮理」は「東洋道徳」を修養する際の方法だけではなく、同時に「西洋芸術」を習得するための方法論でもあった。

「西洋芸術」の受容において、その外面における知識の習得は一見直接「窮理」の学問方法によって獲得されるものであるが、実際象山はそれと同時に、内面における心性や意識の問題も取り上げているのである。彼の砲学受容の例によっても示されたように、砲の仕組みや作動方式、技術的原理は直接「窮理」によって身につけることができるが、砲を操る際に必要とされる内面における意識の集中、心性の涵養などの心的態度、とりわけ砲学をなす主体には「徳」の素養が要求されるという意味において、方法としての「居敬」が必要不可欠となるのである。

要するに、象山においては、「西洋芸術」を受け入れるのは当然緊急の課題であるが、それよりも重要なのは、「西洋芸術」を取り扱えるための主体の養成であり、この新たな学問をなす主体の問題であり、主体の内面における意識の集中と心性の涵養は外面の理を窮める際の前提となり、「窮理」の実現は「居敬」の工夫により裏づけられなければならないという問題である。「東洋道徳、西洋芸術」論を提起した象山が望んでいるのは、「窮理」の方法を通して獲得した洋学の知識という表面的・機械的な単純な学習の効果だけではなく、「居敬」の方法をも同時に用いて実現した主体の内面意識の集中、心性の涵養、徳性の完備でもあったのである。

そもそも洋学を儒学の「窮理」と結びつけて理解するのは、象山一人に限らない。日本において、西洋の自然科学が伝来した時に「窮理学」として捉えられ、受容されたことは周知のところである(4)。たとえば、幕末の蘭学者渡辺崋山(一七九三〜一八四一)は「再稿西洋事情書」において、「西洋は果断之処有之、皆窮理より来候。それ故諸国政之改正、度々にて、近来英吉利斯、商法俄に大変仕候よし。窮理を申せば、物計之様に心得候得共、事理を窮候事、尤精敷事に御座候よし(5)。」と述べ、西洋の「窮理」に評価を与えていることが明白に読み取れる。さらに崋山は西洋の「窮理」の対象を単なる「物」ばかりに限定せずに、商法の制度をはじめとする「事理」までを対象としている。このように、日本では洋学受容において、その流入時から「窮理」に対する解釈がポイントとなっていたのであり、この意味において、これまでの象山研究では、洋学者でもある象山の「窮理」に対する理解が注目されたのも当然のことといえる。

一方、これまで象山における「窮理」が高く評価されていた理由は、彼が朱子学の「格物窮理」という学問方法を再解釈し、物の「理」をあらためて捉えることによって洋学を受け入れることができたため、朱子学に新たな展開を遂げたとされていたからである(6)。しかしながら、そもそも朱熹のいう「窮理」にも客観的な物の「理」の追究という意味がすでに含まれており、これは中国では朱熹以後にも受け継がれた点であって、すなわち、元・明の実証的学者をはじめ、明の時代からはじまった西洋科学技術の受容における「格物窮理」の用例にも反映されているものである(7)。したがって、「窮理」を読み替えることによって洋学を受け入れたという視点の転換は、象山のみの特徴とはいいがたい。

象山の特徴は、「窮理」という当時の学問的「常識」において、「居敬」をも同時に提起することにより、朱子学の学問方法を「西洋芸術」に応用させたことである。換言すれば、これまで強調されてきた朱子学の「窮理」という要素に象山の特徴がみいだされるべきではなく、象山の学問思想においては、「窮理」と同時に「居敬」も強調され、「居敬・窮理」という朱子学の学問方法がそのまま応用される点にこそ、象山の独自性が示されていたのである。彼は、朱子学の「居敬」と「窮理」との表裏一体性（または根本的には一つであること）(8)を忠実に継承して、それを最大限に発揮していたのである。

〈4〉「東洋道徳、西洋芸術」の内実

これまでの象山研究では、象山の朱子学は「敬」より「格物窮理」を重視した朱子学であるとされてきたため、

象山における「窮理」が強調されすぎて、彼の思想は先進的と保守的との部分に二分されてしまい、とくに「東洋道徳」の部分に関しては、象山思想の限界としてしか捉えられていないものが多かった。本書で明らかにしたように、象山は「窮理」を一方的に強調することはいっさいなく、「窮理」が前面に出されているように思われる彼の発言も、単に洋学受容の喫緊性によるものだけであり、彼は終始「居敬」と「窮理」との表裏一体性を重視していたのである。最後において、「東洋道徳、西洋芸術」論の内実、とくにこれまで抽象的な意味しか与えられていなかった象山の「東洋道徳」について、より明確にしたい。

一つ目は、これまでまったく看過されてきた象山の「東洋道徳」における礼楽思想の一面、儀礼主張の一面である。象山の琴学思想に対する考察からわかるように、彼は琴学の実践や『琴録』の編纂を通して、古楽の再興を期待しながら、何よりも「楽」の個人修養上における役割、そして「楽」の礼楽的役割を特別に重視している。彼は『礼記』における礼楽論の論理を継承し、世の中に、とくに政治の担い手としての「士大夫」（武士階級）に「楽」の重要性を伝えようとし、「楽」の素養を要求した。琴学を通して養われる礼楽的な素養は、象山が説く「東洋道徳」の一環をなしているものであった。

また、象山の儀礼主張については、彼は朱熹『家礼』に基づいて『喪礼私説』を著述し、日本の風習を十分配慮したうえで『家礼』の作法を取捨選択し、儒式喪葬礼が日本で実践できるようにするためにさまざまな工夫をした。さらに、彼は幕府への上書を通して、儒式喪祭礼を導入して制度化させることで、「漢土聖人の模訓に従」って「上下尊卑の秩序」を強化することを期待していた。つまり、幕末の政治課題に対して象山が「東洋道徳」を根幹にして考えた解決策の一つは、『喪礼私説』の著述を通して具体的な喪礼作法を示し、その喪礼作法が幕府の政策として上から下へと実践されること、そしてこれによって上下尊卑の社会秩序を強化することである。

したがって、象山の「東洋道徳」において、「楽」は修養論・心性論において、「礼」は政治実践論においてそれぞれ欠いてはならない重要な内容となっていたのである。

二つ目は、象山の「東洋道徳」における「徳」という要素の位置であり、より正確にいえば、「力」と「徳」との関係である。これまでの研究では、象山における「国力」の重視が注目されるなかでも、「力」が「徳」より優先され、国家の存立基盤は「徳」ではなく「力」だとされる[9]といったように、もっぱら現実的に「力」という観念が前面に押し出されることによって「徳」が後退したと論じられてきたが、問題は象山が説く「力」・「国力」の内実である。

象山が説いている「国力」の概念には、たしかに「西洋の天文、地理、水利、兵法、器械学、詳証術等の書は漢籍同様に日本国中普通に沢山無之候ては、其術一統に開け不申、其学術開け不申候時は、彼れに対抗し候国力に至りかね候[10]」とあるように、軍事力に限らず、科学技術力まで含まれている。ただし、看過してはならないのは、国力の増強策として『喪礼私説』の制度化が主張されることによって示されたように、象山における「国力」の概念には、道徳教化の問題、人心統合の問題、身分秩序の問題も含まれており、「東洋道徳」を立脚点としていたことである[11]。つまり、象山は日本が西洋諸国と直接に戦う状況を想定した場合に軍事的関心を優先するとしても、彼が終始強調するのは、「孔孟之教」と「忠孝仁義の道」であって、かならずしも「徳」を捨象し「力」ばかりを重視しているわけではない。

ゆえに、幕末の政治課題に直面した象山は、西洋と並べられるほどの軍事力を身につけることを説きながらも、その具体的作法や根拠を中国上古・三代の理想的治世に求めている。軍事に関する主張を表明する時でさえ、彼は中国上古・三代の理想的法典に根拠を求めていることが多い。象山の思想において、「力」に比して「徳」が矮小化されたことはいっさいなかった。

三つ目は象山の「東洋道徳」における「人情」「人心」の安定にかかわる問題である。琴学の習得や楽律の知識を重要視し、「楽」の素養を世の中に普及させようとするという象山の態度からも、彼は人心を感化させる礼楽の機能に期待していることがわかる。それにくわえて、象山が儒式喪服制度を導入しようとし、幕府服忌令まで修正・更訂をくわえたのは、「世の人情日に薄きに趨く」ところによるもので、「人心の安からざる所」を安定させるために考案したものであるということからも、彼は人心の動揺を問題視していることがうかがえる。さらに、正名論において「人心の居合はざる」ことを取り上げ、人心の離散を救うために「易」の蠱卦に依拠して尊卑上下の等級を明らかにしようとしたことからも、彼は「正名」を通して人心を統一し世風を振起することを望んでいたことが読み取れる。

幕末という激動の時期において、世の中の人心の離散や動揺を問題として看取するのは、その時代に生きていた知識人がもつ時代感覚であり、かかる洞察力をもつのは時代の要請によったものだったかもしれない。会沢正志斎が祭政一致・政教一致を通してキリシタンなどに煽惑されやすい民心を統一することを構想していたのであれば、象山が構想した対応策としては、儒学の礼楽的機能、儀礼作法、尊卑秩序の「東洋道徳」を通して人心の統一を達成することであったといえよう。

二　東アジア思想史研究への展望

1　幕末維新期の思想史研究のために

本書は、従来「近代化」的な視点により研究されてきた幕末思想家佐久間象山の儒学思想について、象山思想にある「開明性」と「限界性」にこだわることなく、幕末当時において、象山における儒学理解はいかなるものであったのか、「東洋道徳、西洋芸術」という思想形態がいかなるメカニズムと特質があるのかについて、これまでと異なるアプローチから解明を試みた。

そのアプローチとは、幕末維新という転換期において儒学の考え方は克服されるべきものであるという視点とは一線を画し、また明治維新の結果論という立場により儒学を評価する視点、つまり儒学のどの部分が日本の近代国家の成立に役割を果たしたのかをみいだすという視点の枠をも越えたものである。

日本思想史の分野で儒学の積極性をあらためて評価するという近年の研究動向のもとで、本書で取り上げる象山の事例は、近世期および近世近代移行期における儒学と洋学との関係を検討する際に、儒学の論理の一部分を切り取って考えるのではなく、当時の知識人がもっている知識や方法論のあり方を考慮して総合的に研究していくことの必要性を指摘した。

また、東アジアという、より広い視野からみる際に、近世近代移行期において儒学は欧米諸国と対峙しうる東アジア側の思想的要素として挙げられるが、東アジアのなかで日本は儒学の「受容に最も抵抗した国として把握され[12]」ていた。そのなかで本書が取り上げる象山の事例により、あえて儒学に依拠しながら思想を展開するという日本当時の知識人の姿勢に注目することは、意義があると考える。本書は、思想史の分野から、新しい明治維新論の模索として、その枠組みの構築の一助となることができればと願う[13]。

2　儀礼・礼楽という新たな儒学研究の視座

本書が用いるもう一つのアプローチとは、佐久間象山の儒学思想を取り扱う際に、江戸時代においておもに受容されたと思われる理気二元論や心性修養論、学問政治論を内容とする儒学のみならず、朱熹の『家礼』や『琴律考』などに代表されるような、儒教儀礼や礼楽思想も含めた、より広い意味での儒学という文化に注目したことである。もちろん儒学のこのような側面は、これまでの儒学研究のなかでもさほど注目されてこなかった点である。

ただし、注意したいのは、「礼楽」というキーワードを取り上げて日本近世期、幕末維新期の思想を考える際に、徂徠学の流れやその延長線上において思想の展開を捉えがちという点である。象山は、朱子学に基づいて、朱子学の思想論理を継承したうえで、現実の政治課題を目前に儒学の「礼」と「楽」との論理を打ち出していたが、周知のとおり、徂徠は朱子学を批判したうえで、古文辞学に立脚して「礼楽政刑」の政治論を説いていたのである。したがって、象山の儒学思想の特質は徂徠学とは根本的に異なっているのであり、むしろ、徂徠学の系統でなくても、本書で研究した象山の事例により、幕末期において「礼楽」がふたたび主張されること自体が、注目に値することを強調していきたい。

そして、東アジアという広い視野からみても、儀礼・礼楽という儒学研究の視座は、たとえば中国では「礼学は絶学」[14]と思われるように、主流を外れたといえるほどの研究対象であった。本書は、あえてこのような儒学の「傍流」にも注目して、「伝統的」な儒学課題とあわせて総合的に研究することを意識しており、今後の東アジア地域の儒学研究に新たな視座を提供することに寄与できることを望んでいる。

本書は佐久間象山の儒学思想について、ごく限られたものではあるが、いささか成果を出すことを試みた。象山の思想から明治への展望が欠けているという不備や、儀礼・礼楽の面を東アジア儒学のなかでいかに位置づければよいのかなど、まだまだ検討せねばならない課題は多数残されている。今後の課題としながらも、本書のささやかな成果が東アジアの儒学研究・近世近代移行期の歴史研究の進展に何らかの糸口を与えることを願うばかりである。

注

（1）象山の「東洋道徳、西洋芸術」論に関する最新の論文では、「各自の専門分野の研究との関連で象山の「東洋道徳・西洋芸術」思想に触れた論考は数多く存在した」が、「まとまりのある論文や著書の形で刊行された「東洋道徳・西洋芸術」思想に関する充実した研究成果はみあたらない」（坂本保富「「東洋道徳・西洋芸術」思想の構造と特質――佐久間象山の東西学術を統合した思想世界」、『平成法政研究』一八（二）、平成国際大学法政学会、二〇一三年、一五三頁）と述べられているように、これまで象山の「東洋道徳、西洋芸術」論に関しては、正面から取り上げて全面的に研究することはなかったといってよい。ただし、前においても記したとおり、坂本氏は「象山史料の原典を読み解いて本質的な次元から」検討しようとする点は評価されるべきであるが、氏は依然として「格物窮理」という一方的な視点のみによって象山の学問思想を取り扱っており、幕末日本における日本近代化の思想として象山思想の構造と特質を解明しようとした。本書はまったく異なるアプローチより象山の「東洋道徳、西洋芸術」論を取り扱うことについては、もはや贅言を要すまい。

（2）佐藤仁氏は「心が一身の主宰としての役割を果たすためには、なんらかのくふうが必要となってくる。かくして登場してくるのが敬のくふうである」、「この敬のくふうは、また居敬とか持敬ともいわれている。程子以来、宋学者たちが窮理と並べて、学問の基本としたものである」、「朱子はまたこの居敬を、聖学の始めを成し、終わりを成すゆえん、つまり学問修養の全工程の基礎となるものとして、その重要性をしきりに強調する」と述べている（佐藤仁『中国の人と思想8　朱子――老い易く学成り難し』集英社、一九八五年、一八三～一八四頁）。

（3）『礼記』巻一九「楽記」、三頁。

（4）この点については、吉田忠「江戸時代の科学思想――科学知識の継受」（『日本思想史講座 近世』ぺりかん社、二〇一二年）に詳しい。また、江戸時代における「窮理」を系譜的に考察するものとして、源了圓『徳川合理思想の系譜』（中公叢書、一九七五年）などが挙げられる。

（5）「再稿西洋事情書」、『大系55』、四九頁。

（6）象山の思想に関する最新の研究である前掲坂本氏の論文においても、依然として「象山のような「格物窮理」に基づく科学的解釈（「実験的科学を奨励」）をするような「理」の概念の「解釈の革新」あるいは「解釈の創造」は、朱子学の世界においては全く認められてはいなかった」（前掲坂本保富「「東洋道徳・西洋芸術」思想の構造と特質――佐久間象山の東西学術を統合した思想世界」、一六三頁）と記述されている。
（7）中国における朱熹の「格物窮理」の展開について、吾妻重二『朱子学の新研究――近世士大夫の思想史的地平』（創文社、二〇〇四年）第二部第三篇第二章「格物窮理のゆくえ――朱熹以後における二つの方向」に詳しい。
（8）「主敬、窮理雖二端、其実一本。」（主敬と窮理は二つに分かれているようではあるが、根本的には一つである）、『朱子語類』（『朱子全書』第一四冊）、巻九「学三論知行」、三〇一頁。
（9）従来の研究の問題点については、序章で詳細に整理したため、そちらを参照されたい。
（10）「依田源之丞の名を以て象山が幕府に封事を上る事の許否を藩老に伺ふ書」、『全集』巻二上書、一三三頁。
（11）「「国力」の基礎が科学技術におかれたことは、「国力」の増強が技術的問題としてとらえられることになり、社会政治体制の問題は希薄となったことは否めない」（前田勉『江戸後期の思想空間』第六章「佐久間象山におけるナショナリズムの論理」、ぺりかん社、二〇〇九年、三四六頁）と指摘されることからも、象山における「国力」概念の理解には見落としがあったことがわかる。
（12）三谷博『明治維新を考える』有志舎、二〇〇六年、二二八頁。
（13）明治維新がどのように論じられてきたのかおよび今後の展望については、清水唯一朗「明治維新はどのように論じられてきたのか？」（町田明広編『幕末維新史への招待』所収、山川出版社、二〇二三年）を参照されたい。
（14）日本に限らず、中国においても、韓国においても、近代以来、儀礼という視点からの儒学研究は、伝統的な哲学的課題の研究に比べれば、ほとんど注目されておらず、「死にかけていて、かろうじて息をつないでいる」（吾妻重二著・呉震等訳『愛敬与儀章――東亜視域中的「朱子家礼」』上海古籍出版社、二〇二一年、「あとがき：礼学与絶学」、原文は「总的来说，近代以后，礼学的研究长期处于〞不绝如线〝的状态，给人一种奄奄一息、勉强维持生命的印象。」）状態といえる。

参考文献

【史料】

（佐久間象山関係）

『琴録』写本、京都大学附属図書館所蔵『佐久間象山遺稿1』、請求記号：維新／サ／4

『琴録』写本、東北大学附属図書館所蔵狩野文庫、請求記号：No.5-17346-1

佐藤昌介・植手通有・山口宗之編著『日本思想大系55 渡辺崋山 高野長英 佐久間象山 横井小楠 橋本左内』岩波書店、一九七一年

信濃教育会編『象山全集』尚文館、一九一三年

信濃教育会編『復刻象山全集』（全五巻）、信濃教育会出版部、一九七五年

「象山先生寄畏堂七絃琴之翰」、真田宝物館所蔵「近山家旧蔵佐久間象山関係資料」、請求記号：近山52

象山自筆本『古琴辨』写本、真田宝物館所蔵「近山家旧蔵佐久間象山関係資料」、請求記号：近山27

象山自筆本『春渚紀聞巻八』写本、真田宝物館所蔵「近山家旧蔵佐久間象山関係資料」、請求記号：近山28

象山自蔵「和旋律の表」、真田宝物館所蔵「近山家旧蔵佐久間象山関係資料」、請求記号：近山37F

『喪礼私説』写本、筑波大学附属図書館所蔵、請求記号：ム215-232（国書データベース）

（日本）
會田範治著『註解養老令』有信堂、一九六四年
吾妻重二編『家礼文献集成　日本篇（一～一二）』関西大学東西学術研究所資料集刊、二〇一〇～二〇二四年
石田一良・金谷治編著『日本思想大系28　藤原惺窩　林羅山』岩波書店、一九七五年
今井宇三郎・瀬谷義彦・尾藤正英編著『日本思想大系53　水戸学』岩波書店、一九七三年
岡田武彦監修『佐藤一斎全集』第一一巻『言志後録』明徳出版社、一九九一年
川島絹江「荻生徂徠著『琴学大意抄』翻刻」（『東京成徳短期大学紀要』第三七号、二〇〇四年）
高柳真三・石井良助編『御触書寛保集成』一七「忌服穢等之部」岩波書店、一九三四年
中村幸彦・岡田武彦編著『日本思想大系47　近世後期儒家集』岩波書店、一九七二年
奈良本辰也編著『日本思想大系38　近世政道論』岩波書店、一九七六年
日本史籍協会編『続日本史籍協会叢書　阿部正弘事蹟（一）』東京大学出版会、一九七八年
水戸徳川家編『水戸藩史料』、吉川弘文館、一九一五年

（中国）
吾妻重二彙校『朱子家礼（宋本彙校）』上海古籍出版社、二〇二〇年
（宋）司馬光『司馬氏書儀』中華書局、一九八五年
（宋）周濂渓『太極図説』、『朱子の先駆（上）』（朱子学大系第二巻）所収、明徳出版社、一九七八年
（宋）程頤・程顥『二程全書』（四部備要　子部）台湾中華書局、一九八六年
朱傑人ほか編『朱子全書』（全二七冊）上海古籍出版社・安徽教育出版社、二〇〇二年
高田真治・後藤基巳訳『易経』岩波文庫、一九六九年
服部宇之吉評点『漢文大系17　礼記』冨山房、一九七八年（初版一九一三年）

【研究書】

吾妻重二『朱子学の新研究――近世士大夫の思想史的地平』創文社、二〇〇四年
吾妻重二著・呉震等訳『愛敬与儀章――東亜視域中的「朱子家礼」』上海古籍出版社、二〇二一年
吾妻重二・黄俊傑編『東アジア世界と儒教：国際シンポジウム』東方書店、二〇〇五年
東徹『佐久間象山と科学技術』思文閣、二〇〇二年
石田茂作監修『新版仏教考古学講座7　墳墓』雄山閣、一九七五年
伊東俊太郎編『日本の科学と文明』同成社、二〇〇〇年
植手通有『日本近代思想の形成』岩波書店、一九七四年
上原作和・正道寺康子編著『日本琴学史』勉誠出版、二〇一六年
大川真『近世王権論と「正名」の転回史』御茶の水書房、二〇一二年
大濱晧『朱子の哲学』東京大学出版会、一九八三年
大平喜間多『佐久間象山』吉川弘文館、二〇二〇年（初版一九五九年）
鹿野政直『日本近代思想の形成』辺境社、一九七六年
苅部直・黒住真・佐藤弘夫・末木文美士・田尻祐一郎編著『日本思想史講座3　近世』ぺりかん社、二〇一二年
榧木亨『日本近世期における楽律研究――『律呂新書』を中心として』東方書店、二〇一七年
岸辺成雄『江戸時代の琴士物語』有隣堂、二〇〇〇年
桐原健真『吉田松陰の思想と行動――幕末日本における自他認識の転回』東北大学出版会、二〇〇九年
丘光明ほか著『中国科学技術史　度量衡巻』科学出版社、二〇〇一年
衣笠安喜編『近世思想史研究の現在』思文閣、一九九五年
黒住真『近世日本社会と儒教』ぺりかん社、二〇〇三年
小池喜明『攘夷と伝統――その思想史的考察』ぺりかん社、一九八五年
小島康敬編『「礼楽」文化――東アジアの教養』ぺりかん社、二〇一三年

呉震・吾妻重二・張東宇編『東亜「家礼」文献彙編』上海古籍出版社、二〇二四年
呉震・郭暁東編『視域交匯中的経学与家礼学』上海古籍出版社、二〇二二年
子安宣邦編『江戸の思想7　思想史の一九世紀』ぺりかん社、一九九七年
坂本保富『米百俵の主人公小林虎三郎：日本近代化と佐久間象山門人の軌跡』学文社、二〇一一年
相良亨・松本三之助・源了圓編『江戸の思想家たち（下）』研究社出版、一九七九年
佐藤仁『宋代の春秋学――宋代士大夫の思考世界』研文出版、二〇〇七年
佐藤仁『中国の人と思想8　朱子――老い易く学成り難し』集英社、一九八五年
佐藤昌介『洋学史の研究』中央公論社、一九八〇年
滋賀秀三『中国家族法の原理』創文社、二〇〇〇年
信夫清三郎『象山と松陰：開国と攘夷の論理』河出書房新社、一九七五年
島田英明『歴史と永遠：江戸後期の思想水脈』岩波書店、二〇一八年
章景明著・本田二朗訳『先秦喪服制度考』角川書店、一九七四年
関根達人『石造物研究に基づく新たな中近世史の構築』科学研究費補助金（基盤研究A）研究成果報告書、二〇一九年
銭穆『朱子学提綱』三聯書店、二〇〇二年
竹村英二『江戸後期儒者のフィロロギー――原典批判の諸相とその国際比較』思文閣、二〇一六年
谷田孝之『中国古代喪服の基礎的研究』風間書房、一九七〇年
陳応時『琴律学』上海音楽学院出版社、二〇一五年
田世民『近世日本における儒礼受容の研究』ぺりかん社、二〇一二年
陶徳民『松陰とペリー：下田密航をめぐる多言語的考察』関西大学出版部、二〇二〇年
奈良勝司『明治維新をとらえ直す――非「国民」的アプローチから再考する変革の姿』有志舎、二〇一八年
奈良本辰也・左方郁子『佐久間象山』清水書院、二〇一四年新装版（初版一九八五年）
原田正俊編『アジアの死と鎮魂・追善』（アジア遊学245）勉誠出版、二〇二〇年

林由紀子『近世服忌令の研究』清文堂、一九九八年
尾藤正英『日本文化の歴史』岩波書店、二〇〇〇年
尾藤正英『日本の国家主義——「国体」思想の形成』岩波書店、二〇一四年
藤田覚『幕末から維新へ』岩波新書、二〇一五年
本郷隆盛・前坊洋・稲田雅洋著『近代日本の思想（一）　佐久間象山／福沢諭吉／植木枝盛』有斐閣新書、一九七九年
前田勉『江戸後期の思想空間』ぺりかん社、二〇〇九年
眞壁仁『徳川後期の学問と政治——昌平坂学問所儒者と幕末外交変容』名古屋大学出版会、二〇〇七年
町田明広編『幕末維新史への招待』山川出版社、二〇二三年
松浦玲編『日本の名著30　佐久間象山・横井小楠』中央公論社、一九七〇年
松川雅信『儒教儀礼と近世日本社会——闇斎学派の「家礼」実践』勉誠出版、二〇二〇年
松田宏一郎『江戸の知識から明治の政治へ』ぺりかん社、二〇〇八年
松本健一『評伝　佐久間象山』中公文庫、二〇一五年（初版中央公論社、二〇〇〇年）
丸山眞男『忠誠と反逆』筑摩書房、一九九二年
三谷博『明治維新を考える』有志舍、二〇〇六年
源了圓『佐久間象山』吉川弘文館、二〇二二年（初版ＰＨＰ研究所、一九九〇年）
源了圓『徳川合理思想の系譜』中公叢書、一九七五年
宮本仲『佐久間象山』岩波書店、一九三二年
明治維新史学会編『明治維新の人物と思想』吉川弘文館、一九九五年
本山幸彦『近世儒者の思想挑戦』思文閣、二〇〇六年
森一貫『近代日本思想史序説——「自然」と「社会」の論理』晃洋書房、一九八四年
頼祺一編『日本の近世13　儒学・国学・洋学』中央公論社、一九九三年
渡辺浩『近世日本社会と宋学』東京大学出版会、増補新装版、二〇一〇年

渡辺浩『日本政治思想史［十七～十九世紀］』東京大学出版会、二〇一〇年

【研究論文】

吾妻重二「木主について――朱子学まで」（『アジア文化の思想と儀礼：福井文雅博士古稀記念論集』春秋社、二〇〇五年）
吾妻重二「江戸時代における儒教儀礼研究――書誌を中心に」（『アジア文化交流研究』二、関西大学アジア文化交流研究センター、二〇〇七年）
吾妻重二「池田光政と儒教喪祭儀礼」（『東アジア文化交渉研究』創刊号、関西大学東アジア文化研究科、二〇〇八年）
吾妻重二「水戸徳川家と儒教儀礼――葬礼をめぐって」（『東洋の思想と宗教』二五、早稲田大学東洋哲学会、二〇〇八年）
吾妻重二「日本における『家礼』の受容――林鵞峰『泣血余滴』、『祭奠私儀』を中心に」（『東アジア文化交渉研究』三、関西大学東アジア文化研究科、二〇一〇年）
吾妻重二「日本における『家礼』式儒墓について：東アジア文化交渉の視点から（一）」（『関西大学東西学術研究所紀要』五三、二〇二〇年）
吾妻重二「『家礼』と崎門派における神主・櫝・墓碑・墓誌」（『関西大学中国文学会紀要』四三、陶徳民先生退休記念号、二〇二二年）
池上悟「江戸時代墓誌小考」（『立正史学』一一七、立正大学史学会、二〇一五年）
磯原眞行「佐久間象山の思想――天保期をめぐって」（『日本思想史研究』第一一号、東北大学大学院文学研究科日本思想史研究室、一九七九年）
石川教張「佐久間象山の仏教観と日蓮観」（立正大学史学会創立六〇周年記念事業実行委員会『宗教社会史研究Ⅱ』雄山閣、一九八五年）
石田肇「江戸時代の墓誌」（『群馬大学教育学部紀要　人文・社会科学篇』五六、二〇〇七年）
石田肇「近世大名墓の墓誌」（『月刊考古学ジャーナル』五八九、二〇〇九年）
板垣英治「黒川良安の佐久間象山への蘭学の教授」（『北陸医史』三七、北陸医学史同好会、二〇一五年）

岩生成一「忘れられた歴史・地理学者北澤正誠」（『日本学士院紀要』第四二巻第一号、一九八七年）
牛尾弘孝「朱子学における「静坐・居敬」の解釈をめぐって」（『中国哲学論集』三四、九州大学中国哲学研究会、二〇〇八年）
牛尾弘孝「朱子学における静坐・居敬の解釈をめぐって（補編）」（『中国哲学論集』三七／三八、九州大学中国哲学研究会、二〇一二年）
垣内景子「朱熹の「敬」についての一考察」（『日本中国学会報』第四七集、日本中国学会、一九九五年）
川尻信夫「幕末における西洋数学受容の一断面――佐久間象山の「詳証術」をめぐって」（『思想』六二八号、一九七六年）
韓淑婷「佐久間象山の政治思想における儒学の論理」（『地球社会統合科学研究』第七号、九州大学地球社会統合科学府、二〇一七年）
韓淑婷「佐久間象山における朱子学理解――「居敬」を中心に」（『九州史学』一七九号、九州史学研究会、二〇一八年）
韓淑婷「佐久間象山における幕藩制的秩序観の一考察――『喪礼私説』の「成服」項に着目して」（『九州中国学会報』第五六巻、九州中国学会、二〇一八年）
韓淑婷「佐久間象山の琴学に関する一考察」（『九州中国学会報』第五七巻、九州中国学会、二〇一九年）
韓淑婷「佐久間象山の『喪礼私説』について――幕末における『家礼』受容の一例」（『日本中国学会報』第七一集、日本中国学会、二〇一九年）
韓淑婷「佐久間象山『琴録』考：その書誌学的考察を中心に」（『九州中国学会報』第五八巻、九州中国学会、二〇二〇年）
韓淑婷「佐久間象山の琴学・楽律思想――『琴録』の考察を通して」（『九州中国学会報』第五九巻、九州中国学会、二〇二一年）
韓淑婷「佐久間象山『喪礼私説』の礼式について――「治棺」「作主」「誌石」「墓碑」を中心に」（『東アジア文化交渉研究』一六号、関西大学東アジア文化研究科、二〇二三年）
韓淑婷「江戸後期の礼楽論に関する一考察：塚田大峯『聖道得門』を中心に」（『関西大学中国文学会紀要』四四、二〇二三年）

坂本保富「「東洋道徳・西洋芸術」思想の構造と特質――佐久間象山の東西学術を統合した思想世界」（『平成法政研究』二八（一）、平成国際大学法政学会、二〇二三年）
杉本つとむ「佐久間象山『増訂荷蘭語彙』の小察」（『日本歴史』四一五号、一九八二年）
高瀬澄子『『楽書要録』の研究』（東京芸術大学音楽学部楽理科博士論文、二〇〇六年）
谷川章雄「江戸の墓誌の変遷」（『国立歴史民俗博物館研究報告』一六九、二〇一一年）
陳貞竹「荻生徂徠における古楽の復元論についての一試論――楽律論・楽制論・琴学および江戸音楽文化批判の検討を通して」（『芸術研究』二一／二二、広島芸術学会、二〇〇九年）
陳貞竹「荻生徂徠における礼楽論の展開：朱熹礼楽論の受容と変容をめぐって」（『東洋音楽研究』七七、東洋音楽学会、二〇一一年）
土屋正晴「佐久間象山論――活文禅師の交流とその展開」（『東洋研究』四七、大東文化大学東洋研究所、一九七七年）
中川優子「熊沢蕃山の音楽思想――日本近世期の音楽文化における雅楽の位置づけから」（『日本思想史学』五三、日本思想史学会、二〇二一年）
野村英登「佐藤一斎の静坐説における艮背の工夫について――林兆恩との比較から」（『日本中国学会報』第六五集、日本中国学会、二〇一三年）
原田和彦「佐久間象山像の成立をめぐって」（『信濃』［第三次］六〇（八）、信濃郷土研究会、二〇〇八年）
原田和彦「佐久間象山関連資料について――京都大学附属図書館所蔵資料を手掛かりとして」（『松代』第一九号、松代文化施設等管理事務所、二〇〇五年）
村上康子「誌上展示会「狩野文庫の世界～狩野亨吉と愛蔵書」――狩野亨吉生誕150周年記念企画展」（『東北大学付属図書館調査研究室年報』三号、二〇一六年）
山寺美紀子「荻生徂徠の楽律研究：主に『楽律考』『楽制篇』『琴学大意抄』をめぐって」（『東洋音楽研究』八〇、東洋音楽学会、二〇一四年）
山寺美紀子「藤沢東畡と七絃の琴――その琴系及び弾琴、琴学、琴事の実像について」（『関西大学東西学術研究所紀要』四

九、二〇一六年）
山寺美紀子「荻生徂徠著『琴学大意抄』注釈稿（二）」（『國學院大學北海道短期大学部紀要』第三四巻、二〇一七年）
山寺三知「朱熹『琴律説』における調絃法について」（『國學院雑誌』一〇六（一一）、二〇〇五年）
吉野政治「瀝青の語誌——聖書漢訳と近代鉱物学による語義の拡大」（『同志社女子大学総合文学研究所紀要』第三二巻、二〇一五年）

【図録・目録・辞書類】
真田宝物館・象山記念館『佐久間象山の世界』（展示図録）、二〇〇四年
昌彼徳・王徳毅ほか編『宋人伝記資料索引』第二冊、鼎文書局、一九七四年
平野健次ほか編『日本音楽大事典』平凡社、二〇〇五年
李国玲編『宋人伝記資料索引補編』第三冊、四川大学出版社、一九九四年
『国史大辞典』デジタル、吉川弘文館（JapanKnowledge から利用）
『世界人名大辞典』デジタル、岩波書店（JapanKnowledge から利用）
『世界大百科事典』デジタル、平凡社（JapanKnowledge から利用）
『東北大学附属図書館所蔵狩野文庫目録　和書之部』「第五門　美術・工芸・技芸」、丸善株式会社出版社
『日本国語大辞典』デジタル、小学館（JapanKnowledge から利用）
『日本人名大辞典』デジタル、講談社（JapanKnowledge から利用）
『日本大百科全書』デジタル、小学館（JapanKnowledge から利用）

〔補足〕本書再校中につぎの研究書が刊行された。

坂本保富『佐久間象山研究（上巻）：「東洋道徳・西洋芸術」思想の研究』吉川弘文館、二〇二五年

◆初出一覧

序　章　書き下ろし

第一章　「佐久間象山における朱子学理解――「居敬」を中心に」（『九州史学』一七九号、九州史学研究会、二〇一八年）に基づいて、大幅加筆・修正したもの

第二章　「佐久間象山における朱子学理解――「居敬」を中心に」（『九州史学』一七九号、九州史学研究会、二〇一八年）に基づいて、大幅加筆・修正したもの

第三章　「佐久間象山の琴学に関する一考察」（『九州中国学会報』第五七巻、九州中国学会、二〇一九年）に基づく

第四章　一～二は「佐久間象山『琴録』考：その書誌学的考察を中心に」（『九州中国学会報』第五八巻、九州中国学会、二〇二〇年）に基づく

三～五は「佐久間象山の琴学・楽律思想――『琴録』の考察を通して」（『九州中国学会報』第五九巻、九州中国学会、二〇二一年）に基づく

第五章　「佐久間象山の『喪礼私説』について――幕末における『家礼』受容の一例」（『日本中国学会報』第七一集、日本中国学会、二〇一九年）に基づいて修正したもの

第六章　「佐久間象山『喪礼私説』の礼式について――「治棺」「作主」「誌石」「墓碑」を中心に」（『東アジア文化交渉研究』一六号、関西大学東アジア文化研究科、二〇二三年）に基づいて修正したもの

第七章　一～二は「佐久間象山の『喪礼私説』について――幕末における『家礼』受容の一例」（『日本中国学会報』第七一集、日本中国学会、二〇一九年）に基づいて、大幅加筆・修正したもの

三～四は「佐久間象山における幕藩制的秩序観の一考察――『喪礼私説』の「成服」項に着目して」（『九州中国学会報』第五六巻、九州中国学会、二〇一八年）に基づく

第八章　書き下ろし

第九章　「佐久間象山の政治思想における儒学の論理」（『地球社会統合科学研究』第七号、九州大学地球社会統合科学府、二〇一七年）に基づいて修正したもの

終　章　書き下ろし

（今後上記の論文を参照してくださる場合、本書に依拠していただければ幸いである）。

あとがき

本書は、二〇一九年四月に九州大学大学院地球社会統合科学府に提出した博士論文「佐久間象山の儒学思想研究」（学位授与は同年九月）に基づき、大幅に加筆修正し、さらにその後に執筆した論文の内容をくわえ、まとめたものです。

博士論文審査を担当してくださったのは、東英寿先生（主査）、高野信治先生（副査）、清水靖久先生（副査）、吉田昌彦先生（副査）、そして長崎大学の連清吉先生（副査）で、審査の場では貴重なご指摘とアドバイスをいただきました。本書の刊行にあたり、審査してくださった先生方に、まず、お礼申し上げます。

本書の刊行で、私が学問研究の世界に入ってから初めて取り上げた研究課題は、一区切りつきました。中国で大学を卒業し日本に留学に来てから、何と一五年ほども経っています。振り返ってみれば、まさに感無量の思いです。

大学の卒業論文で取り上げた日本の近代化問題――アジア諸国のなかでなぜ日本だけが近代化を実現することができたのか――は、最初の関心事でした。その後、明治維新の成功はやはりそれを支えていた思想のほうにあるのではないかと考え、大学院では幕末人物の思想に眼差しを向け、そこから近代化への影響を研究しようとしました。

しかし、この問題は二〇〇〇年代の中国では人気があったものの、日本ではすでに「時代遅れ」のものであることが、日本に来てからわかりました。さらに、当初現代日本語で書かれた専門書を読むのにも苦労し、候文や日本漢文で書かれた歴史的史料を取り扱うには遠く及びませんでした。それにくわえ、これまでの蓄積が多い佐久間象山研究のなかで、どのようにしたら新たな問題提起ができ、オリジナリティを出せるのかも、長い間の悩み事でした。

これらを克服するのは、決して容易なことではなく、学会発表する時の緊張感や投稿論文がリジェクトされた時の挫折感は、まるで昨日起こったかのように思い出されます。博士三年次になってもまだ査読論文をもっていなかった私は、かなり落ち込み、学問研究をあきらめ研究者の道から離れようとも考えました。しかし、この無念な思いにある出来事により光明が差し、この本の出版につながったのです。

それは、真田宝物館に史料調査の折、象山神社を訪れた時のことです。

神社の境内に、「高義亭（巻頭口絵）」という建物があり、これは、もと松代藩家老望月主水の下屋敷にあって明治以後象山神社に移築されたものでした。象山は国元の松代で九年の蟄居生活を過ごしていましたが、普段は望月の下屋敷聚遠楼に住んでいて、来客があるとこの高義亭で応対し、国家の時勢を論じたといいます。

この高義亭のなかに入った瞬間、全身に鳥肌が立ち、思わず涙が出ました。象山の書いたものを解読した日々を思い出し、時空が目の前で交錯しているように感じ、私はそのまま象山が来客応対した間に座り、あたかも象山と対話しているかのように、しばらく感慨にふけりました。

学問研究は決して死物ではなく、生き生きとして感動を与えてくれるものなのだ、これこそ研究の醍醐味ではないかと、深く心を突き動かされました。

この天啓により、やる気を取り戻し、けじめをつけ、先行研究の整理や『象山全集』の解読という基礎的な作業から研究者の道へと再出発を切りました。

その後私の研究は進展し、ぜひこの経験をあとがきに入れておきたいと思い、ここで記した次第です。しかしながら、多くの方々に支えられていなかったら、決してここまで来られなかったに違いありません。この場を借りて、これまでお世話になった方々に感謝の意を表します。

私は九州大学では修士課程と博士後期課程、そして研究員の期間を過ごしましたが、なかでも三名の先生方にご指導を賜わりました。初めの吉田昌彦先生は私の学問研究の手引き人でもあり、史料解読の仕方や論文の書き方をはじめ、研究の基礎を丁寧に教えてくださり、初めての日本留学で不安もあるなか、生活面に至るまで相談に応じてくださいました。次の清水靖久先生には指導教員をご担当いただき、短期間であったにもかかわらず、政治思想史の研究視点や手法を教わり、また、いつも貴重な助言をいただきました。お二人の先生方がご退官になられた後、浮き草のような私を保護してくださったのは、東英寿先生でした。「こっちに来ない?」の温かい一言がなければ、私はきっと博士の学位も取れなかったと思います。先生が「礼楽」の視点から象山の思想を取り扱うという研究のアプローチを認めてくださったおかげで、私は勇気を与えられ、自分の研究に自信をもつようになりました。学会発表をする度に先生がその場で聞いてくださり、とても心強く思いました。また、毎回丁寧に論文を見ていただき、文章の表現まで建設的な意見をいただき、そして日本漢学という研究分野の可能性を教えてくださり、自分の研究に将来性が見えました。さらに、学問以外にも親身になって相談に乗ってくださり、博士学位が取れた後も、現在に至るまでいつも温かく見守ってくださっています。東先生から受けた恩義は、ここでは書き尽くせるものではありません。

九州大学では、ほかにも多くの先生方にお世話になりました。修士課程から博士後期課程にわたり、長年副指導教員をご担当くださった日本近世史の高野信治先生から毎回鋭いご指摘をいただき、多大な刺激を受けました。

また、東アジア海域交流史ご専門の伊藤幸司先生の授業に継続的に出席することで、東アジア諸国交流の実例を史料から読み取る楽しさを味わえたとともに、研究者への道に迷ったり躓いたりする度に話を聞いていただきました。中国哲学ご専門の名誉教授の柴田篤先生には、朱子学についてご教示を賜っただけでなく、博士論文から本書の原稿まで丁寧に見ていただき、日本語のチェックのみならず、貴重な意見までいただきました。退官された後も研究会や古典籍の調査現場でご活躍されている柴田先生の姿は、私の尊敬するところです。

ほかにも、毎学期の総合演習で秋吉収先生、AUGUSTINE Matthew 先生、中野等先生、永島広紀先生、服部英雄先生、HALL Andrew 先生（以上、五〇音順）にいろいろな助言をいただいたおかげで、日々研究者の腕を磨けたと思います。

また、九州大学百年史編集室でアルバイトをしていた時期には、折田悦郎先生、藤岡健太郎先生、宮田光史先生にもお世話になりました。宮田先生とはいまでは同僚となっており、仕事上でもお世話になっています。そして、九州大学基幹教育院で非常勤講師をしていた時期に、中里見敬先生、劉𠩄先生にお世話になりました。

学会でも多くの方々にお世話になりました。九州中国学会で二度も司会をご担当くださった牛尾弘孝先生は、研究発表に対して有益なコメントを寄せてくださっただけでなく、若手研究者の私を何度も励ましてくださいました。同学会で象山の琴学について発表した際に、明木茂夫先生は狩野本『琴録』の存在をご教示くださいました。同学会では新谷秀明先生にもお世話になりました。

日本中国学会で司会をご担当くださった吾妻重二先生は、私の象山『喪礼私説』研究を評価してくださっただけでなく、日本における儒礼の受容というさらなる注目すべき課題を勧めてくださいました。現在、幕末期における儒礼の受容と展開という研究課題に辿り着いたのも、吾妻先生のおかげです。

ほかには、有馬卓也先生、伊東貴之先生、小島毅先生にも貴重な助言をいただいております。また二〇一九年六月、復旦大学で開催された「東亜礼学与経学国際研討会」という国際シンポジウムに参加し、呉震先生、胡文豊先生、田世民先生にお世話になりました。また高山大毅氏、松川雅信氏には、種々の学会やシンポジウムでお世話になってきました。

初出一覧のうち、第五章と第七章の一部のもととなった論文は、二〇二〇年一〇月に日本中国学会賞を受けることができました。選考にあたってくださった日本中国学会の先生方に、あらためてお礼申し上げるところです。

大学時代に日本語を専攻した私ですが、歴史学の専門的訓練を受けたことがなく、ゼロから学ばなければなりませんでした。九州大学での勉強以外に、福岡市史編纂室や福岡市文化財活用課のもとで行われる史料調査に参加し、リアルの古文書史料や古典籍をこの目で見、この手で取り扱うことで、歴史学における史料の価値を実感したとともに、史料調査の方法を学びました。また、毎週福岡市史編纂室で開催される古文書を読む会に参加することで、史料の解読力を研鑽しました。この場を借りて、福岡市史編纂室の八嶋義之氏、文化庁の水野忠雄氏、佐賀大学地域学歴史文化研究センターの松尾弘毅氏に対して、心より感謝を申し上げます。

私が一〇年も過ごした九州大学地球社会統合科学府（前身は比較社会文化学府）は、文理融合や統合的学際性を特色とするがゆえに、伝統的な研究室制ではなく、各分野の院生が自由に交流できる環境を備えており、留学生も数多くいました。皆自分の研究領域の枠を越えて交流し助け合うこともままありました。この場を借りて、これまでともに学び、お世話になった井手麻衣子、尹小娟、王琪、川路祥隆、石畑匡基、顧明源、呉暁良、曹家寧、孫琴、孫平、張琦、張暁蘭、野藤妙、ハオシャオヤン、潘超、李祥（以上、五〇音順、敬称略）に感謝の意を表します。特に、博士学位が取れてから安定した職につくまでのもっとも辛かった時期に、孫平氏とハオシャオヤン氏の支えは私にとって欠かせない慰めでした。そして、石畑匡基氏とはこれからも切磋琢磨しあっていきたく思います。

博士論文に基づいて成った本書は、真田宝物館、象山記念館、象山神社、京都大学附属図書館、東北大学附属図書館の史料調査に負うところが多く、史料調査、図版掲載等の便宜を図ってくださった各館に対して、厚く御礼申し上げます。また、本書は、関西大学研究成果出版補助金を受けて刊行されたものです。関西大学出版部、わけても本書の刊行をご担当くださった中原渚様、編集をご担当くださった桃夭舎の高瀬桃子様、第六章の挙牀図をご作成くださった創計（株）の高山哲郎様に対しても、謝意を表します。

私は幸いにも、二〇二二年より関西大学文学部アジア文化専修に就職しました。いつも温かく接してくださり、陰ながら支えてくださるアジア文化専修の教員の皆様に対して、心より感謝申し上げます。

ふたたび日本でのこの一五年の生活を振り返ってみると、研究活動以外にもいろいろと経験し、記録しておきたいことがたくさんありました。なかでも特筆したいのは、ずっと続けてきた山登りのことです。最初は単に運動不足解消のために始めただけでしたが、だんだん生活に溶け込み、自分の学問研究にも投影されるようになりました。目標の山頂に向かって登りつづける過程で、途中体力の限界に挑戦したり、険しい場所への恐怖を克服したりして、いろいろな困難に打ち勝つことでようやく登頂できるようになります。山頂に立って達成感を味わいながら、またつぎの山頂が楽しみでわくわくします。この本の出版で一つの山頂に辿り着いたのだとしたら、それを糧にし、またつぎの山頂に向かって登りつづけたいと思います。

あとがき

結びにあたり、家族に対しても感謝の気持ちを伝えます。本書は、出版助成金の申請から、原稿の完成、入稿、校正、そして出版に至るまで、不思議なことに私の妊娠、出産、育児一年目の時期とほぼ重なりました。身体上の都合で、当初予定していた付論をあきらめざるをえなかったという心残りもありましたが、自ら命を育んだ体験を通じて「人」への理解が深まり、これは人物の思想研究をしてきた私にとっては、また宝物のようなものであると思うところです。夫もいつも側で支えてくれ、私の研究活動に対して最大の理解と応援をくれました。

最後に、いつも無条件に支援してくれている両親に、本書を捧げたいと思います。息子の愛おしい寝顔を見つつ、擱筆します。

二〇二五年旧暦正月

吹田の寓居にて

人名索引

凡例

- 佐久間象山と朱熹（朱子）は採項していない。
- 研究者名は本文中に出ているものに限り採項した。
- 中国の人名については、日本式の読み方に従った。

【さ行】

【た行】

【な行】

【は行】

【ま行】

【や行】

【ら行】

【わ行】

著者略歴

韓　淑婷（HAN Shuting/ かん　しゅくてい）

1987年、中国山東省淄博市生まれ。関西大学文学部准教授。青島大学外国語学部日本語課卒業。九州大学大学院比較社会文化学府修士課程修了、同地球社会統合科学府博士後期課程修了。博士（学術）。九州大学比較社会文化研究院特別研究者（PD）、九州大学非常勤講師、関西大学文学部助教等を経て、2023年より現職に至る。

専門　日本近世思想史、幕末維新史、東アジア思想文化交渉史。

主要論文

- 「佐久間象山の『喪礼私説』について――幕末における『家礼』受容の一例」（『日本中国学会報』71集、2019年）、〔2020年日本中国学会賞受賞〕
- 「幕末における「国喪」儀礼の言説――山田方谷の『義喪私議』を中心に」（『日本思想史学』53号、2021年）
- 「江戸後期の礼楽論に関する一考察――塚田大峯『聖道得門』を中心に」（『関西大学中国文学会紀要』44号、2023年）

「東洋道徳、西洋芸術」幕末日本への視座
佐久間象山の儒学思想に関する研究

2025年3月31日　発行

著　者　**韓 淑婷**

発行所　関西大学出版部
〒564-8680 大阪府吹田市山手町3-3-35
TEL 06-6368-1121(代)/FAX 06-6389-5162

印刷所　株式会社 遊文舎
〒532-0012 大阪府大阪市淀川区木川東4-17-31

編集協力　高瀬桃子（桃夭舎）

ISBN978-4-87354-798-5 C3010　落丁・乱丁はお取替えいたします